RALLYE STORY 2011

Alle Serien · Alle Rallyes · Alle Sieger

Andrea Neumeyer (Text)

ISPFD-Nbg.de und Photo4 (Fotos)

speedpool

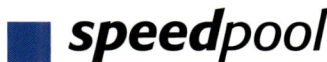

Gefordert

Rallye-Superstar Sébastien Loeb muss in der Saison 2011 richtig kämpfen. Mit Sébastien Ogier hat er erstmals einen starken und selbstbewussten Teamkollegen, der den Rekord-Weltmeister zu Höchstleistungen herausfordert

Aufsteiger

Junge Fahrer machen in der Intercontinental Rally Challenge (IRC) auf sich aufmerksam. Wie der Belgier Thierry Neuville, der im Peugeot die Asphalt-Klassiker auf Korsika und in San Remo gegen die Škoda-Dominanz gewinnt

Gefördert
WM-Chance perfekt genutzt: Volkswagen ermöglicht aufstrebenden Nachwuchsfahrern Starts im Škoda Fabia S2000 im Werksteam. Der Deutsche Christian Riedemann glänzt bei den WM-Läufen in Deutschland und Spanien

Einsteiger
Für Aufsehen sorgt das WM-Comeback von Mini: Die Mini John Cooper Works WRC sind im ersten Jahr konkurrenzfähig. Vor allem der Spanier Dani Sordo erzielt gute Resultate für den deutsch-britischen Neueinsteiger.

Kris Nissen

Liebe Leserinnen, liebe Leser!

Für Volkswagen ist in diesem Jahr die „Dakar"-Ära zu Ende gegangen. Als erster und bisher einziger Hersteller haben wir die schwerste Marathon-Rallye der Welt mit innovativer Diesel-Technologie gewonnen – und mit unserem Hattrick haben wir Motorsport-Geschichte geschrieben. Die „Dakar" wird immer in unseren Herzen sein und ein Teil unserer Erfolgsgeschichte bleiben.

Mit dem Start bei der Rallye-WM ab dem Jahr 2013 stellen wir uns als Mannschaft nun einer neuen Herausforderung. Die WRC ist die universellste Weltmeisterschaft im Motorsport. Ihr neues Reglement passt ideal zur Philosophie von Volkswagen: Downsizing, Zuverlässigkeit und hohe Effizienz stehen bei unseren Kunden an oberster Stelle. Uns reizt die sportliche Aufgabe, ein Fahrzeug zu konstruieren, das gegen eine Vielzahl von Herausforderern siegfähig ist.

Bereits im Februar begannen Konzeption und Auslegung des Fahrzeugkonzepts für den Polo R WRC. Auf der IAA konnten die Fans das erste Auto bewundern, im November absolvierte der Polo schon seinen ersten Test. Parallel haben wir bei ausgewählten WM-Rallyes Erfahrung gesammelt. Dabei hatten junge Fahrer die Chance, in unserem Werksteam zu starten, und wir konnten die Nachwuchsfahrer näher kennenlernen. Junge Talente zu fördern hat bei Volkswagen einen hohen Stellenwert und eine lange Tradition. Natürlich wissen wir, dass sich viele einen Deutschen in der WRC wünschen. Aber man muss jungen Talenten auch Zeit geben, sich zu entwickeln – gerade im Rallye-Sport ist viel Erfahrung gefragt. Nur dann besteht die Chance, dass wir mittelfristig wieder einen deutschen Top-Fahrer in der Rallye-WM sehen.

Freuen Sie sich mit mir auf eine spannende Saison 2012. Doch zunächst wünsche ich Ihnen viel Spaß, wenn Sie mit diesem Jahrbuch die Saison 2011 Revue passieren lassen.

Ihr

Kris Nissen
Volkswagen-Motorsport-Direktor

12 RALLYE STORY | Inhalt

14 TOP-FAHRER
Loeb-Herausforderer, Überraschungs-Sieger in der IRC und starke Rookies – diese Piloten machten Schlagzeilen

20 RALLYE-WM SAISON 2011
Ford gegen Citroën – das Duell um den Fahrer-Titel bleibt bis zum Finale in Großbritannien spannend

24 RALLYE-WM TEAMS
Zwölf Teams und viele starke Fahrer – Vorstellung der Hauptakteure der Rallye-WM-Saison 2011

36 WM RALLYES
Weltreise mit 13 Stationen – von Schweden über Argentinien und Australien nach Großbritannien

102 SWRC
Starker Sport mit Super-2000-Autos – in der SWRC geht der Titel an den Finnen Juho Hänninen im Škoda

104 PWRC
Titel nach Neuseeland – Hayden Paddon ist der überragende Mann in der Wertung für seriennahe Autos

106 WRC ACADEMY
Eine Schule für junge Talente – die WRC Academy bietet Rallyes, Testfahrten und Kurse für Junioren

108 IRC SAISON 2011
Acht Marken und viele spannende Rallyes – die „kleine WM" hat inzwischen eine große Fangemeinde

112 IRC TEAMS
Abarth, Ford, Honda, Mitsubishi, Peugeot, Proton, Škoda, Subaru – acht Marken sind in der IRC eingeschrieben

20 RALLYE-WM
Loeb-Jäger – Ford-Pilot Mikko Hirvonen zeigt starke Leistungen

IRC — 108
Jubel – Andreas Mikkelsen gewinnt die IRC-Serie 2011

RALLYE-DM — 150
DRM-Titel errungen – Sandro Wallenwein

ADAC MASTERS — 162
Stark im Subaru – Masters-Sieger Holger Knöbel

HJS MASTERS — 168
Sauberer Motorsport – HJS Diesel Masters

MARATHON — 172
Abschied von der Wüste – Volkswagens letzte „Dakar"

IRC RALLYES — 120
Schotter und Asphalt – das spannende Geschehen bei den elf IRC-Saisonläufen

RALLYE-DM — 150
Die höchste Serie in Deutschland – Rookies und alte Hasen kämpfen um Punkte in der Deutschen Meisterschaft

DRS — 158
David gegen Goliath – ein Rookie im 140-PS-Auto sorgt für eine große Überraschung im Titelduell

ADAC RALLYE MASTERS — 162
Schöne Rallyes, volle Starterfelder – die Breitensport-Serie des ADAC erfreut sich großer Beliebtheit

HJS DIESEL MASTERS — 168
Umweltfreundlich, kostengünstig und leise – Björn Mohr gewinnt zum zweiten Mal das HJS Diesel Masters

MARATHON — 172
Abschied vom „Abenteuer Wüste" – Volkswagen feiert beim letzten Rallye-Dakar-Start einen Dreifachsieg

STATISTIK RALLYE-WM — 178
Alle Sieger, alle Ergebnisse und alle Punktestände – alle Zahlen rund um die Rallye-Weltmeisterschaft 2011

STATISTIK INTERNATIONAL & NATIONAL — 185
Von der IRC-Serie über Rallye-DM und DRS bis zum Marathon-Sport – alle Ergebnisse und Punktestände 2011

14 TOP-FAHRER Saison 2011

RALLYE-WM

Sébastien Ogier

Selbst wenn sie nicht den gleichen Vornamen tragen würden: Die Ähnlichkeiten zwischen Sébastien Ogier und Weltmeister Sébastien Loeb sind auffällig

Die Saison 2011 ist das Jahr des Sébastien Ogier. Zwar verhindert ein Motorschaden bei der Rallye Spanien, dass der 27 Jahre alte Franzose bis zuletzt um den WM-Titel kämpfen kann. Trotzdem: Mit fünf Siegen und als neuer WM-Dritter ist „Super Séb 2" dabei, am Thron des achtmaligen Champions zu sägen.

Wie Sébastien Loeb schaffte auch Sébastien Ogier den Aufstieg zum Top-Piloten in Rekordzeit. Wie Loeb begann auch Ogier seine Karriere bei einer Rallye-Nachwuchssichtung in Frankreich und bestritt danach einen Markenpokal in seiner Heimat.

Mithilfe des französischen Motorsport-Verbandes FFSA stieg Ogier in die WM auf. Seine erste Saison mit einem Citroën in der Junior-WM beendete er 2008 mit dem Titelgewinn – wie Loeb sieben Jahre zuvor. Zur Belohnung durfte Ogier ein World Rally Car beim Finale in Großbritannien fahren, der Franzose lag zwischenzeitlich sogar in Führung, belegte aber nach einem Getriebedefekt nur den 26. Platz.

2009 saß Ogier bereits im Citroën Junior Team im World Rally Car – ähnlich rasant verlief auch die Karriere von Sébastien Loeb. Im ersten Jahr im Citroën Junior Team feierte er seinen ersten Podiumsplatz. Im gleichen Jahr siegte er außerdem im Peugeot 207 S2000 beim IRC-Gastspiel bei der Rallye Monte Carlo. Das zweite Jahr im Junior-Team von Citroën hatte Höhen und Tiefen: Einigen dummen Fehlern standen die ersten zwei Siege in Portugal und Japan gegenüber. Ogier beendete die Saison als WM-Vierter. Gleichzeitig übernahm er einen Großteil der Testarbeit für den neuen Citroën DS3 WRC, der Anfang 2011 sein Rallye-Debüt feiert.

Die Tausende von Testkilometern zahlen sich aus: Nach seinem Aufstieg in das Werksteam ist Ogier zu einem ebenbürtigen Gegner von Weltmeister Sébastien Loeb gereift. Mehr noch: Er will sich nicht nur im Vergleich mit seinem Teamkollegen beweisen, sondern ihn möglichst auch hinter sich lassen. Mit fünf Saisonsiegen 2011 hat er ebenso viele Einzelerfolge wie „Super Séb". 78 Wertungsprüfungen lang liegt Ogier in der Saison 2011 in Führung – nur elf weniger als Loeb.

Inzwischen kennt auch Ogier seinen Marktwert. Er versucht, seine eigenen Interessen durchzusetzen und sich durch taktische Spielchen von Loeb abzusetzen. Zwar ist Loeb am Saisonende zum achten Mal Weltmeister. Es ist aber mit Sicherheit der schwierigste Titel – und das hat er Ogier zu verdanken.

> „Wir sind sehr stolz. Wenn man in einen Fahrer investiert, ist es toll, wenn er stark ist"
>
> **Citroën-Sportchef Olivier Quesnel**

SEINE STÄRKEN

VIELSEITIGKEIT Sébastien Ogier ist auf Asphalt und Schotter stark. Er hat bereits auf beiden Untergründen Siege gefeiert

SELBSTBEWUSSTSEIN „Super Séb 2" weiß inzwischen um seine fahrerische Stärke und versucht, bei Citroën seine Interessen auch gegen Loeb durchzusetzen

CHANCEN Der 27 Jahre alte Franzose dürfte einer der am meisten umworbenen Piloten auf dem Fahrermarkt werden

16 TOP-FAHRER Saison 2011

02 Andreas Mikkelsen

Der Škoda-Pilot aus Norwegen gewinnt mit 22 Jahren die IRC-Serie

Ein Schicksalsschlag bereitete den Weg für Andreas Mikkelsens Rallye-Karriere. Im Jahr 2005 war der Norweger mit 16 Jahren eines der vielversprechendsten Ski-Talente seines Landes. Doch eine Knieverletzung bedeutete das Karriere-Aus in der norwegischen Ski-Nationalmannschaft.

Mikkelsen suchte nach Alternativen und startete 2006 bei nationalen Rallyes in Großbritannien und in Estland und feierte erste Siege. Im Jahr darauf startete er bei acht WM-Rallyes und bestritt die Irische Asphalt-Meisterschaft. 2008 machte er in der Rallye-WM erstmals auf sich aufmerksam, als er als 19-Jähriger mit Rang fünf in Norwegen als jüngster Fahrer der Geschichte WM-Punkte holte. 2009 der zweite Tiefpunkt seiner Karriere: Andreas Mikkelsen konnte ein WM-Projekt nicht finanzieren. Doch sein Manager Erik Veiby sammelte genügend Geld, damit Mikkelsen zumindest in seiner Heimat starten konnte. Der Junior wurde Norwegischer Gruppe-N-Meister und gewann einen Markenpokal. 2010 endete die Debüt-Saison in der IRC-Serie mit dem ersten Podium in Schottland. Ein Jahr später schaffte er das Meisterstück: den ersten Sieg und eine Rallye später den Titelgewinn. Damit ist er eines der vielversprechendsten Talente.

SEINE STÄRKEN

JUGEND Als Mikkelsen seinen IRC-Titel im Škoda gewinnt, ist er erst 22 Jahre alt

SPORTLER Als Top-Skifahrer ist er Wettbewerbsdruck gewohnt, hat eine gute Fitness und kennt sich bestens in Fahrphysik aus

FÖRDERER Ex-Weltmeister Marcus Grönholm setzt sich für ihn ein

ADAC RALLYE MASTERS

03 Sepp Wiegand

Sepp wer? Nur ein Jahr nach der ersten Rallye ist er eines der Top-Talente

Sepp Wiegand ist der Rekord-Einsteiger der Saison 2011: Vor einem Jahr absolvierte er seine erste Rallye. In seiner ersten Saison gewinnt der 20 Jahre alte Kfz-Mechatroniker aus Sachsen den ADAC Rallye Junior Cup und zählt im ADAC Rallye Masters zu den besten Fahrern. In der Rallye-DM hat er bis zuletzt Chancen auf den Vizetitel, den jedoch ein Reifenschaden im Finale vereitelt. Darüber hinaus absolviert er zwei Starts in der WRC Academy, der Nachwuchsklasse der Rallye-WM. Bei seinem Debüt in Deutschland belegt er Rang sieben, beim Lauf in Frankreich sogar Platz vier. Beim WM-Saisonfinale in Wales darf er einen Škoda Fabia S2000 im Volkswagen-Werksteam steuern, belegt den guten 24. Rang, bevor er aufgeben muss, weil sein Beifahrer erkrankt. Zwar ist es Sepp Wiegands erste Rallye-Saison. Doch zuvor war der Sachse auf zwei Rädern erfolgreich: als Deutscher Meister und Europameister im Motocross- und Endurosport. Ausdauer bewies er als Einzelfahrer mit einem Sieg beim Iron Man, einem 24-Stunden-Rennen auf der Enduromaschine. Sportliche Wettbewerbe kennt Wiegand. Für das nötige Rallye-Wissen vertraut er in seiner Debüt-Saison auf den Rat von Frank Oschmann und auf den seines Vaters Carsten Wiegand, der ebenfalls Rallyes fährt.

SEINE STÄRKEN

WETTBEWERBSERFAHRUNG Als Enduro-Pilot kennt Sepp Wiegand Wettbewerbsdruck und kann mit ihm umgehen

FITNESS Wiegand bestritt bereits 24-Stunden-Rennen auf der Enduro-Maschine

FAMILIE Vater Carsten und Schwester Tina fahren Rallyes

04 Sandro Wallenwein

15 Jahre nach seinem Rallye-Einstieg hat er den DM-Titel endlich geholt

RALLYE-DM

Was lange währt, wird endlich gut: 2011 kann der Stuttgarter Sandro Wallenwein zusammen mit Beifahrer Marcus Poschner die Deutsche Rallye-Meisterschaft im Subaru gewinnen. Das Duo erlebt eine perfekte Saison und steht bereits vor dem Finale als Titelträger fest. Für Wallenwein ist es der größte Erfolg seiner Karriere. Mit 22 Jahren bestritt er seine ersten Rallyes – Motorsport liegt bei Wallenweins in der Familie: Opa Kurt fährt Rallyes, Vater Thomas startet in verschiedenen Serien. Und Bruder Mark ist 2011 in der IRC-Serie aktiv. Doch auch der 37 Jahre alte Sandro Wallenwein zählt seit vielen Jahren zu den schnellsten Piloten Deutschlands. Doch er hatte oft Pech. Wie 1998, als er als Tabellenzweiter im ADAC Rallye Junior Cup bei der Neustadt-Rallye einem Reh nicht ausweichen konnte, ausfiel und seine Titelchance verlor. Über den Seat Cupra Cup kam er in die Rallye-DM, pilotierte dort zuerst einen Mitsubishi Lancer. 2006 machte er mit einem Škoda Octavia WRC einen Ausflug in die Deutsche Rallye-Serie. Seit 2007 setzt der Spediteur in der Rallye-DM auf einen seriennahen Subaru. Nach drei Vizemeisterschaften in Folge kann Wallenwein 2011 endlich den Titel holen. „Auf dieses Ziel haben wir so lange hingearbeitet, jetzt hat es endlich funktioniert."

SEINE STÄRKEN

ROUTINE Kaum jemand kennt die Strecken so gut wie Wallenwein, der seit 15 Jahren in Deutschland startet

TEAM Mit Opa, Vater, Bruder und seiner Service-Mannschaft weiß er starke Leute um sich

FREUDE Nur wer die Tiefen einer Karriere kennt, kann die Höhen erst richtig genießen

Jari-Matti Latvala

Der Finne präsentiert sich in der Saison 2011 mental und fahrerisch stark

Der 26 Jahre alte Finne Jari-Matti Latvala ist in der Saison 2011 klammheimlich aus dem Schatten seines Ford-Teamkollegen Mikko Hirvonen herausgefahren. Zwar beendet er die Saison nur als Tabellenvierter. Doch Latvala 2011 fuhr mehr Bestzeiten als jeder andere Fahrer – Weltmeister Sébastien Loeb inbegriffen. Seit 18 Jahren sitzt Latvala im Rallye-Cockpit: Mit acht Jahren drehte er erste Runden mit einem alten Ford seines Vaters. Mit 16 bestritt er seine erste Rallye in Finnland. Bereits 2002, im Alter von 17 Jahren, gab er sein WM-Debüt bei der Rallye Großbritannien. Seit 2007 startet der stille Finne mit einem World Rally Car der Marke Ford. Anfangs fuhr er noch im Privatteam Stobart, seit 2008 hat er seinen Platz im Werksteam an der Seite von Mikko Hirvonen. 105 WM-Starts stehen bisher nur fünf Siegen gegenüber. 2010 beendete er die Saison als Vize-Weltmeister. 2011 ist er nur WM-Vierter. Dennoch ist seine Leistung nicht zu unterschätzen: Bei drei Rallyes verzichtete er auf ein besseres Ergebnis zugunsten seines Teamkollegen Mikko Hirvonen. Zwar hat diese Hilfe keine Platzierung in der Tabelle gekostet, aber in der Siegstatistik. Wichtiger noch: Latvala hat auf Asphalt stark zugelegt. Jetzt fehlt dem Finnen nur noch Glück und etwas Selbstvertrauen.

SEINE STÄRKEN

ERFAHRUNG Seit 18 Jahren bewegt er Rallye-Autos, er hat 105 WM-Rallyes absolviert

VIELSEITIGKEIT Seit dem Start beim 24h-Rennen auf dem Nürburgring 2010 hat er auf Asphalt zugelegt und ist auf allen Belägen stark

JUGEND Jari-Matti Latvala ist trotz seiner Erfahrung erst 26 Jahre alt

20 **RALLYE-WM** Saison 2011

Made in Germany

Frischer Wind in der Rallye-Weltmeisterschaft: Nachdem in den letzten Jahren Ford und Citroën die einzigen Hersteller waren, steigen mit Volkswagen und der BMW-Tochter Mini zwei deutsche Werke ein

Mit Technik aus München – Dani Sordo und Carlos del Barrio feiern ihr erstes Podium im neuen Mini Countryman WRC

Neue Herausforderungen in der Saison 2011: Ein neues Reglement tritt in Kraft. Vorgeschrieben sind Motoren mit maximal 1,6 Liter Hubraum, Turbolader und Direkteinspritzung. Statt Kompaktklasse sind nun Kleinwagen gefragt: Das Mindestgewicht sinkt von 1.230 auf 1.200 Kilogramm. Elektronische Fahrhilfen sind verboten, die Piloten müssen wieder mit einem Schaltknüppel die Gänge wechseln.

Die Hoffnungen des Weltverbandes FIA, mit dem neuen Reglement auch neue Hersteller anzulocken, erfüllen sich. Mit BMW-Tochter Mini und Volkswagen entscheiden sich zwei deutsche Werke für ein WRC-Engagement. Mini tritt 2011 bereits mit zwei Mini Cooper Works WRC auf Basis des Countryman bei ausgewählten Rallyes an. Ab 2012 wird Mini die komplette Saison bestreiten und auch in der Marken-WM punkten. „Die Rallye-Weltmeisterschaft ist

Very British – Ford-Chef Malcolm Wilson, Subaru-Cheftechniker David Lapworth

„Mit dem Einstieg von neuen Herstellern wird der Wettbewerb härter"

Rekord-Weltmeister Sébastien Loeb, der seinen Vertrag bei Citroën um weitere zwei Jahre bis Ende 2013 verlängert hat

die Königsklasse des Motorsports und damit eine bestens geeignete Plattform, um den besonderen Wettbewerbsgeist der Marke zu demonstrieren", erklärt Ian Robertson, Marketing-Vorstand bei Mini.

Ab 2013 steigt Volkswagen mit einem Polo WRC in die WM ein. Bis dahin durch-

Modellwechsel – Ford wechselt 2011 vom Ford Focus auf den Ford Fiesta RS WRC

läuft das neue Fahrzeug ein intensives Testprogramm, zeitgleich startet das Volkswagen-Werksteam bereits mit einen S2000-Fahrzeug der Konzernmarke Škoda, um Erfahrungen zu sammeln und junge Fahrer auszutesten.

Neue Fahrzeuge gibt es aber auch bei den etablieren Rallye-WM-Teams. Sowohl Citroën als auch Ford nutzen das neue Reglement für einen Modellwechsel: Die Ford-Werkspiloten Mikko Hirvonen und Jari-Matti Latvala steigen von einem Ford Focus RS WRC auf den neuen Fiesta RS WRC um. Der siebenmalige Weltmeister Sébastien Loeb und sein neuer Teamkollege Sébastien Ogier parken den siegreichen C4 WRC im Citroën-Museum und starten fortan mit dem neuen DS3 WRC. „Wir müssen mit den neuen Autos mehr hinter dem Lenkrad arbeiten", erklärt Weltmeister Sébastien Loeb. „Das neue Auto ist in den Kurven agiler und auf schnellen Passagen nervöser. Zudem müssen wir beim mechanischen Schalten die Hand vom Lenkrad nehmen."

Trotz der neuen Autos dominieren die gleichen Fahrer wie in der Vergangenheit: Sébastien Loeb und Mikko Hirvonen liefern sich bis zum Finale ein spannendes Duell um den Titel. Doch am Ende holt Loeb den Titel Nummer acht. Die Überraschungen des Jahres: Sébastien Ogier, der neue Teamkollege von Loeb, verbucht fünf Siege und wird WM-Dritter. Diese Leistungen hat er aber nicht allein seinem Fahrtalent zu verdanken: Ogier übernahm 2010 die Testarbeit für das neue Fahrzeug und hat vor Saisonbeginn Tausende von Testkilometern abgespult. Gereift präsentiert sich auch Hirvonens Teamkollege Jari-Matti Latvala: Früher bekannt als Schotter-Spezialist, ist der Finne 2011 auf Asphalt extrem stark und kann dort sogar Bestzeiten fahren. Für 2012 gilt er als einer der Titel-Favoriten.

Interessant aus deutscher Sicht: Mit Christian Riedemann in der WRC Academy und Hermann Gaßner jr. in der SWRC sind zwei Deutsche in den Rahmenserien engagiert. Und Sepp Wiegand und Valentin Hummel, die 2011 erste WM-Einsätze bestreiten, stehen kurz vor dem Einstieg.

Aufstieg – Sébastien Ogier pilotiert einen der neuen Citroën DS3 WRC

Eine starke Truppe – WM-Fahrer beim Gruppenbild vor der Akropolis in Athen

11 TEAMS haben sich in der Saison 2011 für die Marken-Wertung eingeschrieben. Darunter sind nicht nur echte Werksteams wie Ford und Citroën, sondern auch Privatteams wie Van Merksteijn Motorsport (Foto) aus den Niederlanden oder Ice 1-Racing des ehemaligen Formel-1-Weltmeisters Kimi Räikkönen.

CITROËN TOTAL WRT

Team-Info	
Gegründet	1989
Teamchef	Olivier Quesnel
Technischer Leiter	Xavier Mestelan-Pinon
Team-Mitglieder	120
Adresse	Versailles (F)
Fahrzeug	Citroën DS3 WRC

Erfolge	
Siege	80
Titel	15

Das Team der Rekorde: Citroën gewann nicht nur seit 2003 siebenmal die Hersteller-Weltmeisterschaft, mit Superstar Sébastien Loeb errangen die Franzosen auch acht Mal in Folge den Fahrer-Titel. In der Saison 2011 präsentiert sich die in der Nähe von Paris beheimatete Mannschaft noch stärker: Mit Sébastien Ogier ist ein zweiter schneller Fahrer ins Team gekommen, der 2011 ebenfalls fünf Siege feiert.

Citroën hat eine lange Motorsport-Geschichte: Bis Mitte der 80er-Jahre startete die Marke sporadisch in der Rallye-Weltmeisterschaft und wechselte mit dem Ende der Gruppe-B-Ära in den Offroad-Sport. Ende der 90er-Jahre kehrte Citroën in die Rallye-WM zurück und feierte mit einem frontangetriebenen Xsara Kitcar sogar zwei Siege gegen die stärkere Allrad-Konkurrenz.

Mit dem Xsara WRC begann die Erfolgsgeschichte von Citroën: Nicht weniger als 34 Siege konnte das Werksteam mit dem World Rally Car erringen. Hinzu kamen 32 Siege mit dem Nachfolgemodell, dem Citroën C4 WRC. Maßgeblich am Erfolg ist Sébastien Loeb beteiligt: Seit Beginn seiner Karriere startet er für Citroën, hat 67 Siege errungen und inzwischen einen neuen Zweijahres-Vertrag unterschrieben. Seit Anfang 2011 startet der französische Hersteller mit einem WRC auf Basis des Citroën DS3 nach dem neuen Reglement.

Sébastien Loeb (F)	
Geboren	24. Februar 1974
Geburtsort	Haguenau (F)
WM seit	1999
WM-Einsätze	151
Siege	67
WM-Titel	8
Teams bisher	–

Daniel Elena (MC)	
Geboren	26. Oktober 1972
Geburtsort	Monaco (MC)
WM seit	1998
WM-Einsätze	152
Siege	67
WM-Titel	8
Fahrer bisher	–

Sébastien Ogier (F)	
Geboren	17. Dezember 1983
Geburtsort	Gap (F)
WM seit	2008
WM-Einsätze	46
Siege	7
WM-Titel	0
Teams bisher	–

Julien Ingrassia (F)	
Geboren	26. November 1979
Geburtsort	Aix-en-Provence (F)
WM seit	2008
WM-Einsätze	46
Siege	7
WM-Titel	0
Fahrer bisher	–

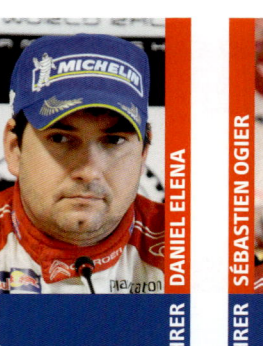

BP FORD ABU DHABI WRT

Das britische Team M-Sport unter der Leitung des ehemaligen Britischen Rallye-Meisters Malcolm Wilson betreut die Rallye-Aktivitäten der Marke Ford seit 1997. Zunächst engagierte sich M-Sport mit dem Ford Escort in der WM. Ab 1999 war der Ford Focus RS WRC im Einsatz. Seit Saisonbeginn 2011 startet Ford mit dem Fiesta RS WRC nach einem neuen technischen Reglement.

Die Mannschaft ist im nordenglischen Dovenby Hall beheimatet. Vor Jahren baute dort Malcolm Wilson eine ehemalige Nervenheilanstalt zur Rallye-Hightech-Fabrik um. In den Hallen von M-Sport werden nicht nur die Fahrzeuge für das Werksteam, sondern auch die Kunden-Autos der privaten Ford-Teams in der Rallye-Weltmeisterschaft und verschiedenen nationalen Meisterschaften aufgebaut und vorbereitet. Außerdem entwickelt und betreut M-Sport auch den Ford Fiesta S2000 für die IRC-Serie und die SWRC.

In der Weltmeisterschaft vertraut Ford seit 2008 auf die beiden finnischen Piloten Mikko Hirvonen und Jari-Matti Latvala. In den Jahren 2008 und 2009 beendete Mikko Hirvonen die Saison als Vizeweltmeister. Auch 2011 ist er der stärkste Gegner der beiden Citroën-Werkspiloten Sébastien Ogier und Sébastien Loeb. Doch nach einem Ausfall beim Finale wird Hirvonen wieder nur Vizeweltmeister.

Team-Info	
Gegründet	1997
Teamchef	Malcolm Wilson
Technischer Leiter	Christian Loriaux
Team-Mitglieder	75
Adresse	Dovenby Hall (GB)
Fahrzeug	Ford Fiesta RS WRC

Erfolge	
Siege	79
WM-Titel	4

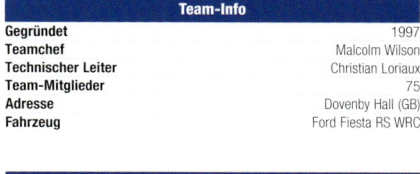

Mikko Hirvonen (FIN)	
Geboren	13. Juli 1980
Geburtsort	Jyväskylä (FIN)
WM seit	2002
WM-Einsätze	124
Siege	14
WM-Titel	0
Teams bisher	Subaru

Jarmo Lehtinen (FIN)	
Geboren	3. Januar 1969
Geburtsort	Lahti (FIN)
WM seit	1997
WM-Einsätze	128
Siege	14
WM-Titel	0
Fahrer bisher	M. Rämänen, J. Ampuja

Jari-Matti Latvala (FIN)	
Geboren	3. April 1985
Geburtsort	Tuuri (FIN)
WM seit	2002
WM-Einsätze	105
Siege	5
WM-Titel	0
Teams bisher	–

Miikka Anttila (FIN)	
Geboren	10. September 1972
Geburtsort	Janakkala (FIN)
WM seit	1999
WM-Einsätze	115
Siege	5
WM-Titel	0
Fahrer bisher	J. Tuohino, K. Katajamäki

MINI WRC TEAM

Team-Info	
Gegründet	2011
Teamchef	David Richards
Technischer Leiter	David Lapworth
Team-Mitglieder	700 (Prodrive)
Adresse	Banbury (GB)
Fahrzeug	Mini John Cooper Works WRC

Erfolge	
Siege	0
WM-Titel	0

Das Comeback des Jahres: Nach vier Jahrzehnten kehrt Mini bei der Rallye Sardinien in die Rallye-Weltmeisterschaft zurück. Im Debüt-Jahr bestreitet die BMW-Tochter ausgewählte europäische Rallyes, ist aber noch nicht für die Marken-Wertung eingeschrieben. Die Mini-Piloten dürfen allerdings für die Fahrer-Wertung punkten.

Vorbereitet und eingesetzt werden die Mini John Cooper Works WRC – so der offizielle Name der Fahrzeuge – vom britischen Prodrive-Team, das bis 2008 als Subaru-Werksteam in der WM agierte. Das Herzstück des Mini WRC ist der 1,6-Liter-Vierzylinder-Di-Turbomotor, der von BMW Motorsport für die Verwendung im Rallye-Sport optimiert wurde. Der Mini Countryman ist das jüngste Mini-Modell und zugleich das erste, das über einen optionalen Allradantrieb verfügt. Daher war dieses Fahrzeug die logische Wahl für ein World Rally Car.

Einer der Fahrer ist der Spanier Dani Sordo, der bis Ende 2010 als Teamkollege von Sébastien Loeb bei Citroën fuhr. Den zweiten Mini in der WM steuert der Brite Kris Meeke, der 2009 den Titel in der IRC-Serie holte.

„Wir wollen bei unseren Einsätzen 2011 so viel Erfahrung wie möglich sammeln, um 2012 vom Start weg konkurrenzfähig zu sein", erklärt Prodrive-Teamchef David Richards.

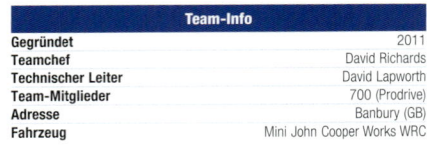

Dani Sordo (E)	
Geboren	2. Mai 1983
Geburtsort	Torrelavega (E)
WM seit	2003
WM-Einsätze	90
Siege	0
Bestes Ergebnis	2.
Teams bisher	Citroën

Carlos del Barrio (E)	
Geboren	15. August 1968
Geburtsort	Santander (E)
WM seit	1991
WM-Einsätze	57
Siege	0
Bestes Ergebnis	2.
Fahrer bisher	X. Pons, J. Puras, D. Oliveira

Kris Meeke (GB)	
Geboren	2. Juli 1979
Geburtsort	Dungannon (GB)
WM seit	2002
WM-Einsätze	38
Siege	0
Bestes Ergebnis	4.
Teams bisher	Peugeot, Opel

Paul Nagle (IRL)	
Geboren	29. August 1978
Geburtsort	Killarney (IRL)
WM seit	2004
WM-Einsätze	24
Siege	0
Bestes Ergebnis	4.
Fahrer bisher	G. MacHale, B. Clark

M-SPORT STOBART FORD WRT

Seit 2006 setzt das Stobart-Team zwei bis drei Ford für Privatfahrer in der Rallye-Weltmeisterschaft ein. In der Saison 2011 wechselte Stobart auf den neuen Ford Fiesta RS WRC. Wie in den Vorjahren sind der Norweger Henning Solberg und der Brite Matthew Wilson die Stammpiloten. Ein weiteres Fahrzeug wird vom Norweger Mads Østberg pilotiert.

Vorbereitet und eingesetzt werden die Stobart-Rallye-Fahrzeuge vom erfahrenen Werksteam M-Sport in Dovenby Hall in Nordengland.

Team-Info	
Gegründet	2006
Teamchef	Malcolm Wilson
Technischer Leiter	Christian Loriaux
Team-Mitglieder	75
Adresse	Carlisle (GB)/Dovenby Hall (GB)
Fahrzeug	Ford Fiesta RS WRC

Erfolge	
Siege	0
WM-Titel	0

Henning Solberg (N)	
Geboren	8. Januar 1973
Geburtsort	Spydeberg (N)
WM seit	1998
WM-Einsätze	108
Siege	0
Bestes Ergebnis	3.
Teams bisher	Peugeot

Ilka Minor (A)	
Geboren	30. April 1975
Geburtsort	Klagenfurt (A)
WM seit	1997
WM-Einsätze	91
Siege	0
Bestes Ergebnis	2.
Fahrer bisher	M. Stohl, A. Mörtl

Mads Østberg (N)	
Geboren	11. Oktober 1987
Geburtsort	Fredrikstad (N)
WM seit	2006
WM-Einsätze	41
Siege	0
Bestes Ergebnis	2.
Teams bisher	Subaru

Jonas Andersson (S)	
Geboren	1. Januar 1977
Geburtsort	Gunnarskog (S)
WM seit	2002
WM-Einsätze	79
Siege	0
Bestes Ergebnis	2.
Fahrer bisher	P. Andersson, M. Ekström

Matthew Wilson (GB)	
Geboren	29. Januar 1987
Geburtsort	Cumbria (GB)
WM seit	2004
WM-Einsätze	87
Siege	0
Bestes Ergebnis	4.
Teams bisher	–

Scott Martin (GB)	
Geboren	6. November 1981
Geburtsort	Cumbria (GB)
WM seit	2004
WM-Einsätze	73
Siege	0
Bestes Ergebnis	4.
Fahrer bisher	M. Higgins, B. Clark

PETTER SOLBERG WRT

Team-Info	
Gegründet	2009
Teamchef	Ken Rees
Technischer Leiter	Mark Butler
Team-Mitglieder	15 PSWRT, 6 Citroën Racing
Adresse	Torsby (S)
Fahrzeug	Citroën DS3 WRC

Erfolge	
Siege	0
WM-Titel	0

Petter Solberg (N)		Chris Patterson (GB)	
Geboren	18. November 1974	Geboren	6. September 1968
Geburtsort	Askim (N)	Geburtsort	Ulster (GB)
WM seit	1998	WM seit	1993
WM-Einsätze	175	WM-Einsätze	97
Siege	13	Siege	0
WM-Titel	1	Bestes Ergebnis	2.
Teams bisher	Subaru, Ford	Fahrer bisher	N. Al-Attiyah, K. Meeke

FAHRER PETTER SOLBERG | 11 | BEIFAHRER CHRIS PATTERSON

Selbst ist der Mann: Als sich 2008 sein damaliger Arbeitgeber Subaru aus der Rallye-Weltmeisterschaft zurückzog, verpflichtete der arbeitslose Petter Solberg kurzerhand den ehemaligen Subaru-Team-Koordinator Ken Rees und gründete sein eigenes Team. Anfangs startete der Weltmeister des Jahres 2003 mit einem acht Jahre alten Citroën Xsara WRC.

2010 sattelte Solberg auf einen Citroën C4 WRC um. Seit Saisonbeginn 2011 pilotiert auch der Norweger einen Citroën DS3 WRC nach dem neuen Reglement. Im dritten Jahr ist das Petter Solberg World Rally Team erstmals für die Marken-Weltmeisterschaft eingeschrieben. Petter Solberg ist allerdings der einzige Fahrer im Team. Versuche, ein zweites Auto einzusetzen, scheiterten bisher.

Einzelkämpfer ist „Mr. Hollywood" auch, wenn es darum geht, sein eigenes Team vorwärtszubringen. Der inzwischen 36 Jahre alte gelernte Maler und Tanzlehrer betreibt seit den 90er-Jahren Motorsport. Nach Anfängen im Rallycross und einem Titelgewinn als Norwegischer Bergrenn-Meister landete er schnell im Rallye-Sport. Im Jahr 2000 bestritt er erste Einsätze für Ford, wurde aber im gleichen Jahr vom Subaru-Werksteam abgeworben. Aus seinen acht Jahren als Subaru-Werksfahrer hat Solberg vielfältige Kontakte in der Rallye-Szene, die ihm heute bei der Sponsoren-Suche hilfreich sind. Trotzdem hat der Privatfahrer nur ein beschränktes Budget zur Verfügung.

Inzwischen hat sich einiges in der Mannschaft verändert. Zwar bleibt der Brite Ken Rees Teamchef, doch Citroën Racing engagiert sich stärker: Das Werksteam transportiert Solbergs DS3 WRC zu den Rallyes, stellt während der Events ein Team mit zwei Ingenieuren und vier Mechanikern und bereitet das Auto für die nächsten Einsätze vor.

Petter Solberg fährt in der Rallye-WM zwar Bestzeiten und erringt regelmäßig Podiumsplätze. Doch mit seinem vergleichsweise kleinen Budget hat der Norweger keine ernsthaften Chancen, als Einzelkämpfer Siege gegen die starken Werksteams von Ford und Citroën zu erringen.

FERM POWER TOOLS

Newcomer mit einer auffälligen grün-blauen Lackierung: Das Ferm Power Tools Team ist eine neue Mannschaft in der Rallye-WM und das erste niederländische Werksteam in der Top-Klasse des Rallye-Sports.

Das Team wurde 2010 gegründet und ist 2011 erstmals für die Marken-Weltmeisterschaft eingeschrieben. Damit muss Fahrer Dennis Kuipers mit seinem Ford Fiesta RS WRC mindestens sieben WM-Läufe bestreiten und bei zwei Übersee-Rallyes antreten.

Das Ferm Power Tools Team ist zwar im niederländischen Zwolle beheimatet, technisch und organisatorisch arbeitet es aber sehr eng mit dem Werksteam M-Sport in Großbritannien zusammen.

Die Firma Ferm Power Tools, die dem Team den Namen gab, ist ein niederländischer Hersteller von elektronischer Ausrüstung. Das Unternehmen nutzt das Engagement in der Rallye-WM, um auf seine Produkte aufmerksam zu machen.

Dennis Kuipers, der erst bei der ADAC Rallye Deutschland 2008 sein WM-Debüt gab, erzielt mit dem fünften Rang bei der Rallye Frankreich 2011 sein bisher bestes Resultat. Vater René Kuipers bestreitet ebenfalls einige Einsätze für das Team – zum Teil in einem Ford Fiesta RS WRC und zum Teil im Ford Fiesta S2000. Sein bestes Ergebnis ist Rang 17 in Griechenland.

Team-Info	
Gegründet	2010
Teamchef	Edgar Nijhuis
Technischer Leiter	Christian Loriaux
Team-Mitglieder	75
Adresse	Carlisle (GB)
Fahrzeug	Ford Fiesta RS WRC

Erfolge	
Siege	0
WM-Titel	0

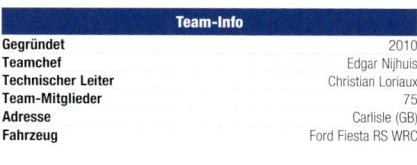

Dennis Kuipers (NL)*	
Geboren	23. November 1985
Geburtsort	Almelo (NL)
WM seit	2008
WM-Einsätze	23
Siege	0
Bestes Ergebnis	5.
Teams bisher	–

*Zweiter Beifahrer: B. Degandt

Frederic Miclotte (B)	
Geboren	3. Mai 1973
Geburtsort	Ronse (B)
WM seit	2005
WM-Einsätze	33
Siege	0
Bestes Ergebnis	5.
Fahrer bisher	F. Loix, B. Casier, J. Mölder

Rene Kuipers (NL)	
Geboren	9. Februar 1960
Geburtsort	Almelo (NL)
WM seit	2000
WM-Einsätze	15
Siege	0
Bestes Ergebnis	17.
Teams bisher	–

Annemieke Hulzebos (NL)*	
Geboren	11. Juni 1972
Geburtsort	Goor (NL)
WM seit	2008
WM-Einsätze	5
Siege	0
Bestes Ergebnis	17.
Fahrer bisher	–

*Zweiter Beifahrer: R. Buysmans

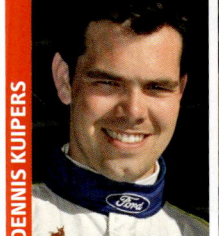

TEAM ABU DHABI

Team-Info	
Gegründet	2011
Teamchef	–
Technischer Leiter	Christian Loriaux
Team-Mitglieder	75
Adresse	Carlisle (GB)
Fahrzeug	Ford Fiesta RS WRC

Erfolge	
Siege	0
WM-Titel	0

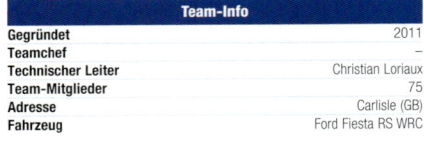

Khalid Al-Qassimi (UAE)	
Geboren	18. Februar 1972
Geburtsort	Abu Dhabi (UAE)
WM seit	2004
WM-Einsätze	45
Siege	0
Bestes Ergebnis	5.
Teams bisher	–

Michael Orr (GB)	
Geboren	17. Januar 1974
Geburtsort	Bangor (GB)
WM seit	1993
WM-Einsätze	107
Siege	0
Bestes Ergebnis	4.
Fahrer bisher	M. Wilson, A. Warmbold

Das Wüsten-Emirat Abu Dhabi ist einer der stärksten Unterstützer der Rallye-Weltmeisterschaft. Seit 2007 unterstützt die Tourismus-Zentrale von Abu Dhabi das Ford-Werksteam. Zur gleichen Zeit wurde auch ein langfristiger Sponsorenvertrag mit der Rallye-Weltmeisterschaft abgeschlossen. Beide Verträge gelten bis heute.

Mit dem privaten Team Abu Dhabi hat das Emirat am Persischen Golf sein Rallye-Engagement noch weiter verstärkt. Erstmals ist das Team Abu Dhabi für die Marken-Weltmeisterschaft eingeschrieben und setzt einen Ford Fiesta RS WRC für den 39 Jahre alten Khalid Al-Qassimi aus Abu Dhabi ein. Vorbereitet und technisch betreut wird das Fahrzeug bei den neun WM-Rallyes jedoch vom Ford-Werksteam M-Sport in Großbritannien.

Im Servicepark hat Al Qassimis Fiesta, der in den Farben des Werksteams lackiert ist, weiterhin seinen Stammplatz neben den beiden World Rally Cars der Ford-Werksfahrer Mikko Hirvonen und Jari-Matti Latvala.

Al-Qassimi feiert mit Platz fünf in Australien das beste Ergebnis seiner Karriere. Mit der Einschreibung als Werksteam hat Al-Qassimi den Status eines Prioritätsfahrers bekommen. Damit profitiert er von zusätzlichen Testmöglichkeiten, außerdem darf er bei den Asphalt-Rallyes eine Safety-Crew vorher auf die Strecke schicken, die Gefahrenstellen durch losen Schotter auf den Wertungsprüfungen in seinen Aufschrieb notiert.

Neben Al-Qassimi und seinem World Rally Car starten auch Majed Al-Shamsi und Bader Al-Jabri mit zwei Subaru Impreza WRX STI in der Produktionswagen-Weltmeisterschaft. Sie absolvieren im Rahmen eines Entwicklungsprogramms jeweils sechs Rallyes.

Beim Saisonfinale in Großbritannien kommt außerdem der Russe Evgeny Novikov zum Einsatz – er steuert den Ford Fiesta WRC und vertritt Khalid Al-Qassimi, der in Großbritannien fehlt, da er am gleichen Wochenende beim Formel-1-Grand Prix in seiner Heimatstadt Abu Dhabi verschiedene Aufgaben zu erfüllen hat.

MUNCHI'S FORD WRT

Seit 2007 engagiert sich das Munchi's Team in der Rallye-Weltmeisterschaft und war bis zum Einstieg des Brazil World Rally Teams die einzige Werks-Mannschaft aus Südamerika.

Wie in den Vorjahren ist der Argentinier Federico Villagra ein Einzelkämpfer im Team, er bestreitet auch 2011 ein limitiertes Programm mit nur sieben WM-Einsätzen. Sein Ford Fiesta RS WRC wird in den Hallen des Ford-Werksteams in Dovenby Hall in Nordengland vorbereitet. Auch für den Rallye-Einsatz sind die Spezialisten des Werksteams verantwortlich.

Team-Manager der südamerikanischen Mannschaft ist der ehemalige Rallye-WM-Beifahrer Martin Christie aus Argentinien.

Erfolgreicher als in der Rallye-Weltmeisterschaft ist Villagra in seiner Heimat: In der Argentinischen Rallye-Meisterschaft 2011 feiert er mit einem Ford Fiesta MR sechs Siege in Folge und gewinnt am Jahresende souverän den Titel.

International hat Federico Villagra allerdings nie den großen Durchbruch geschafft: Seit 2007 startet er mit einem World Rally Car, fährt zwar sehr zuverlässig, erringt auch immer wieder vereinzelte Punkte, kämpft aber nie um Podiumsplatzierungen und Siege. Das beste Ergebnis seiner Karriere war der vierte Platz bei der Rallye Argentinien 2009. Mit Gesamtrang acht bei der Rallye Portugal erzielt der 42 Jahre alte Rallye-Profi sein bestes Resultat in der Saison 2011.

Seinen Namen erhielt das Munchi's World Rally Team übrigens von einer Eiscreme-Fabrik in Argentinien, die Luís Pérez Companc, der Bruder von Villagras Stamm-Beifahrer Jorge Pérez Companc, besitzt. Noch im Jahr 2008 nahm Luís Pérez Companc als Fahrer selbst im Munchi's Ford an der Rallye-Weltmeisterschaft teil, verlagerte aber später seine motorsportlichen Aktivitäten stärker auf den Rundstreckensport. Im Sommer 2011 startet der ehemalige Rallye-Pilot beispielsweise zusammen mit seinen Landsmann Matías Russo und dem Deutschen Pierre Kaffer mit einem Lola-Judd beim 24-Stunden-Langstrecken-Klassiker in Le Mans, fällt allerdings vorzeitig aus.

Team-Info	
Gegründet	2007
Teamchef	Martin Christie
Technischer Leiter	Christian Loriaux
Team-Mitglieder	75
Adresse	Carlisle (GB)
Fahrzeug	Ford Fiesta RS WRC

Erfolge	
Siege	0
WM-Titel	0

Federico Villagra (RA)		Jorge Pérez Companc (RA)*	
Geboren	1. Mai 1969	Geboren	16. Juli 1966
Geburtsort	Córdoba (RA)	Geburtsort	Buenos Aires (RA)
WM seit	1998	WM seit	2001
WM-Einsätze	54	WM-Einsätze	40
Siege	0	Siege	0
Bestes Ergebnis	4.	Bestes Ergebnis	4.
Teams bisher	–	Fahrer bisher	Juan Pablo Raies

*Zweiter Beifahrer: Diego Curletto

FAHRER FEDERICO VILLAGRA — **7** — **BEIFAHRER JORGE PÉREZ COMPANC**

MONSTER WRT

Team-Info	
Gegründet	2010
Teamchef	Derek Dauncey
Technischer Leiter	Christian Loriaux
Team-Mitglieder	75
Adresse	Dovenby Hall (GB)
Fahrzeug	Ford Fiesta RS WRC

Erfolge	
Siege	0
WM-Titel	0

Ken Block (USA)	
Geboren	21. November 1967
Geburtsort	Long Beach (USA)
WM seit	2007
WM-Einsätze	19
Siege	0
Bestes Ergebnis	8.
Teams bisher	–

Alessandro Gelsomino (I)	
Geboren	22. März 1973
Geburtsort	Palermo (I)
WM seit	2007
WM-Einsätze	19
Siege	0
Bestes Ergebnis	8.
Fahrer bisher	–

FAHRER KEN BLOCK — BEIFAHRER ALEX GELSOMINO — 43

Ken Block ist nicht nur Rallye-WM-Pilot, sondern vor allem ein Held der Jugend. Der 43 Jahre alte US-Amerikaner hat sich mit seinen Stunt-Videos auf der Internet-Plattform YouTube eine große Fangemeinde geschaffen.

Ken Block ist Mitbegründer des Schuh-Labels DC Shoes, einer Marke für Actionsport und Skateboard-Mode. Der US-Amerikaner zeigt in seinen Internet-Filmen „Gymkhana" waghalsige Fahraction mit einem Rallye-Auto und macht damit perfekte Werbung für seine Mode. Über 50 Millionen Mal wurden seine Filmchen im Internet bereits heruntergeladen.

In der Rallye-Weltmeisterschaft ist Block fast noch ein Rookie: Bei der Rallye Mexiko 2007 feierte er sein Debüt. 2011 bestreitet er erst seine zweite vollständige Saison. Sein im Vorjahr gegründetes Monster World Rally Team – benannt nach einem Energy-Drink – ist 2011 erstmals für die Marken-Weltmeisterschaft eingeschrieben.

Wie 2010 ist Block der einzige Fahrer in der Mannschaft. Pläne, ein zweites Fahrzeug einzusetzen, scheiterten bislang. Anders als beispielsweise das Munchi's World Rally Team, das ein limitiertes Programm absolviert, tritt Block bei allen 13 WM-Läufen an. Zugleich startet Block bei dem in den USA sehr beliebten Extrem-Sport-Event „X-Games".

Ken Block ist die treibende Kraft in seinem Team. Er hat die Ideen, er sorgt für Medien-Kontakte und auf ihn richtet sich das Interesse der vorwiegend jungen Fans.

Blocks Ziel ist erst in zweiter Linie Erfolg auf der Strecke. Den hat er bis 2011 auch noch nicht erreicht: Sein bestes Ergebnis ist der achte Rang bei der Rallye Frankreich. Der US-Amerikaner möchte mit Kreativität und innovativen Ideen den Rallye-Sport in seiner Heimat beliebter machen. Sein Ziel ist, das bekannteste WM-Team zu werden und neue Zuschauer an die Wertungsprüfungen zu locken.

Um sich ganz aufs Fahren und Vermarkten zu konzentrieren, vertraut Block bei der Technik auf Spezialisten: Sein schwarzer Ford Fiesta RS WRC wird vom Ford-Werksteam M-Sport im britischen Dovenby Hall vorbereitet und eingesetzt.

BRAZIL WRT

Das erste brasilianische Werksteam in der Rallye-Weltmeisterschaft startet verspätet in die Saison 2011. Erst bei der Rallye Portugal bestreitet der Brasilianer Daniel Oliveira seine erste Rallye. Insgesamt zehn Einsätze werden es – zwei mit einer von Prodrive entwickelten Super-2000-Version des späteren World Rally Cars. Ab der Rallye Sardinien ist das Brazil WRT das erste Mini-Kundenteam, das einen Mini John Cooper Works WRC einsetzt.

Das Brazil World Rally Team erhält technische und organisatorische Hilfe vom Mini-Werksteam in Großbritannien. Projektleiter Frank Allison Maciel und Team-Manager Paul Handal zeigen ein starkes Engagement im Debüt-Jahr. Das vorrangige Ziel der Mannschaft ist, Daniel Oliveira fahrerisch zu fördern und das Interesse für den Rallye-Sport in Brasilien zu steigern. Dabei hat der 26 Jahre alte Rallye-Pilot die Gelegenheit, sehr viele Rallye-Kilometer abzuspulen. Denn neben seinen elf Einsätzen in der Rallye-Weltmeisterschaft unternimmt der Brasilianer verschiedene Testfahrten mit seinem Mini John Cooper Works WRC und startet außerdem mit einem Subaru Impreza in der Codasur-Meisterschaft in Südamerika.

Oliveira bestreitet erst seit zwei Jahren Rallye-Sport: Die Rallye Argentinien 2009 war seine erste internationale Veranstaltung. Im Jahr darauf startete er in der IRC-Serie. Ein siebter Rang bei seinem Heimspiel in Brasilien blieb das einzige Erfolgserlebnis in einer von sieben Ausfällen geprägten Saison.

Auch in der Rallye-WM sind seine Erfolge im Debüt-Jahr 2011 sehr spärlich: Oliveira sammelt keine Punkte in der Fahrer-Wertung. In der Teamwertung holt das Brazil WRT lediglich auf Sardinien einen Zähler und zwei weitere Punkte kurz vor Saisonende in Spanien. Damit bleibt der Mannschaft nur der zehnte und vorletzte Platz vor dem Team Ice 1 Racing, das jedoch alle Punkte aberkannt bekam.

Erfolgreicher ist das Team allerdings in der Sponsorensuche: Bereits im ersten WM-Jahr kann es mit der Region Bahia und Flugzeugbauer Embraer zwei starke brasilianische Partner gewinnen.

Team-Info	
Gegründet	2011
Teamchef	Frank Allison Maciel
Technischer Leiter	Nick Havas
Team-Mitglieder	–
Adresse	Salvador (BR)/Banbury (GB)
Fahrzeug	Mini Super 2000/Mini John Cooper Works WRC

Erfolge	
Siege	0
WM-Titel	0

Daniel Oliveira (BR)		Carlos Magalhães (P)*	
Geboren	12. Juli 1985	Geboren	25. März 1963
Geburtsort	Salvador (BR)	Geburtsort	Felgueiras (P)
WM seit	2009	WM seit	1991
WM-Einsätze	12	WM-Einsätze	20
Siege	0	Siege	0
Bestes Ergebnis	19.	Bestes Ergebnis	8.
Teams bisher	–	Fahrer bisher	B. Magalhães

*Zweiter Beifahrer: F. Mussano

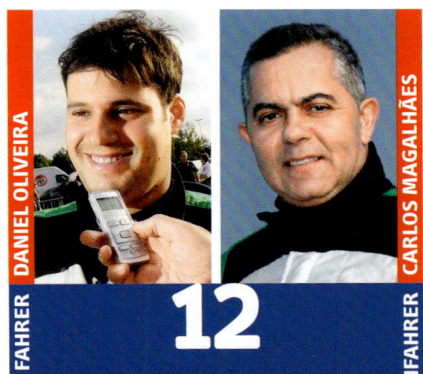

FAHRER: DANIEL OLIVEIRA — BEIFAHRER: CARLOS MAGALHÃES — 12

VAN MERKSTEIJN MOTORSPORT

Team-Info	
Gegründet	1985
Teamchef	Gerard Grouve
Technischer Leiter	–
Team-Mitglieder	–
Adresse	Hengelo (NL)
Fahrzeug	Citroën DS3 WRC

Erfolge	
Siege	0
WM-Titel	0

Peter van Merksteijn jr. (NL)		Eddy Chevaillier (B)*		Peter van Merksteijn sr. (NL)		Erwin Mombaerts (B)	
Geboren	1. September 1982	Geboren	18. Februar 1963	Geboren	10. Juni 1956	Geboren	7. Juli 1963
Geburtsort	Hengelo (NL)	Geburtsort	Landen (B)	Geburtsort	Hengelo (NL)	Geburtsort	Hoegaarden (B)
WM seit	2007	WM seit	1989	WM seit	2007	WM seit	2003
WM-Einsätze	21	WM-Einsätze	23	WM-Einsätze	12	WM-Einsätze	29
Siege	0	Siege	0	Siege	0	Siege	0
Bestes Ergebnis	9.	Bestes Ergebnis	4.	Bestes Ergebnis	20.	Bestes Ergebnis	9.
Teams bisher	–	Fahrer bisher	P. Tsjoen	Teams bisher	–	Fahrer bisher	K. Abbring

*Zweiter Beifahrer: E. Mombaerts

Erstmals ist Van Merksteijn Motorsport für die Marken-Weltmeisterschaft eingeschrieben. Das Vater-und-Sohn-Team wurde aber bereits 1985 gegründet und nahm in mehr als zwei Jahrzehnten verschiedene Herausforderungen an.

Van Merksteijn Motorsport bestritt in der Vergangenheit bereits die Rallye Dakar und startete beim 24-Stunden-Rennen von Le Mans.

Teamgründer Peter van Merksteijn fuhr erfolgreich Rallyes, bis er 1996 in den Rundstreckensport wechselte und sich stärker auf Langstreckenrennen konzentrierte. 2008 feierte die Mannschaft einen Klassensieg bei den 24 Stunden von Le Mans mit Peter van Merksteijn, Jeroen Bleekemolen und Jos Verstappen im Porsche RS Spyder.

Gleichzeitig blieb die Mannschaft jedoch dem Rallye-Sport treu, bestritt ausgewählte Veranstaltungen und vermietete einen Ford Focus RS WRC an Kunden. Unter anderem wurde Bernhard Ten Brinke mit einem Merksteijn-Ford 2009 Niederländischer Rallye-Meister.

In der Saison 2011 bestreitet Peter van Merksteijn jr. zehn Einsätze mit einem Citroën DS3 WRC in auffälliger lila Lackierung. Sein Vater nimmt ausgewählte Rallyes mit einem zweiten Citroën in Angriff und bringt seinen Erfahrungsschatz bei den Testfahrten ein.

ICE 1 RACING

Ein Formel-1-Weltmeister wechselt in den Rallye-Sport. 2010 machte der WM-Einstieg von Kimi Räikkönen Schlagzeilen. Im zweiten Jahr hat der „Iceman" eine neue Herausforderung gefunden. Er startet in seinem eigenen Team: ICE 1 Racing. Die Bezeichnung geht auf den Spitznamen des ehemaligen Ferrari- und McLaren-Piloten zurück, der zu seiner Formel-1-Zeit als „Iceman" tituliert wurde.

Nötig wurde der Wechsel, weil Citroën Racing seine Aktivitäten neu ordnete. Das Citroën Junior Team, in dem Räikkönen in seinem Debüt-Jahr 2010 startete, wurde aufgelöst. Junior-Fahrer Sébastien Ogier wurde ins Werksteam geholt. Doch für Räikkönen war dort kein Platz.

Um weiterhin in der Rallye-Weltmeisterschaft zu starten, gründete Räikkönen sein eigenes WM-Team. Dort allerdings hat er viele bekannte Gesichter aus seiner Citroën-Zeit um sich: Benoît Nogier konnte weiterhin als Teammanager gewonnen werden. Außerdem sind zahlreiche Citroën-Techniker vertreten. Vorbereitet wird Räikkönens Citroën DS3 WRC sowieso von der Mannschaft von Citroën Racing in Versailles bei Paris.

Räikkönen bestreitet neun Rallyes. Sein bestes Ergebnis sind zwei sechste Plätze in Jordanien und Deutschland. Insgesamt sechs Mal erringt er Punkte für die Fahrer-WM. Doch weil er die Rallye Australien auslässt, werden ihm vom Weltverband FIA rückwirkend alle Punkte für die Marken-Weltmeisterschaft aberkannt. Bitter für Räikkönen: In der Marken-Wertung liegt er zu diesem Zeitpunkt auf dem fünften Rang.

Die Punkte in der Fahrer-Wertung darf der „Iceman" jedoch behalten. Er belegt am Saisonende den zehnten Rang – die gleiche Platzierung wie 2010.

Parallel zu seinen Rallye-Aktivitäten engagiert sich der ehemalige Formel-1-Weltmeister in seiner Heimat für den Motorsport-Nachwuchs. Räikkönen eröffnet in Finnland ebenfalls unter dem Namen „ICE 1 Racing" ein Motocross-Team. Zusammen mit dem siebenmaligen Enduro-Weltmeister Kari Tiainen will Räikkönen dort junge Talente beim Motocross-GP antreten lassen.

Team-Info	
Gegründet	2011
Teamchef	Benoît Nogier
Technischer Leiter	Xavier Mestelan-Pinon
Team-Mitglieder	–
Adresse	Versailles (F)
Fahrzeug	Citroën C4 WRC

Erfolge	
Siege	0
WM-Titel	0

Kimi Räikkönen (FIN)		Kaj Lindström (FIN)	
Geboren	17. Oktober 1979	Geboren	31. Juli 1969
Geburtsort	Espoo (FIN)	Geburtsort	Mikkeli (FIN)
WM seit	2009	WM seit	1996
WM-Einsätze	22	WM-Einsätze	83
Siege	0	Siege	1
Bestes Ergebnis	5.	WM-Titel	0
Teams bisher	–	Fahrer bisher	T. Mäkinen, K. Sohlberg

FAHRER: KIMI RÄIKKÖNEN
BEIFAHRER: KAJ LINDSTRÖM
8

36 WM Schweden

Mads auf der Hatz

Beim lange erwarteten Debüt der neuen World Rally Cars stiehlt ein junger Norweger den Weltstars die Show: Mads Østberg übernimmt am ersten Tag mit seinem Ford Fiesta RS WRC aus dem Stobart-Team die Führung und ist dann drei Tage lang der Gejagte. Am Ende wird der 23-Jährige nur knapp geschlagen

Drei Bestzeiten am ersten Tag und die Führung: Der Norweger Mads Østberg absolviert einen Traumstart in die Rallye Schweden. Am Ende der ersten Etappe hat der 23 Jahre alte Skandinavier 14,8 Sekunden Vorsprung auf Mikko Hirvonen herausgefahren. „Einfach fantastisch", strahlt der Junior, der einen Ford Fiesta RS WRC im Stobart-Kundenteam pilotiert. Erstmals liegt damit in der Rallye-WM ein Stobart-Ford in Führung.

„Ich fühle mich gut, habe Selbstvertrauen und ich vertraue meinem Aufschrieb, meinem Beifahrer und natürlich dem Ford Fiesta", kommentiert Østberg, der sein Sportgerät zuvor nur bei einem kurzen Test ausprobieren konnte. „Ich habe auf der ersten Prüfung richtig Druck gemacht, aber dann versucht, Risiken zu vermeiden."

Möglich wird die schnelle Fahrt des Juniors vor allem durch die Streckenbedingungen: Starker Schneefall in der Nacht sorgt für eine dicke Schneepackung auf den Prüfungen, die Weltstars Sébastien Loeb, Mikko Hirvonen und Sébastien Ogier müssen wie Schneeschieber die Strecke freischaufeln, Spätstarter Østberg profitiert von deren Arbeit. Zudem verliert Sébastien Loeb durch einen Reifenschaden Zeit, er ist nur Neunter.

„Ich war noch nie vorne, aber ich könnte mich daran gewöhnen", meint Østberg. „Da ich weiß, dass ich am Samstag als Erster starten muss, habe ich versucht, meinen Vorsprung maximal zu vergrößern." Doch auch Østbergs Fahrt ist nicht fehlerfrei: Er rodelt auf der letzten Prüfung durch einen Graben, verbiegt den Lichterbaum und muss den Rest der Prüfung bei einsetzender Dunkelheit fast blind fahren.

Erstmals in seiner Karriere steht Mads Østberg damit im Rampenlicht. Zwar gab er bereits 2006 sein WM-Debüt und fuhr im

„Ich konnte hier nichts mehr gewinnen. Also habe ich nur das Auto heil zurückgebracht"

Weltmeister Sébastien Loeb, der am ersten Tag als erster Fahrer im Neuschnee viel Zeit verliert und nur Sechster wird

Gratulanten und Gegner – Mikko Hirvonens Beifahrer Jarmo Lehtinen beglückwünscht Mads Østberg zur starken Leistung

37

METER weit fliegt Ken Block über die berühmte Kuppe „Colin's Crest" auf der zweiten Wertungsprüfung. Seit drei Jahren gibt es dort einen inoffiziellen Weitsprung-Wettbewerb. Hier erlebt der für seine Stunt-Videos auf YouTube berühmte Ken Block den einzigen Höhepunkt seiner Rallye.

Jahr darauf seine erste Bestzeit. Doch über einen sechsten Rang kam der dreimalige Norwegische Rallye-Meister nicht hinaus. Im Motorsport ist er jedoch ein absoluter Frühstarter: Bereits mit vier Jahren fuhr er Motorrad-Wettbewerbe, wechselte später ins Kart. Die erste Rallye folgte mit 13 Jahren als Beifahrer seines Vaters. Drei Jahre lang hielt er es auf dem „heißen Sitz" aus. Dann kamen die ersten Rallyes. Weil er in

Erster Sieg für den neuen Ford Fiesta RS WRC – Mikko Hirvonen fährt fehlerfrei

seiner norwegischen Heimat noch nicht fahren durfte, bestritt er eine Serie für 16- bis 18-Jährige in Schweden und feierte sechs Siege in sieben Starts.

Die Erfahrung aus fast zwei Jahrzehnten im Motorsport will Østberg bei der Rallye Schweden umsetzen, er liefert sich am zweiten Tag einen packenden Kampf mit dem Ford-Werkspiloten Mikko Hirvonen. Hirvonen geht vorbei. Østberg kann den Anschluss noch halten, nur 0,3 Sekunden liegt er zur Halbzeit des zweiten Tages hinter seinem berühmteren Markenkollegen. Danach baut Hirvonen seinen Vorsprung auf 12,6 Sekunden aus, jedoch in der folgenden Prüfung dreht sich der Finne. Østberg ist ihm wieder mit 0,6 Sekunden Rückstand dicht auf den Fersen. Dann attackiert Hirvonen und beendet den zweiten Tag mit 7,4 Sekunden Vorsprung vor Østberg. Damit liegen vor der dritten und letzten Etappe die fünf besten Fahrer – Mikko Hirvonen, Mads Østberg, Petter Solberg, Jari-Matti Latvala und Sébastien Ogier – nur 16 Sekunden auseinander. Weltmeister Sébastien Loeb spielt nach einem zweiten Reifenschaden in dieser Spitzengruppe nicht mit – er ist mit 1.42 Minuten Rückstand nur Sechster.

„Ich werde keine Taktik-Spielchen spielen, ich werde einfach so schnell fahren, wie ich kann", plant Østberg die letzte Etappe. Doch der Norweger kann die Spitze nicht mehr zurückerobern: Mit drei Bestzeiten baut Mikko Hirvonen seine Führung aus. Østberg reduziert den Vorsprung zwar, kann aber nicht mehr vorbeiziehen. Citroën-Privatier Petter Solberg kämpft nach einem Dreher nicht um den Sieg mit, zudem darf er die letzte Prüfung nicht mehr selbst fahren (siehe Randthema). Jari-Matti Latvala verliert durch einen Ausritt seine Frontschürze und büßt ebenfalls Zeit ein. Damit siegt Mikko Hirvonen mit einem Vorsprung von 6,5 Sekunden vor Mads Østberg. Mit Rang drei sorgt Jari-Matti Latvala für den ersten Ford-Dreifachsieg seit der Rallye Schweden 2008.

Trotz der knappen Niederlage kann sich die Bilanz von Østberg sehen lassen: Neun Wertungsprüfungen lang hat er die Rallye angeführt. Mit Rang zwei hat er das beste Ergebnis für das Privatteam Stobart seit Gründung der Mannschaft im Jahr 1995 aufgestellt.

„Ich hätte nie erwartet, diese Rallye auf dem Podium zu beenden", erklärt Østberg

Pinnwand Rallye Schweden

1 Höhen und Tiefen – Jari-Matti Latvala fährt Bestzeiten, hat einige Dreher und wird nach einem Ausritt nur Dritter **2** Aus nach Rolle – Henning Solberg und Beifahrerin Ilka Minor im Ford Fiesta **3** Punkte geholt – „PG" Andersson führt nach der Auftaktprüfung und landet am Ende auf Platz sieben **4** Erfolg in der Rahmenserie – Martin Semerad gewinnt in einem Mitsubishi den Saisonauftakt der PWRC

Leistungsverlust – nach einem Ausritt in eine Schneewehe fällt Sébastien Ogier von Platz drei auf vier zurück

Petter Solberg muss den Führerschein abgeben

Der Alptraum eines Rallye-Piloten wird ausgerechnet bei Petter Solbergs Heimspiel in Schweden Wirklichkeit: Der Norweger muss seinen Führerschein abgeben. Am Freitag fährt er mittags am Servicepark zu spät los und gibt auf der Verbindungsetappe Gas, um die nächste Wertungsprüfung noch rechtzeitig zu erreichen. Doch unterwegs wird er an einer Radarfalle der schwedischen Polizei mit 112 km/h statt der erlaubten 80 km/h geblitzt. „Ich bekenne mich schuldig und werde das Bußgeld zahlen", erklärt der Rallye-Weltmeister von 2003. Die Einsicht hilft nicht: „Mr. Hollywood" erhält ein Fahrverbot für zwei Monate. Nach schwedischem Recht bleiben dem Citroën-Piloten genau 48 Stunden, in denen er noch fahren darf. Bis 14 Uhr am Sonntag darf Solberg also die Rallye bestreiten. Seine Versuche, eine Ausnahmegenehmigung zu bekommen, bleiben erfolglos. Er darf die letzte Wertungsprüfung nicht mehr fahren. Also übergibt er das Steuer an Beifahrer Chris Patterson. Der absolviert die Power-Stage genau 51,2 Sekunden langsamer als Sébastien Ogier in Bestzeit. In der Folge fällt Solberg vom vierten auf den fünften Rang zurück. Kleiner Lichtblick für den Citroën-Privatfahrer: Das Fahrverbot gilt ausschließlich in Schweden. Solberg darf also wie geplant bei den nächsten WM-Rallyes antreten.

Seitenwechsel – Beifahrer Chris Patterson übernimmt das Steuer

im Ziel. „Ich bin am letzten Tag am Limit gefahren. Wenn ich schneller gewesen wäre, hätte ich sicherlich Fehler gemacht. Doch ich wollte dieses Ergebnis nicht gefährden. Und dass ausgerechnet ich die erste Bestzeit mit dem neuen Fiesta gefahren bin, ist eine Leistung, die mir niemand mehr nehmen kann." Der Junior ist kein bisschen enttäuscht, dass er den ersten Sieg nicht geschafft hat – obwohl er ihm so nahe war: „Ich bin gegen die besten Piloten der Welt gefahren. Mit Platz zwei ist ein Traum in Erfüllung gegangen."

Viel Lob für Østbergs Leistung gibt es von Malcolm Wilson, dem Ford-Teamchef. „Mads hat uns dieses Wochenende wirklich beeindruckt. Ich hoffe, wir können mit ihm weitere Podiumsplätze erleben." Anerkennung zollt auch der härteste Konkurrent, Mikko Hirvonen: „Normalerweise bin ich nie nervös, aber vor der letzten Prüfung war ich es. Denn Mads fuhr großartig und ich hatte nicht genügend Vorsprung, um mir einen kleinen Fehler zu erlauben."

Punkte-Joker

Neue Regeln, neue Rechenspielchen: Seit Saisonbeginn werden bei der Power-Stage am Ende jeder Rallye die schnellsten drei Piloten mit Punkten belohnt. Erstmals zählt damit eine Bestzeit mehr als ein neunter Rang

Mit Vollgas ins Ziel: In der Rallye-WM gibt es für die letzte Wertungsprüfung – neuerdings Power-Stage genannt – für die schnellsten drei Fahrer drei, zwei und einen Zusatzpunkt. Diese kurze WP über vier bis acht Kilometer oder Zuschauer-Superspecial soll die Fernsehsender animieren, über das Ende der Rallye live zu berichten.

„Eine super Sache", findet Citroën-Privatier Petter Solberg. Vor allem die ausführliche Übertragung im Fernsehen reizt den Privatfahrer, für den jede TV-Minute wichtig ist. „Drei Zusatzpunkte sind eine tolle Belohnung. Außerdem bietet die Power-Stage den Fans am letzten Tag Action. Wir Piloten werden zum Gasgeben animiert – anstatt nur unsere Positionen ins Ziel zu bringen." Andere Fahrer sehen die neue Prüfung eher skeptisch. Mikko Hirvonen befürchtet Ungerechtigkeiten: „Es ist nicht einfach, die Bedingungen für alle Piloten gleich zu gestalten. Wenn bei einer Rallye die Startpositionen eine große Rolle spielen, weiß man schon von vornherein, dass der Pilot, der als Erster in die Power-Stage startet, keine Chance hat. Und ein Fahrer, der mit einem großen Vorsprung führt, wird hier wahrscheinlich

Comeback – Evgeny Novikov pilotiert einen Ford Fiesta RS WRC

Evgeny Novikov kehrt in die WRC zurück

In der Saison 2009 hatte der Russe Evgeny Novikov seine große Karriere-Chance. Im Citroën Junior Team steuerte er einen Citroën C4 WRC. Doch damals hinterließ sein Teamkollege Sébastien Ogier einen stärkeren Eindruck, er stieg 2011 zum zweiten Werksfahrer neben Sébastien Loeb auf. Novikov hingegen glänzte vor allem durch seine spektakuläre Fahrweise, beendete aber von acht WM-Starts vier vorzeitig durch Unfälle. In der Saison 2010 startete er lediglich in der Russischen Rallye-Meisterschaft. Bei der Rallye Mexiko 2011 gibt der inzwischen 20 Jahre alte Rallye-Pilot sein Comeback in einem Ford Fiesta RS WRC im Kundenteam Stobart. An seiner Seite der belgische Beifahrer-Profi Stéphane Prevot. Für Novikov ist der erste WRC-Einsatz mehr ein Test, denn seinen Fiesta lernt er erst im Shakedown kennen. „Ich muss mich noch mit dem Fahrzeug vertraut machen, sicherlich kann ich später stärker attackieren", erklärt er. In Mexiko gelingt ihm trotzdem eine Überraschung: Novikov liegt nach dem ersten Tag auf Gesamtrang fünf. Bei einem Ausritt am zweiten Tag wird der Kühler beschädigt, Novikov muss aufgeben, um einen Motordefekt zu verhindern. Danach kann er die starke Leistung nicht wiederholen: Die nächsten Einsätze enden für den Russen punktlos.

nichts mehr riskieren. Jemand, der aber nur eine Chance auf diese drei Punkte hat, wird sicher alles geben."

In der ersten Saison glänzen jedoch nicht die kleinen Teams auf der neuen Power-Stage. Bei den ersten zehn Rallyes punkten ausschließlich die Top-Stars: Sébastien Loeb, Mikko Hirvonen und Sébastien Ogier holen jeweils dreimal die maximalen drei Zähler, einmal geht der

Bester Ford – Mikko Hirvonen wird Zweiter und holt drei Power-Stage-Punkte

10,5

SEKUNDEN hat der Führende Sébastien Ogier auf Sébastien Loeb. Dann scheidet Ogier mit seinem Citroën nach einem Fahrfehler aus. Der Sieg geht an seinen Teamkollegen und Rivalen Loeb.

Sieg auf der Power-Stage an Citroën-Pilot Petter Solberg.

In Mexiko tüftelt Petter Solberg sogar über eine Strategie, um die drei Power-Stage-Punkte mitzunehmen. „Mr. Hollywood", zu diesem Zeitpunkt Vierter, nimmt am letzten Tag nur ein Reserverad mit, um Gewicht für die letzte Prüfung zu sparen. Doch bei der Rallye Mexiko steht weniger der Ausgang der Power-Stage im Mittelpunkt des Geschehens als das spannende Duell an der Spitze. Ab dem Start liefern sich die Citroën-Werkspiloten Sébastien Ogier und Sébastien Loeb ein spannendes Duell. Insgesamt fünfmal wechselt die Führung zwischen den beiden Teamkollegen hin und her.

Am zweiten Tag übernimmt Loeb auf der elften Prüfung die Führung und setzt sich von Ogier ab. 19,7 Sekunden Vorsprung hat er nach der 14. Wertungsprüfung. Doch dann kann der Franzose auf der Verbindungsetappe wegen eines gebrochenen Bolzens an der Gangschaltung nicht weiterfahren. Fahrer und Beifahrer sind ratlos. In letzter Minute kommt Beifahrer Daniel Elena auf die Idee, einen Bolzen von der Heckschürze als Ersatz zu nehmen. Die improvisierte Reparatur klappt, aber Loeb und Elena starten fünf Minuten zu spät in die nächste Prüfung und bekommen 50 Strafsekunden. Damit übernimmt Ogier wieder die Führung, er liegt mit 24,1 Sekunden vorn. Doch auf der nächsten Prüfung hat Ogier ein Motorproblem. Bis zum Ende des Tages rückt Loeb wieder bis auf 10,4 Sekunden an Ogier heran.

Dann geben beide Fahrer alles – ihre Zeiten sind nur durch wenige Zehntelsekunden getrennt. Ogier bleibt zunächst

Auf dem Podium – Jari-Matti Latvala wird Dritter im Ford

„Das Team hat bis vier Uhr morgens gearbeitet. Doch am Start streikte die Elektronik wieder"

Ford-Pilot Matthew Wilson über seinen Ausfall in Mexiko

Konzentration auf der Power-Stage – Petter Solberg verzichtet auf das zweite Reserverad und holt einen Zusatzpunkt

vorn. Citroën-Teamchef Olivier Quesnel verzichtet auf eine Teamorder. Eine schwierige Situation für den Franzosen: Einerseits hat er Sorge, einer der Fahrer könnte einen Fehler machen und den Citroën-Doppelsieg gefährden. Andererseits will er weder Loeb bestrafen, der wegen eines Defekts die Führung verloren hat, noch den Spitzenreiter Ogier.

Dann passiert jedoch genau das, was Quesnel befürchtet hat: Ogier macht einen Fahrfehler, die vordere rechte Radaufhängung wird beschädigt, der Citroën DS3 verliert ein Rad und Ogier muss aufgeben. „Ich habe alles auf eine Karte gesetzt", erklärt der Franzose enttäuscht. „Und es ging schief, denn ich kam etwas von der Linie ab und traf einen Stein."

Ogier ist am Boden zerstört: Gerade noch war er der Führende, jetzt ist er der große Verlierer. „Am schlimmsten trifft es ihn selbst", meint Teamchef Olivier Quesnel. „Für die Marken-WM bleibe ich optimistisch. Doch in der Fahrer-WM hat Ogier viele Punkte verloren. Wenn er Weltmeister werden will, muss er lernen, unter Druck zu fahren."

Wie man mit Druck umgeht, zeigt Loeb: Er übernimmt die Führung und siegt. Auf der Power-Stage krönt der Franzose die Rallye mit der zweitschnellsten Zeit und zwei Zusatzpunkten für die Power-Stage.

Ford-Pilot Mikko Hirvonen fährt auf der letzten Prüfung seine erste Bestzeit der Rallye und kassiert die begehrten drei Zusatzpunkte. Petter Solberg, der mit nur einem Reserverad gefahren ist, wird knapp von Sébastien Loeb geschlagen. Immerhin kann sich Solberg über einen Punkt auf der Power-Stage freuen.

Pinnwand Rallye Mexiko

1 Zweite Nullrunde – nach Rang 13 in Schweden fällt der Niederländer Dennis Kuipers im Ford in Mexiko aus **2** Freude und Ärger – Nasser Al-Attiyah siegt mit seinem Ford in der SWRC, wird aber später disqualifiziert **3** Tolle Show, keine Punkte – YouTube-Star Ken Block im Ford kommt nur auf Rang zwölf **4** 25 Punkte geerbt – SWRC-Sieger Martin Prokop

S. Bar
Felize
RALLY
DE
PORTUGA
NO-GO AR
ZONA
PROIBID
CITROËN
RACING
MICHELIN
TOTAL
CITROËN
TOTAL

03 Séb gegen Séb

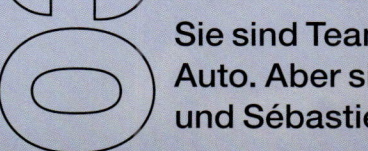

Sie sind Teamkollegen, sie fahren das gleiche Auto. Aber sie sind auch Rivalen: Sébastien Loeb und Sébastien Ogier liefern sich ein hartes Duell

Portugal

Séb vor Séb – Sébastien Ogier siegt in Portugal vor Sébastien Loeb und Jari-Matti Latvala

Die Luft wird kälter im Citroën-Werksteam: Erstmals hat der siebenmalige Rallye-Weltmeister Sébastien Loeb mit seinem Landsmann Sébastien Ogier einen starken Teamkollegen. Nach fast einem Jahrzehnt als unangefochtene Nummer eins kratzt jetzt Ogier an seinem Status. Bei der Rallye Portugal spitzt sich die Lage zu: Denn sowohl Loeb als auch Sébastien Ogier kommen bis in die Haarspitzen motiviert zum dritten WM-Lauf der Saison. Und keiner von beiden will sich in die undankbare Rolle der Nummer zwei fügen.

Sébastien Loeb macht klar, dass er seinem Teamkollegen nicht den Vortritt lassen würde, notfalls sogar eine Teamorder von Citroën-Sportchef Olivier Quesnel ignorieren wolle. „Wenn du 50 Punkte Vorsprung hättest, dann würde ich dich vorlassen. Wenn du mit nur zwei Zählern vorne liegst,

Bestzeit auf der Superspecial in Lissabon – Mikko Hirvonen belegt im Ford Fiesta RS WRC am Ende Platz vier

4

REIFENSCHÄDEN kosten Citroën-Privatier Petter Solberg einen möglichen zweiten Rang. Obwohl der Norweger sechs Bestzeiten fährt, wird er am Ende nur Sechster.

dann nicht", erklärt Loeb in einem Doppel-Interview mit Ogier. Zwar ist das lächelnd dahergesagt – doch die Drohung ist nicht zu überhören. Der siebenmalige Rallye-Weltmeister will seinen Status im Team wahren. Und Sébastien Ogier will sich nicht in die Rolle des Wasserträgers fügen.

„Es wäre einfacher, wenn wir für verschiedene Teams fahren würden", erklärt Loeb. „Dann könnten wir gegeneinander kämpfen und gleichzeitig für das Team fahren. Doch wir sind in der gleichen Mannschaft, wenn wir beide vorne liegen, weiß niemand wirklich, was zu tun ist."

Dass Sébastien Ogier längst nicht mehr im Schatten seines ehemaligen Lehrmeisters Loeb steht, beweist der 27-Jährige in Portugal bereits auf der vierten Prüfung des ersten Tages. Im Citroën DS3 WRC brennt der junge Werkspilot die schnellste Zeit in den Schotter und verbannt Tabellenführer Mikko Hirvonen im Ford, der am Donnerstag die Zuschauerprüfung in Lissabon gewonnen hat, von der Spitze. Ogier scheint seinen enttäuschenden Ausfall bei der Rallye Mexiko, als er in Führung liegend einen Fahrfehler machte, abgehakt zu haben: Mit wenigen Sekunden Vorsprung setzt sich der Franzose in Portugal von Verfolger Loeb ab. Erst am Freitagabend überlässt Ogier dem finnischen Ford-Piloten Jari-Matti Latvala den Tagessieg, um am Samstag nicht den Straßenfeger spielen zu müssen.

Die Taktik zahlt sich aus: Während Latvala von Startposition eins aus den Schotter für die Verfolger wegräumt, greift Ogier erst als Vierter ins Geschehen ein. „Es wäre besser gewesen, wenn ich verlangsamt hätte", analysiert Latvala später. Seinen Teamkollegen Hirvonen trifft es ebenfalls bitter, denn er muss auf der neunten

Neue Herausforderung für Marcus Grönholm

In der Rallye-WM wurde Marcus Grönholm 2000 und 2002 mit Peugeot Weltmeister. Ende 2007 zog er sich aus dem Profi-Sport zurück. 2011 hat „Bosse" ein neues Betätigungsfeld gefunden und startet in der Global RallyCross Championship (GRC) in den USA mit einem Ford Fiesta. Die Meisterschaft wurde 2011 von den Veranstaltern der X-Games ins Leben gerufen. Bei den in den USA beliebten X-Games treffen sich Skateboarder, BMX- und Motocross-Piloten, Inlineskater und Motorsportler zum Extremsport-Wettbewerb. Die Global RallyCross Championship ähnelt hingegen mit einer Mischung aus Rallye und Rennen, bei denen jeweils sechs Piloten gegeneinander antreten, den Rallycross-Veranstaltungen in Europa. Tür an Tür gegen andere Piloten anzutreten, liegt Grönholm scheinbar: Beim ersten GRC-Einsatz siegt er vor seinem Teamkollegen Tanner Foust. „Die Rennen haben eine Menge Spaß gemacht", so Grönholm. „Bosse" startet auch beim Finale der aus drei Läufen bestehenden Serie und belegt den zweiten Tabellenplatz hinter Tanner Foust. Bei den X-Games im Sommer wird er im Finale im Rallye-Auto knapp von Liam Doran geschlagen. Im Rallycross-Wettbewerb der X-Games belegt Marcus Grönholm den dritten Platz.

Erfolg in den USA – Marcus Grönholm startet im Ford bei der Global RallyCross Championship

„Wir hatten hart gearbeitet und zwei Tage Training hinter uns. Dann mein dummer Fehler im Shakedown und es war aus"

Ford-Pilot Ken Block, der nach einem Shakedown-Crash nicht starten kann

Prüfung wegen eines Reifenschadens anhalten. Pech für Loeb: Hirvonen geht vor ihm auf die Strecke, Loeb muss 17 Kilometer im Staub des Finnen fahren und verliert eine halbe Minute. Loeb ist stinksauer. „Mikko ist nach dem Reifenwechsel acht Sekunden vor mir gestartet und hat mich nicht vorbeigelassen, um Jari-Matti Latvala zu schützen", so Loeb. „Mikko hat mein Rennen zerstört. Er hatte einen Reifenschaden, nicht ich. Aber ich kann jetzt nur noch um Platz drei kämpfen."

Als auf WP 12 die Antriebswelle an Latvalas Ford Fiesta bricht, ist die Vorentscheidung im Duell um den Sieg gefallen. Mit etwas mehr als einer halben Minute Vorsprung startet Ogier seelenruhig vor Loeb in die letzte Etappe, verteidigt seine Führung bis ins verregnete Ziel und wiederholt damit den Sieg aus dem Vorjahr.

„Ich bin sehr glücklich. Wir hatten ein perfektes Wochenende, das Auto war super und mein Beifahrer Julien hat eine hervorragende Arbeit geleistet", berichtet Ogier im Ziel. „Es ist noch weit bis zum Titel in der Meisterschaft, aber wir sind auf einem guten Weg." Worte, die seinem Teamkollegen Loeb nicht gefallen dürften.

Ein dickes Lob gibt es für Sébastien Ogier von Citroën-Markenchef Frédéric Banzet, der als Zuschauer nach Portugal gereist ist: „Ich erinnere mich an einen jungen Fahrer, der hier vor einem Jahr überglücklich über seinen ersten WM-Sieg war. In diesem Jahr hat Sébastien Ogier eine neue Dimension erklommen – und das hat er mit diesem Sieg demonstriert."

Ogier strahlt: „Es war kein leichter Sieg. Siege sind nie einfach. Aber wir hatten ein fast perfektes Wochenende. Wir sind vorsichtig in den Donnerstag gestartet. Wir wollten in einer guten Position sein, um dann Druck zu machen. Das ist uns gelungen. Wir hatten am letzten Tag einen guten Vorsprung, mussten nur auf der Strecke bleiben und darauf achten, uns keinen Reifenschaden einzufangen." Ogier weiter: „Ich möchte meinen dritten WM-Sieg dem Team widmen, das mir ein perfektes Auto hingestellt hat und das mir auch nach meinem Fehler in Mexiko weiter vertraut hat."

Und wen sieht Ogier als größten Rivalen? „Sébastien Loeb. Er ist siebenfacher Weltmeister – aber auch ein gutes Vorbild. Ihm müssen wir folgen. Aber wir haben noch eine Menge Arbeit."

Kleiner Trost für Loeb: Mit dem Sieg auf der Power-Stage nimmt „Super Séb" immerhin noch drei Zusatzpunkte mit.

Solide Leistung – Ex-Formel-1-Pilot Kimi Räikkönen fährt in Portugal auf Platz sieben

Pinnwand Rallye Portugal

1 Enttäuschung – Daniel Oliveira fällt beim Debüt im Mini S2000 auf der letzten Prüfung mit Aufhängungsdefekt aus. Bis dahin liegt er auf Rang 20 **2** Zum dritten Mal Dritter – Ford-Pilot Jari-Matti Latvala fährt aufs Podium **3** Rad verloren, Getriebeschaden und Lenkungsdefekt – Mads Østberg landet auf Platz 31 **4** Turbo-Problem – Henning Solberg fällt auf der vorletzten WP von Platz sechs auf neun zurück

04 Um Haaresbreite

Eine WRC-Rallye ist eine logistische Meisterleistung. Bei der Rallye Jordanien jedoch treffen Container, Trucks, Ersatzteile und Fernseh-Ausrüstung viel zu spät ein. Der Veranstaltung droht eine kurzfristige Absage

Schon vor der ersten Wertungsprüfung der Rallye Jordanien kommen Teammanager, Truckfahrer und Rallye-Piloten richtig ins Schwitzen. Denn Trucks, Container und das benötigte Material für den Rallye-WM-Lauf treffen nicht rechtzeitig ein.

Eigentlich hätte die komplette Ausrüstung der Teams und Veranstalter von der Rallye Portugal mit einem Schiff nach Jor-

Hermann Gaßner jr., der mit Kathi Wüstenhagen bei der ersten Rallye im Škoda Fabia S2000 in der SWRC einen Podiumsplatz belegt

„Die Prüfungen waren so hart, dass ich froh bin, mein Auto heil ins Ziel gebracht zu haben"

0,2

SEKUNDEN trennen im Ziel Sieger Sébastien Ogier (Citroën) von Verfolger Jari-Matti Latvala (Foto) im Ford. Das ist der knappste Einlauf der WRC-Geschichte.

danien reisen sollen. Weil es im benachbarten Syrien zu politischen Unruhen gekommen ist, haben die Veranstalter jedoch eine neue Route über Israel ausgetüftelt. Die Teamfahrzeuge werden schon vorher per Luftfracht zum Servicepark am Toten Meer transportiert. Doch die Verschiffung des Equipments vom italienischen Triest nach Haifa gestaltet sich dann unerwartet schwierig. Erst verspätet sich der Frachter, dann kann er wegen eines Motorschadens nur mit halber Kraft fahren. Am Ende sorgt dann ein schwerer Sturm für eine weitere Verzögerung. Das Schiff kann wegen des hohen Wellengangs nicht in den Hafen einlaufen und muss besseres Wetter abwarten. Doch ohne Material, Servicetrucks, Zelte und Equipment für Zeitnahme und Fernsehen gibt es keine Rallye. Im Servicepark am Toten Meer herrscht banges Warten.

Statt wie geplant am Sonntag legt das Schiff dann endlich am späten Mittwochabend an. Zu wenig Zeit, um die Fahrzeuge rechtzeitig für die erste Wertungsprüfung am frühen Donnerstag vorzubereiten. Die Notlösung: Annullierung der ersten Etappe. Somit startet die Veranstaltung erst am Freitagmorgen mit der WP „Suwayma". Insgesamt werden nur noch 14 Prüfungen verteilt über zwei Tage gefahren.

Auf das sportliche Geschehen hat das natürlich Auswirkungen: Durch die Kürze der Rallye liegen die Piloten dicht beieinander. Jede Zehntelsekunde zählt. Denn schließlich haben Loeb, Ogier und Co. nur 14 Wertungsprüfungen über 259 Kilometer, um sich von der Konkurrenz abzusetzen. Damit fehlt den Piloten rund ein Drittel der Wettbewerbsdistanz.

Zudem sind die Routen in Jordanien extrem hart und schwierig. Ein Großteil der Strecke liegt bis zu 420 Meter unterhalb des Meeresspiegels und wurde speziell für die Premiere im Jahr 2008 angelegt. „Bei jeder anderen Rallye können wir immer auch etwas die Landschaft ‚lesen', um zu erkennen, was sich hinter einer verdeckten Kuppe versteckt – etwa in Form von Schneisen zwischen den Baumwipfeln, großen Steinen am Streckenrand oder auch den Spitzen von Telegrafenmasten", erläutert Ford-Pilot Mikko Hirvonen. „In Jordanien kann man das vergessen. Das Einzige, was wir als Fahrer vor einer der zahlreichen Kuppen sehen, ist blauer Himmel."

Hirvonen, der punktgleich mit Citroën-Star Sébastien Loeb als Tabellenführer nach Jordanien gekommen ist, verliert als erster Starter auf der Strecke viel Zeit, eine defekte Servolenkung kostet ihn weitere wichtige Sekunden. Der Finne beendet den ersten Tag mit zweieinhalb Minuten Rückstand nur als Fünfter.

Nach dem ersten Tag haben noch vier Piloten Siegchancen: Citroën-Werkspilot Sébastien Ogier führt mit einer halben Minute Vorsprung. Der Franzose hat sich am ersten Tag für eine Vollgas-Strategie entschieden. „Ich wollte nicht taktieren,

Michelin mit neuen Schotter-Reifen

Comeback in der Rallye-Weltmeisterschaft nach sechs Jahren Pause: Reifenhersteller Michelin liefert seit 2011 wieder Reifen für die großen Werksteams in der WRC. Der französische Hersteller hatte sich 2005 nach insgesamt 18 Fahrer- und 20 Konstrukteurstiteln aus der Rallye-WM verabschiedet. Von 2006 und 2007 trat Michelin mit der Tochtermarke BFGoodrich in der WRC an und feierte vier weitere Titel. Erstmals seit Jahren gibt es seit 2011 keinen exklusiven Reifenlieferanten in der WRC mehr: Als zweiter Hersteller rüstet die chinesische Reifenmarke DMACK Tyres vor allem Privatfahrer und kleinere Teams in den Rahmenserien aus. Pirelli, bis 2010 Lieferant von Einheitsreifen, engagiert sich noch in der WRC Academy. Für die neue Aufgabe hat sich Michelin gut gerüstet: Für die Schotter-Rallyes ist ab der Rallye Jordanien ein verstärkter Reifen der Serie „Latitude Cross" im Einsatz. Gab es noch zu Saisonbeginn Reifenschäden, kommen bei der materialmordenden Rallye Jordanien die Top-Teams ohne Plattfüße ins Ziel. Möglich wird die Evolution durch das Reglement, das den beiden Reifenherstellern Michelin und DMACK Tyres jeweils einen neuen Reifen pro Saison erlaubt.

Verbesserte Konstruktion – Michelin bietet ab Jordanien die Evolutionsversion des Reifens Latitude Cross an

mein Ziel war, einen möglichst großen Vorsprung herauszufahren, damit ich am zweiten Tag ein großes Zeitpolster habe, wenn ich als erster Fahrer auf die Strecke muss", erklärt Ogier. Hinter ihm folgen sein Teamkollege Sébastien Loeb, Ford-Mann Jari-Matti Latvala und Citroën-Privatier Petter Solberg innerhalb von nur vier Sekunden.

Auf den letzten 115 Kilometern will das Quartett alles geben – schließlich geht es trotz der verkürzten Rallye um die volle Punktzahl in der Weltmeisterschaft. Doch zuerst hält Petter Solberg dem Druck nicht stand: Er verliert zehn Sekunden, als sich ein Reifen von der Felge löst. Ein Abflug zwei Prüfungen später, auf der vorletzten WP, bedeutet für den Privatfahrer im Citroën das endgültige Aus. „Wir hatten einen gro-

Auf dem Podium – Sébastien Loeb übernimmt mit Rang drei die Tabellenführung

Zweiter Sieg in Folge – Sébastien Ogier zeigt auf den rauen Pisten in Jordanien eine reife Leistung

ßen Dreher, rutschten von der Strecke und steckten fest", berichtet Solberg. „Dort lagen einige massive Steine und wir konnten unser Auto nicht wieder auf die Strecke bringen. Damit war die Rallye beendet."

Ford-Pilot Jari-Matti Latvala, der als Dritter in den letzten Tag startet, profitiert von seiner späteren Startposition. Der Finne fährt drei Bestzeiten und übernimmt auf der vorletzten Wertungsprüfung die Führung vor Sébastien Ogier. Mit einem Vorsprung von nur 0,5 Sekunden geht er in die alles entscheidende Power-Stage. Beide Fahrer geben alles – doch mit einem hauchdünnen Vorsprung gewinnt Ogier die Power-Stage und sichert sich die damit verbundenen drei Zusatzpunkte. Mit nur 0,2 Sekunden triumphiert der Franzose in der Gesamtwertung vor Jari-Matti Latvala. Das ist der engste Zieleinlauf der WM-Geschichte. Die bisherige knappste Entscheidung war der Triumph von Marcus Grönholm und Timo Rautiainen 2007 in Neuseeland mit 0,3 Sekunden Vorsprung – allerdings nach 354 WP-Kilometern.

Jari-Matti Latvala sieht das Ergebnis mit gemischten Gefühlen. „Es war fantastisch, die Rallye so zu beenden", sagt der 26 Jahre alte Finne. „Aber ich bin enttäuscht, dass ich verloren habe. Es tut weh, wenn man hart kämpft und so knapp geschlagen wird. Ich habe auf der letzten Prüfung einige kleine Fehler gemacht."

„Wir haben wie verrückt attackiert", berichtet Sieger Ogier. „Aber Jari-Matti hat es uns nicht leicht gemacht. Er hat unglaubliche Zeiten hingeknallt und wir hatten das Gefühl, nichts dagegen tun zu können. Man kann sich kaum vorstellen, eine Rallye so hauchdünn zu gewinnen."

Pinnwand Rallye Jordanien

1 Sechster – Kimi Räikkönen verbucht sein bis dato bestes Saisonresultat **2** Gut gemacht – Matthew Wilson nimmt als Fünfter zehn Punkte mit **3** Punkte geholt – Federico Villagra landet im Munchi's Ford auf Platz sieben **4** Alles oder nichts – Petter Solberg kämpft um den Sieg und fällt am letzten Tag nach einem Ausritt aus

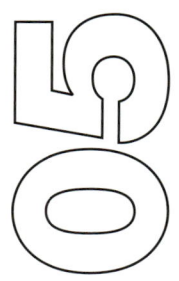

Start frei für die „Roten"

Vorhang auf für einen neuen Hersteller: Mini engagiert sich mit einem World Rally Car auf Basis des Countryman in der WM. Eingesetzt werden die Fahrzeuge vom erfahrenen Prodrive-Team

Comeback nach vier Jahrzehnten: Mit dem neuen John Cooper Works WRC steigt die BMW-Tochter Mini bei der Rallye Sardinien in die WRC ein. In den 60er-Jahren war Mini eine Legende: Drei Siege bei der traditionsreichen Rallye Monte Carlo gingen auf das Konto des Mini Cooper S. Doch seitdem war die Marke aus dem Rallye-Sport verschwunden.

Die Rallye Sardinien markiert für Mini einen Neuanfang mit dem World Rally Car auf Basis des neuen Mini Countryman. Die nötigen Erfahrungen für den WRC-Einstieg bringt das 1984 gegründete Einsatzteam Prodrive mit, das bis Ende 2008 die Werksautos von Subaru betreute und nun sowohl für die Entwicklung als auch den Einsatz des Mini verantwortlich zeichnet. Für Prodrive-Chef David Richards ist das ehrgeizige Projekt eine Chance, wieder im Rallye-Sport Fuß zu fassen. BMW, Mini und Prodrive arbeiten eng zusammen: Der Serienmotor wurde von BMW Motorsport in München für die Verwendung im Rallye-Sport optimiert. Das Getriebe stammt vom Spezialisten X-Trac, Sicherheitskäfig und viele Komponenten steuert Prodrive bei.

„Dieses Projekt ist für uns eine Herzensangelegenheit", erklärt David Richards. „In den ersten Einsätzen wollen wir möglichst viele Erfahrungen sammeln, um 2012 vom Start weg konkurrenzfähig zu sein." Mini bestreitet in der Debüt-Saison die sechs europäischen WM-Läufe auf Sardinien, in Finnland, Deutschland, Frankreich, Spanien und Großbritannien. Die zeit- und kostenintensiven Rallyes in Argentinien und Australien lässt die Mannschaft im ersten Jahr aus. „Wir erwarten von den Einsätzen Erfahrungen unter Live-Bedingungen",

Zweiter Saisonsieg – Sébastien Loeb triumphiert auf Sardinien

erklärt Fahrer Kris Meeke, der bis Ende 2010 für Peugeot in der IRC-Serie unterwegs war und 2009 IRC-Champion wurde. „Wir glauben, dass wir bereits sehr gut sind, aber die Bestätigung gibt es erst, wenn wir gegen die Konkurrenz antreten. Wir müssen schnell lernen. Denn 2012 wird ganz wichtig, dann werden wir auf der Basis einer ganzen Saison bewertet. Und die hohen Erwartungen spürt man schon jetzt."

Auf Sardinien kämpft Neueinsteiger Mini wie erwartet nicht um den Sieg – der geht souverän an Citroën-Star Sébastien Loeb vor Ford-Pilot Mikko Hirvonen. Mit seinem zweiten Saisonsieg und dem fünften Erfolg in Italien hat Loeb nach fünf von 13 Rallyes sein Punktekonto auf sieben Zähler vor Verfolger Hirvonen ausgebaut. Den dritten Platz sichert sich Loebs Markenkollege Petter Solberg, der als bester Privatier 23,8 Sekunden hinter dem Rekordweltmeister ins Ziel kommt. Dabei profitiert der Norweger von einem Fahrfehler von Loebs Citroën-Teampartner, Sébastien Ogier, auf der vorletzten Prüfung die Aufhängung seines Autos an einem Felsen beschädigt und nur Vierter wird.

Die Extrapunkte für die Power-Stage schnappt sich Hirvonen, der mit Rang zwei zufrieden ist: „Es ist ein gutes Resultat. Ein Fehler auf der ersten Etappe hat uns 50 Sekunden gekostet. Wäre dies nicht passiert, hätten wir vermutlich ein Wörtchen im Kampf um den Sieg mitgeredet."

Auch einer der Mini-Piloten kämpft zeitweise in der Spitzengruppe mit. Kris Meeke fährt auf einer Wertungsprüfung die drittbeste Zeit. Doch er kann den ersten Rallye-Tag nicht beenden, nachdem sich das Gaspedal verklemmt hat und er von der Strecke abgekommen ist.

7

BESTZEITEN gehen auf das Konto von Ford-Pilot Jari-Matti Latvala. Doch der Finne wird dafür nicht belohnt. Ein Unfall am ersten Tag – Beifahrer Miikka Anttila hatte sich verlesen – lässt ihn weit zurückfallen.

„Zu Hause zu bleiben war wirklich schwierig. Doch jetzt bin ich wieder hier und es fühlt sich an wie früher"

Mini-Pilot Dani Sordo vor dem WRC-Comeback

58 WM Sardinien

Bestes Saisonergebnis – Petter Solberg fährt erstmals im neuen Citroën DS3 WRC aufs Podium

Volkswagen verkündet Rallye-WM-Projekt

Von der Rallye Dakar in die WRC: Bei der Rallye Sardinien verkündet auch Volkswagen ein ehrgeiziges Rallye-Programm. Der deutsche Hersteller startet ab 2013 mit dem Polo R WRC in der Rallye-WM. Bis 2013 entwickeln die Wolfsburger auf Basis des Polo ein rund 300 PS starkes Rallye-Fahrzeug mit 1,6-Liter-TSI-Motor und Allradantrieb. „Das neue Technische Reglement der Rallye-Weltmeisterschaft passt ideal zur Philosophie von Volkswagen bei der Entwicklung von Serienfahrzeugen", so Dr. Ulrich Hackenberg, Mitglied des Markenvorstands Volkswagen. „Downsizing, hohe Effizienz und Sportlichkeit stehen bei unseren Kunden an oberster Stelle. Der Zeitpunkt zum Einstieg ist für Volkswagen optimal. Uns reizt die große Aufgabe, ein Fahrzeug zu konstruieren, das bei einer Vielzahl von Herausforderungen konkurrenz- und siegfähig ist." Um das Team auf die neue Aufgabe vorzubereiten und Erfahrungen in der Rallye-WM zu sammeln, setzt die Mannschaft um Volkswagen-Motorsport-Direktor Kris Nissen ab Sommer 2011 zwei Škoda Fabia S2000 bei ausgewählten Rallyes ein. Für das neue Projekt konnte Volkswagen den erfahrenen Techniker François-Xavier Demaison gewinnen, den ehemaligen Fahrzeug-Ingenieur von Marcus Grönholm bei Peugeot. Außerdem agiert Ex-Rallye-WM-Pilot Carlos Sainz als Berater im Team.

Im Scheinwerferlicht – der neue Volkswagen Polo R WRC

Pinnwand Rallye Sardinien

1 Starke Vorstellung – Ott Tänak siegt im Ford Fiesta S2000 in der SWRC und holt als Siebter noch sechs WM-Punkte **2** Zehn Punkte – Mads Østberg wird Fünfter **3** Jubel – Mikko Hirvonen fährt auf Platz zwei und gewinnt die Power-Stage **4** Lernphase – Hermann Gaßner jr. und Kathi Wüstenhagen werden im Škoda Fabia Fünfte in der SWRC

Sein Teamkollege Dani Sordo, der bis Ende 2010 als Teamkollege von Sébastien Loeb eher glücklos agierte, beendet den ersten Tag auf dem sechsten Rang. „Wir sind ohne Schwierigkeiten durchgekommen", freut er sich. „Ich bin sehr vorsichtig gestartet. Am Ende wurde das Auto besser und ich war wirklich zufrieden. Wir wollen in den nächsten Tagen einige kleine Dinge probieren, das Auto besser kennenlernen und etwas mehr Druck machen."

Während Dani Sordo seinen sechsten Rang bis ins Ziel verteidigt und beim Debüt sogar Punkte sammelt, ist die Rallye für seinen Teamkollegen Kris Meeke vorzeitig beendet. Denn am zweiten Tag verliert sein Fahrzeug Kühlwasser, als Folge steigt die Motortemperatur an. Vorsichtshalber zieht Prodrive den Mini zurück.

Trotzdem ist David Richards zufrieden mit dem Ausgang der Rallye: „Ich glaube, wir haben die Leistung des neuen Mini demonstriert. Der erste Einsatz war ermutigend, wir haben keinerlei Probleme mit der Zuverlässigkeit des Fahrzeugs."

Dani Sordo fühlt sich an seinem neuen Arbeitsplatz bereits sichtlich wohl: „Ich bin glücklich, dass ich die Rallye beenden konnte. Der neue Mini ist gut. Das Prodrive-Team arbeitet sehr professionell und die Ingenieure kennen das Fahrzeug sehr gut und wissen, in welche Richtung wir arbeiten müssen. Wir haben viel über das neue Auto gelernt und die Ingenieure haben eine Menge wichtiger Daten gesammelt. Das Chassis ist sehr gut, das Auto ist auf schnellen Strecken einfach zu fahren. Auf schnellen Passagen sind wir den etablierten Top-Teams sehr nahe. Ich bin davon überzeugt, dass wir uns bei den nächsten Rallyes noch steigern können."

Der Einstieg ist vollbracht. Der nächste Einsatz für Mini folgt erst bei der Rallye Finnland Anfang August. Doch bis dahin liegt noch viel Arbeit vor den beiden Fahrern und dem Prodrive-Team, wie Kris Meeke zu bedenken gibt: „Wir müssen bald mit der Entwicklung auf Asphalt beginnen, denn zum Ende der Saison folgen drei Asphalt-Rallyes. Deshalb liegen einige Entwicklungstests vor uns. Wir müssen sicherstellen, dass wir in allen Bereichen stark sind."

Motorprobleme – Henning Solberg und Ilka Minor (Foto) geben am ersten Tag auf

Abu Dhabi
Ford
EDGE
Castrol
MICHELIN
PX60 AVM
Powered by FORD EcoBoost
Castrol EDGE
Abu Dhabi
ICEPEAK

06 Abgestürzt

Ford-Pilot Jari-Matti Latvala ist in Argentinien auf einem Höhenflug: Er führt souverän. Doch ein Fahrfehler zerstört seine Siegesträume. Am Ende siegt Sébastien Loeb trotz einer Minute Zeitstrafe

Der letzten Sieg von Jari-Matti Latvala liegt elf Rallyes zurück: In Finnland 2010 triumphierte der Ford-Werkspilot zum letzten Mal. Bei der Rallye Jordanien fehlen hauchdünne 0,2 Sekunden zum Sieg. Auf den anspruchsvollen Schotter-Prüfungen der Rallye Argentinien scheint es für den 26 Jahre alten Finnen endlich nach Plan zu laufen. Bereits auf der zweiten Wertungsprüfung übernimmt er die Führung dank seiner späten Startposition.

Dabei kann der Finne auf dem 20 Kilometer langen Klassiker „El Condor" im wildromantischen Felsgebirge besonders viel Zeit auf die Konkurrenz herausfahren: Er lässt das Fahrwerk seines Ford Fiesta RS WRC um 20 Millimeter vertiefen. Die letzten sechs Kilometer der Wertungsprüfung führen über Asphalt – dort erreicht Latvala eine Durchschnittsgeschwindigkeit von 196,20 km/h. „Das fühlte sich an, als ob ich wieder auf dem Nürburgring sei", so Latvala, der 2010 in der Eifel beim 24-Stunden-Rennen reichlich Asphalt-Erfahrung sammelte. „Ich habe den ganzen Morgen die Reifen nicht gewechselt, um sicherzugehen, dass sie heruntergefahren sind und mehr Grip auf Asphalt haben." Die Taktik zahlt sich aus: Latvala nimmt der Konkurrenz 9,3 Sekunden ab und baut seinen Vorsprung auf 12,3 Sekunden aus. Vier von sechs Bestzeiten gehen am ersten Tag auf das Konto des Finnen, durch die Prüfungen zu fliegen scheint.

Damit liegt er nach der ersten und härtesten Etappe der Rallye mit 18,2 Sekunden Vorsprung vor den Citroën-Piloten Petter Solberg und Sébastien Ogier. Sébastien Loeb, der die Rallye Argentinien bei den letzten fünf Auflagen gewonnen hat, ist zu diesem Zeitpunkt mit anderthalb Minuten Rückstand nur Fünfter: Erst muss er als erster Pilot die Prüfungen eröffnen, dann stempelt Beifahrer Daniel Elena im Gedränge an der Zeitkontrolle vor dem

1 MINUTE Zeitstrafe geht auf das Konto von Sébastien Loeb. Beifahrer Daniel Elena hatte zu früh zur fünften Prüfung gestempelt. Trotzdem siegen Loeb und Elena.

Sieg verschenkt – Sébastien Ogier verliert die Führung durch einen Überschlag. Danach streikt die Servolenkung

Service zwei Sekunden zu früh, eine Minute Strafzeit ist die Folge.

Jari-Matti Latvala, der bereits seine 98. WM-Rallye bestreitet, aber in seiner fünften Saison als Ford-Werksfahrer nur vier Siege auf dem Konto hat, scheint in Argentinien wie befreit: „Nach dem Abfahren der Prüfungen war ich mir sicher, dass die kurzen Asphalt-Passagen hier einen Unterschied machen würden – in positiver wie auch in negativer Hinsicht. Für mich läuft es sehr gut. Aber ich bekomme Druck von hinten. Bewusst habe ich mich gegen eine Taktik entschieden, weiter hinten zu starten. Denn ich möchte als Erster auf die Strecke gehen, um nicht in den Staubwolken meiner Vorgänger zu fahren. Dafür nehme ich den Nachteil in Kauf, den losen Schotter zur Seite schieben zu müssen."

Lob gibt es auch von Teamchef Malcolm Wilson: „Wir haben uns bei den Tests auf gemischte Prüfungen konzentriert. Jari-Matti zeigt eine fantastische Leistung. Er hat die richtige Abstimmung gewählt und wurde dafür belohnt."

Latvala kann am zweiten Tag zunächst noch die Konkurrenten hinter sich halten. „Es ist nicht so schlecht, als Erster zu starten", sagt er. „Ich spiele den Straßenfeger für meine Verfolger. Aber ich nutze die komplette Breite der Strecke und fahre eine Linie, der sie sicher nicht folgen wollen ..."

Latvalas Höhenflug und Siegesträume enden auf der drittletzten Prüfung des zweiten Tages: Ein Teil der linken Vorderradaufhängung bricht, der Finne verliert

> „Ohne das Problem mit der Lenkung am Samstag hätten wir hier siegen können"
>
> **Citroën-Privatier Petter Solberg, der Vierter wird und die Power-Stage gewinnt**

WRC-Lehrjahr für Daniel Oliveira

Ab der Rallye Portugal bestreitet der Brasilianer Daniel Oliveira ausgewählte Rallye-WM-Läufe. Bei den ersten zwei Einsätzen pilotiert er einen Mini Countryman S2000 im neuen Brazil World Rally Team (BWRT), ab der Rallye Sardinien sitzt er dann im brandneuen Mini WRC. Für den 26 Jahre alten Rallye-Piloten ist es das Debüt-Jahr in der Weltmeisterschaft und zugleich die erst zweite komplette internationale Saison. Der Brasilianer bestritt zuerst Offroad-Rallyes, wechselte 2009 in die Argentinische Rallye-Meisterschaft. 2010 startete er in der IRC und holte bei seinem Heimspiel in Curitiba Punkte, hatte allerdings auch eine Reihe von Unfällen. In seinem WM-Debütjahr muss „DO" noch viel lernen, zudem fehlt ihm die Kenntnis der Strecken. Von den ersten neun Einsätzen beendet er sechs durch Ausfälle. Sein bestes Ergebnis ist der 19. Platz bei der Rallye Jordanien. Daniel Oliveira, dessen Stärke ein guter finanzieller Hintergrund ist, hatte bereits bekannte Beifahrer wie Denis Giraudet und Carlos del Barrio an seiner Seite. In der Saison 2011 vertraut er auf den Portugiesen Carlos Magalhães. „Wir wollen, dass Daniel im ersten Jahr wichtige Erfahrungen sammelt und sich dann steigert", das Ziel von BWRT-Manager Paul Handal.

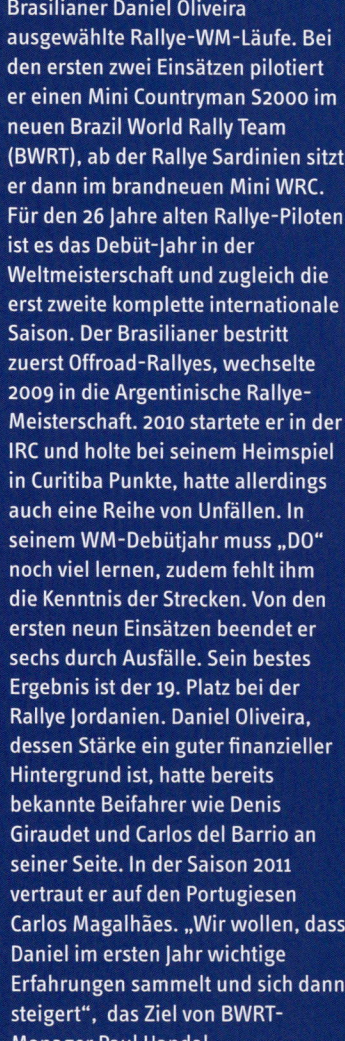

Debütsaison im Mini – Daniel Oliveira startet mit Beifahrer Carlos Magalhaes in der WRC

Gastspiel – Armin Kremer fällt am letzten Tag mit seinem Mitsubishi aus

20 Sekunden. „Ich habe einen Stein in einer Rille getroffen", glaubt Latvala. Hastig versucht er, mit Copilot Miikka Anttila den Schaden notdürftig zu reparieren. Doch die eigenwillige Konstruktion bricht auf der nächsten Prüfung – das finnische Duo muss die Etappe vorzeitig beenden.

Sébastien Ogier übernimmt die Führung. Vor der dritten und letzten Etappe hat der Franzose bereits 43 Sekunden Vorsprung vor Ford-Pilot Mikko Hirvonen. Vierter ist Petter Solberg, der auf der letzten Prüfung des Tages durch eine defekte Servolenkung eine Minute verloren hat.

Auch Sébastien Ogier hat kein Glück: Er überschlägt sich auf der ersten Prüfung des letzten Tages. Er kann weiterfahren, bleibt in Führung, aber sein Vorsprung auf Teamkollege Sébastien Loeb schmilzt auf 21,5 Sekunden und nimmt weiter ab. Ogier, dessen Servolenkung die Rolle nicht überstanden hat, startet mit nur 3,3 Sekunden Vorsprung vor Loeb in die letzte Prüfung. Weitere 2,4 Sekunden dahinter folgt Ford-Pilot Mikko Hirvonen.

Ogier kann das Tempo der Verfolger nicht mitgehen und wird nur Dritter: Loeb siegt vor Hirvonen. Während bei Citroën die Champagner-Korken knallen, gibt es bei Ford lange Gesichter. „Ich bin enttäuscht, dass wir nur Zweite geworden sind", erklärt Ford-Sportchef Gerard Quinn. „Hätte Mikko an den ersten beiden Tagen mehr gegeben, wäre der Sieg möglich gewesen. Auch Jari-Matti hatte den Speed, um zu siegen. Doch er hat einen Fehler gemacht und das Auto beschädigt."

Pinnwand Rallye Argentinien

1 Platz fünf – Stobart-Ford-Pilot Mads Østberg fährt zum vierten Mal in die Punkte **2** Knapp geschlagen – Patrik Flodin belegt im Subaru Impreza WRX den zweiten Rang in der PWRC-Wertung **3** Volle Punkte – Hayden Paddon aus Neuseeland siegt im Subaru Impreza in der PWRC **4** Ringt nach Worten – Sébastien Ogier erklärt Journalisten, warum ein Fahrfehler am letzten Tag den Sieg gekostet hat

Erleben Sie Motorsport **online** auf Motorsport-Total.com!

WEB:
Wer es „traditionell" mag:
www.Motorsport-Total.com

WAP:
Zu finden unter:
mobile.Motorsport-Total.com

APP:
Suchen Sie im AppStore mit dem Suchbegriff MST

Available on the iPhone App Store

*Quelle: AGOF internet facts 2011-4

Brandaktuelle News und Analysen · Spannende Hintergrundberichte · Exklusive Interviews

MOTORSPORT-TOTAL.COM

Deutschlands führendes Motorsport-Portal*

Gut taktiert, Herr Ogier!

Zwei starke Piloten, zwei starke Persönlichkeiten: Bei der Rallye Akropolis kämpfen Sébastien Loeb und Sébastien Ogier nicht nur um den Sieg. Ihr Duell wird zu einem Machtkampf im Citroën-Werksteam

Podiumsplatz für Ford – Mikko Hirvonen kann in den Kampf um den Sieg nicht eingreifen

Aus Fehlern lernen und die Vergangenheit abhaken – das ist die Strategie von Citroën-Pilot Sébastien Ogier vor der Rallye Akropolis. Beim WM-Einsatz zuvor in Argentinien lag er in Führung und verschenkte den Sieg durch einen Fahrfehler. „Dumm gelaufen", so der Franzose rückblickend. „Aber das ist Geschichte. Ich habe daraus gelernt und blicke nach vorn." Inzwischen ist sein Rückstand auf Sébastien Loeb in der Tabelle auf 30 Punkte angewachsen. „Ich habe die Hoffnung auf den Titel nicht aufgegeben. Noch sind sieben Rallyes zu fahren. Und auch Sébastien Loeb kann noch Probleme bekommen", lautet die klare Kampfansage von Ogier an seinen älteren und erfolgreicheren Teamkollegen.

Doch zu Beginn der Rallye kostet Ogier ein Reifenschaden wichtige Sekunden. Er ist nur Fünfter. Citroën-Privatier Petter Solberg übernimmt die Führung vor den beiden Ford-Piloten Mikko Hirvonen und Jari-Matti Latvala und „Super Séb" Loeb.

Um eine bessere Startposition für den zweiten Tag zu erzielen, lassen sich Mikko Hirvonen und Sébastien Ogier zurückfallen. Jari-Matti Latvala verabschiedet sich aus dem Kampf um die Spitze mit einem Differenzialdefekt. Am Ende des Tages führt damit Petter Solberg mit 51,6 Sekunden Vorsprung. Sébastien Loeb fühlt sich ausgetrickst. „Mikko und Sébastien haben taktiert", grummelt er. „Damit muss ich als Zweiter auf die Strecke und habe einen großen Rückstand auf Solberg. Das ist ein richtiges Problem. Die Strecke wird durch ihn nicht viel sauberer und ich habe kaum eine Chance, ihn einzuholen."

Ogiers Taktik geht auf: Am zweiten Tag fährt er drei Bestzeiten in Folge und knabbert Prüfung für Prüfung am Vorsprung von Petter Solberg. Dem Fahrzeug des zuerst auf die Strecke gehenden Norwegers fehlt

100

PODIUMSPLÄTZE in seiner Karriere hat der siebenmalige Rallye-Weltmeister Sébastien Loeb bereits gesammelt. Bei der Rallye Akropolis kann er mit Rang zwei seine Führung in der Weltmeisterschaft weiter ausbauen. Sein Arbeitgeber Citroën verzeichnet bereits den 22. Doppelsieg in der WRC.

„Loeb war etwas frustriert, denn er wollte, dass Ogier vor ihm startet. Aber Ogier braucht das nicht zu tun"

Citroën-Teamchef Olivier Quesnel über die Debatten mit Sébastien Loeb und Sébastien Ogier

es an Grip, zudem verliert er wichtige Sekunden, als er sich an einem Abzweig verbremst. „Unglaublich, wie viel wir Petter abnehmen konnten", freut sich Ogier, der inzwischen bis auf 5,4 Sekunden an den Markenkollegen herangerückt ist. Hinter dem Duo ist Sébastien Loeb Dritter, ihn trennen nur noch 15 Sekunden von Solberg.

Auf der nächsten Prüfung übernimmt Sébastien Ogier die Führung. Vor der letzten Prüfung des zweiten Tages hat er 15 Sekunden Vorsprung vor seinem Teamkollegen Sébastien Loeb. „Straßenfeger" Petter Solberg ist nur noch Dritter.

Auf der abschließenden Nachtprüfung liegt dann plötzlich Sébastien Loeb vorn: Teamkollege Sébastien Ogier erklärt, er habe durch Staub und Dunkelheit nicht richtig sehen können. Später räumt der Franzose ein, absichtlich das Tempo zurückgenommen zu haben, damit Loeb am letzten Tag die Stecke eröffnen müsse. Loeb kocht vor Wut: Nachdem er am ersten Tag als Tabellenführer als Erster auf die Strecke ging und am zweiten Tag durch die Taktik der Konkurrenten als Zweiter starten musste, findet er sich am letzten Tag schon wieder in der unliebsamen Rolle des Straßenkehrers wieder. Hinter ihm lauern drei Verfolger innerhalb von nur 20 Sekunden.

Loeb steht unter Druck und protestiert. Er sieht sich in der Rolle der Nummer eins im Team und will einen kleinen Vorteil für sich herausdiskutieren. „Sébastien Loeb ist mit der Startreihenfolge nicht glücklich, er wollte, dass Ogier vor ihm startet", erklärt Citroën-Sportchef Olivier Quesnel. „Ich verstehe ihn, denn ab dem ersten Tag gibt er alles und muss die Strecke fegen." Doch Quesnel entscheidet sich gegen eine Stallorder: „Beide Fahrer dürfen um den Sieg kämpfen. Aber sie wissen, dass sie sich keine Fehler erlauben dürfen. Denn wer abfliegt, hat in der Fahrer-WM kaum noch Chancen." An der Startreihenfolge ändert sich also nichts: Loeb muss am letzten Tag

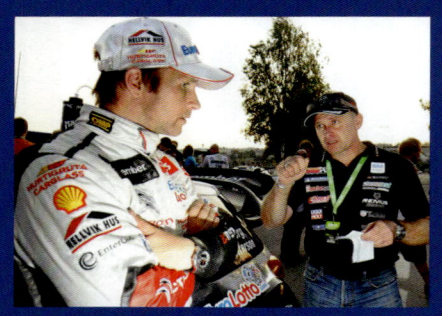

Insider-Gespräch – Sport1-Reporter Armin Schwarz interviewt seinen ehemaligen Konkurrenten Petter Solberg

Vom Cockpit vor die Fernseh-Kamera

Sechs Jahre nach Ende seiner Karriere als Rallye-Profi ist Armin Schwarz in der Weltmeisterschaft aktiv: Der inzwischen 48 Jahre alte Bayer arbeitet für den Sportsender Sport1, der die WRC-Rallyes seit Beginn 2011 überträgt. Schwarz führt Interviews, agiert als Rallye-Fachmann, hilft dem TV-Team darüber hinaus bei der Auswahl der Kamerapunkte. „Der besondere Reiz liegt in der Tatsache, dass ich Sport1 aus meiner aktiven Erfahrung heraus gute Vorschläge für interessante Hintergrundthemen machen und sie realisieren darf", so Schwarz. „Dank der ausgezeichneten Zusammenarbeit mit meinen Ex-Kollegen in der WM-Szene entstehen so sehr informative und recht verständliche Background-Storys. Bis 2005 habe ich Berichterstattung ja immer nur aus der Fahrer-Perspektive gesehen, heute sehe ich, wie viel Arbeit dahintersteckt." In seiner aktiven Karriere bestritt Schwarz als Werksfahrer bei Audi, Hyundai, Mitsubishi, Škoda und Toyota insgesamt 112 WM-Rallyes und feierte einen Sieg. Noch immer sitzt Schwarz gelegentlich hinter dem Steuer: Seit 2007 startet der Deutsche bei einzelnen Offroad-Rallyes der amerikanischen Wüstenrennserie SCORE, unter anderem bei der bekannten „Baja 1000" im Team von All German Motorsports.

Nach zwei Rallyes Pause wieder da – Kimi Räikkönen landet auf dem siebten Platz

Lange geführt, dann doch nur Vierter – Citroën-Pilot Petter Solberg

als Straßenfeger agieren. „Beide Sébs sind die Nummer eins, es gibt keine Nummer zwei", erklärt Quesnel.

Ogiers Taktik geht auch am letzten Tag auf: Schon nach der ersten Prüfung übernimmt der jüngere der beiden „Sébs" die Führung mit 0,1 Sekunden Vorsprung. Auf der nächsten Prüfung kontert Loeb, liegt ebenfalls 0,1 Sekunden vorn. Nur noch drei Prüfungen sind zu fahren. „Es ist immer schwer, Loeb zu schlagen", gibt Ogier zu. „Er war einfach sehr schnell. Und vielleicht habe ich nicht genug gegeben."

Auf der nächsten Prüfung übernimmt Sébastien Ogier die Führung, liegt sechs Sekunden vor Loeb. Vor der entscheidenden Super-Stage hat Ogier seine Führung auf zehn Sekunden ausgebaut. So kurz vor dem Ziel will sich der Junior den Sieg nicht mehr nehmen lassen: Ogier fährt auch auf der Super-Stage eine Bestzeit und kassiert neben den 25 Zählern für den Gesamtsieg drei weitere Zusatzpunkte für die Super-Stage. Damit rückt er als Tabellendritter hinter Mikko Hirvonen bis auf 22 Punkte an Spitzenreiter Loeb heran. „Wir kommen Mikko und Platz zwei näher. Aber das ist nicht unser Ziel. Unser Ziel ist Sébastien, er ist nur noch 22 Punkte weg. Er ist der Tabellenführer." Eine klare Kampfansage an den Rekord-Weltmeister. Ogier stellt klar, dass er nicht gegen Loeb zurückstecken will: „Natürlich haben wir hier Taktiken angewendet. Aber das aktuelle Reglement erlaubt das – und sicher hätte jeder in meiner Situation das Gleiche getan."

Teamkollege Sébastien Loeb ist genervt. Er kann sich über den zweiten Platz nicht richtig freuen: „Es ist frustrierend, hier nicht zu siegen. Wir haben hier zweimal die Strecke geputzt. Und wir waren die Schnellsten …"

Pinnwand Rallye Akropolis

1 Bestes Ergebnis – Henning Solberg und Copilotin Ilka Minor landen erstmals 2011 auf Rang fünf **2** Ford-Quartett – Mikko Hirvonen wird Dritter, Teamkollege Jari-Matti Latvala Neunter **3** SWRC-Sieger – Juho Hänninen im Škoda Fabia S2000 meistert die harten Strecken **4** Vater und Sohn – Dennis und René Kuipers erreichen mit zwei Fiesta das Ziel

Hirvonens Schadensbegrenzung

Ford-Pilot Mikko Hirvonen kommt als Tabellenzweiter zum Heimspiel. Doch zum Ärger seiner heimischen Fans patzt der Finne bereits auf der ersten Prüfung. Danach muss er das Beste aus der Situation machen

„Die Rallye Finnland ist einfach speziell", schwärmt Ford-Pilot Mikko Hirvonen vor dem Start. „Ich fahre hier vor meinen Freunden und meiner Familie. Die Fans erwarten ein tolles Ergebnis. Das ist zwar eine Menge Druck, aber es ist positiver Druck für mich."

2002 gab Hirvonen beim Heimspiel sein WM-Debüt. Der Finne, der nur wenige Kilometer vom Rallye-Headquarter entfernt in Jyväskylä lebt, konnte in neun Jahren sein WM-Heimspiel nur einmal in der Saison 2009 für sich entscheiden. Bei der Rallye Finnland 2011 ist Hirvonen besonders hoch motiviert: Am Tag nach der Rallye wird er 31 Jahre alt. Mit einem Sieg könnte er mit Freunden in eine extralange Party starten.

Doch daraus wird nichts: Bereits auf der ersten Prüfung kracht Hirvonen mit seinem Ford Fiesta RS WRC gegen einen Baum. 38 Sekunden verliert er auf den Ford-Privatier Jari Ketomaa, der überraschend die Bestzeit fährt.

„Unser Motor starb in einer schnellen Linkskurve ab, das Auto rutschte weit von der Linie und mit der rechten Seite trafen wir einen Baum", berichtet Hirvonen. „Durch den Aufprall wurden Bremsen und Aufhängung beschädigt." Trotz eines Reparaturversuchs von Mikko Hirvonen und Copilot Miikka Anttila gehen die Probleme weiter: Die Bremsleitung verklemmt sich auf der nächsten Prüfung zwischen Rad und Dämpfer, der Reifen wird beschädigt. Bis zum Ende des Tages verliert Mikko Hirvonen mehr als zwei Minuten und fällt auf den 36. Gesamtrang zurück.

Erfolg im Land der fliegenden Finnen – Loeb und Elena triumphieren in Finnland

„Ich bin tief enttäuscht", erklärt der Finne. „Denn bereits im zweiten Jahr habe ich so früh Probleme bei meinem WM-Heimspiel. Nach einem guten Test wollte ich hier um den Sieg kämpfen. Jetzt kann ich nur noch versuchen, so viele Plätze wie möglich gutzumachen."

Vorn an der Spitze wird am Ende des Tages wie bei den meisten Rallyes auf Schotter taktiert, langsam gefahren und gebremst. Und wieder einmal erwischt es Weltmeister Sébastien Loeb, der am Ende des Tages unfreiwillig in Führung geht und am zweiten Tag die Strecke eröffnen muss. Während Loeb als Straßenfeger agiert, gibt Mikko Hirvonen im hinteren Feld alles und startet am zweiten Tag mit seinem frisch reparierten Fiesta eine beeindruckende Aufholjagd. Der Finne gewinnt sechs von acht Prüfungen und verkürzt seinen Rückstand auf eineinhalb Minuten. Damit hat er sich bereits auf Platz sechs vorgearbeitet.

„Die Prüfungen des zweiten Tages sind wahrscheinlich die leichtesten der gesamten Rallye", analysiert Hirvonen. „Ich kann die Top Drei nicht mehr einholen. Mein Ziel ist der fünfte Platz. Ich versuche einfach nicht mehr an die Enttäuschung von gestern zu denken. Es ist eben passiert und ich will jetzt nur so schnell fahren wie möglich.

Ex-Formel-1-Pilot Kimi Räikkönen über die Rallye Finnland

„Als Neunter bei meinem dritten Finnland-Start gab es erstmals Punkte beim Heimspiel für mich. Dies ist eine schwierige Rallye"

Vor allem bin ich froh, dass es nicht regnet. Denn meine späte Startposition ist auf trockener Strecke perfekt. Aber es war ein Fehler, einen zweites Ersatzrad mitzunehmen, das zusätzliche Gewicht hat das Handling negativ beeinflusst, außerdem haben die Reifen stärker abgebaut."

Auf der neunten Prüfung übernimmt Loebs Teamkollege Sébastien Ogier die Führung und hält sie auch auf WP zehn. Doch dann – zum Ende der zweiten Etappe – geht das Taktieren wieder los. Loeb kommt eine Minute zu spät zur Zeitkontrolle vor Prüfung elf und kassiert dafür zehn Sekunden Zeitstrafe. Ogier bekommt allerdings davon Wind und fährt entsprechend langsamer. Das Resultat: Loeb führt am Ende des Tages erneut und muss auch am dritten Tag als Erster auf alle Wertungsprüfungen starten.

Im Endeffekt stellt sich Loebs vermeintliches Handicap jedoch als nicht hinderlich heraus. Denn die Bedingungen sind feuchter als an den Tagen zuvor. Loeb gewinnt gleich zu Beginn der letzten Etappe die Prüfungen zwölf und 13 und baut bis zum Ende des Tages seine Führung auf 8,1 Sekunden aus. Ford-Pilot Jari-Matti Latvala, der mit 2,3 Sekunden Rückstand als Zweiter in den Tag gestartet war, muss mit ansehen, wie die Lücke zwischenzeitlich auf 20 Sekunden anwächst. Erst mittags, als die Strecken wieder abtrocknen, kann er der Spitze näherkommen, allerdings nicht mehr an Loeb vorbeiziehen. „Wenn die Rallye zwei Prüfungen länger gewesen wäre, hätte ich Loeb schnappen können", sagt Jari-Matti Latvala enttäuscht.

Platz drei geht an Sébastien Ogier, der am letzten Tag durch einen Reifenschaden den zweiten Platz verliert.

Sieger Loeb ist stolz und glücklich. „Ein super Gefühl. Finnland ist immer eine ganz besondere Rallye", bilanziert er im Ziel. „Es war ein toller Kampf gegen Sébastien und Jari-Matti. Jede einzelne Prüfung ist so extrem schnell. Jeden Abend hatte ich die beiden in der Wertung im Nacken, aber ich habe mich behauptet, obwohl ich an allen Tagen als Erster auf die Strecke musste."

100 STARTS hat der Finne Jari-Matti Latvala bereits in der WM absolviert. Vier Siege gehen auf das Konto des Ford-Werkspiloten, der zusammen mit Beifahrer Miikka Anttila startet.

Mit 12,8 Sekunden Rückstand nur Dritter – Citroën-Pilot Sébastien Ogier

Mann des Tages ist erneut Mikko Hirvonen, der sich insgesamt 13 von 19 möglichen Bestzeiten sichert und schlussendlich Vierter wird. Und weil der Finne auch die Power-Stage für sich entscheidet, nimmt er zu den zwölf Zählern für Rang vier noch weitere drei Zusatzpunkte mit und verteidigt seinen zweiten Platz in der WM-Tabelle. Glücklich ist der Finne trotzdem nicht. „Ich bin enttäuscht, dass ich nicht gewonnen habe", erklärt Hirvonen. „Ich habe zwar sehr gut die verlorene Zeit vom ersten Tag aufgeholt und bin während der kompletten Rallye ein sehr starkes Tempo gefahren. Doch genau deshalb bin ich traurig, dass ich hier nicht um den Sieg kämpfen konnte."

Nullrunde für Mini – Dani Sordo (Foto) wie auch Kris Meeke kommen nicht ins Ziel

Pinnwand Rallye Finnland

1 Enttäuschung – Evgeny Novikov kommt mit seinem Ford Fiesta RS WRC wieder nicht ins Ziel **2** Sechster Platz – Ford-Pilot Mads Østberg im Gespräch mit Sport1-Fachmann Armin Schwarz **3** Sieg vor heimischem Publikum – Juho Hänninen siegt im Škoda Fabia S2000 in der SWRC **4** Flugstunde – Hermann Gaßner jr. belegt Platz vier in der SWRC

Volkswagen startet mit Junior-Team

Der Countdown läuft – ab 2013 startet Volkswagen mit dem Polo R WRC in der Rallye-WM. Um sich auf die Einsätze auf der WM-Bühne vorzubereiten, bestreitet die Mannschaft verschiedene Testeinsätze mit Fahrzeugen der Konzernmarke Škoda. Mit zwei 270 PS starken Škoda Fabia S2000 dürfen verschiedene internationale Jungtalente antreten. „Wir möchten 2013 in unserem Fahrerkader neben dem ein oder anderen erfahrenen Spitzenpiloten auch Top-Talente präsentieren", erklärt Volkswagen-Motorsport-Direktor Kris Nissen. „Daher werden wir in diesem Jahr vor allem jungen Piloten die Chance geben, sich bei unseren Starts unter Wettbewerbsbedingungen zu präsentieren. So kann man am besten sehen, wer fahrerisch einen guten Job macht und ins Volkswagen-Team passen würde." Den Auftakt machen bei der Rallye Finnland die Norweger Andreas Mikkelsen und Ola Floene, die mit einem Škoda auch die IRC-Serie bestreiten. Im zweiten Škoda Fabia sitzt das finnische Duo Joonas Lindroos und Pasi Kilpeläinen. Beide Teams erreichen das Ziel nicht: Lindroos/Kilpeläinen müssen nach einem Überschlag auf der achten Prüfung aufgeben, für Mikkelsen/Floene bedeutet ein Kühlerschaden durch Steinschlag das Aus.

WM-Einstieg – Volkswagen sammelt Rallye-Erfahrung mit zwei Fahrzeugen der Marke Škoda

Machtkämpfe

Acht Mal in Folge hat Citroën-Pilot Sébastien Loeb bei der ADAC Rallye Deutschland gesiegt. Doch 2011 scheitert er an einem Reifenschaden und an dem Siegeswillen seines Teamkollegen Sébastien Ogier

75

Erstes Podium für Mini – Asphalt-Spezialist Dani Sordo fährt auf den dritten Rang

Acht WM-Siege in Deutschland, 66 Gesamtsiege und sieben Weltmeister-Titel – seit 2001 knackt „Super Séb" mit Citroën alle Rekorde. Doch von Amtsmüdigkeit keine Spur. Im Vorfeld der ADAC Rallye Deutschland verkündet der 37-jährige Elsässer, dass er seinen Stammplatz beim Zwei-Zacken-Team bis Ende 2013 behalten werde und den entsprechenden neuen Zwei-Jahres-Vertrag bereits unterzeichnet habe.

Gerüchte über einen möglichen Wechsel zu Volkswagen Motorsport oder ein Karriereende erstickt der Franzose damit im Keim. „Da ich weiter gute Ergebnisse erziele, finde ich es zu früh, aufzuhören. Und mit dem Einstieg von neuen Herstellern wird der Wettbewerb in den kommenden Jahren härter. Ich glaube an Citroën, das Team, das ich sehr gut kenne, und den DS3 WRC, an dessen Entwicklung ich zusammen mit Citroën Racing mitgewirkt habe", begründet Loeb seine Entscheidung.

Doch die kuschelige Atmosphäre im Citroën-Werksteam hat sich geändert. Vorbei sind die Zeiten, in denen Loeb die unangefochtene Nummer eins war und das gesamte Team hinter sich wusste. Das muss er auch in Trier schmerzlich erfahren: „Super Séb" bekommt bei seiner Lieblingsrallye Druck von seinem Teamkollegen Sébastien Ogier.

Beim neunten WM-Lauf jagen sich die beiden Namensvetter gegenseitig die Bestzeiten ab. Während Loeb bereits nach der zweiten Prüfung in Führung geht, bleibt Ogier dem Rekord-Weltmeister immer dicht auf den Fersen. Die Konkurrenz ist

190.000

ZUSCHAUER besuchen die Wertungsprüfungen der ADAC Rallye Deutschland. Wie in den Vorjahren reisen viele Fans aus Frankreich, Belgien und den Niederlanden an, um die Top-Stars wie Sébastien Loeb, aber auch Fahrer wie Dennis Kuipers (Foto) und Peter van Merksteijn anzufeuern. Besonders beliebt ist die 34 Kilometer lange WP „Arena Panzerplatte" auf dem Truppenübungsplatz Baumholder.

nach dem ersten Tag längst abgehängt und schnell ist klar: Die beiden „Sébs" wollen erbittert um den Sieg kämpfen.

Doch Sébastien Ogier ist verärgert: „Wir hatten heute den Auftrag bekommen, kein Risiko einzugehen und auf der Strecke zu bleiben." Im Klartext heißt dies: Ogier darf seinen Teamkollegen nicht ernsthaft angreifen, um den Citroën-Doppelsieg nicht zu gefährden. Bei Fans und Journalisten sorgt die Stallorder für jede Menge Gesprächsstoff. Zumal sich Loeb bereits vor dem deutschen WM-Lauf in der Meisterschaft einen satten Vorsprung von 27 Punkten erarbeitet hatte. In der Herstellerwertung rangiert das Citroën World Rally Team bereits mit 65 Zählern Vorsprung einsam an der Spitze. Wieso sollte Citroën-Sportchef Olivier Quesnel den spannenden Zweikampf an der Spitze unterbinden, wenn Citroën der Titel in der Marken-Wertung kaum noch zu nehmen ist?

Zudem scheint Ogier auf den Prüfungen die Stallorder vergessen zu haben. Zwischen 1,3 und 7,1 Sekunden beträgt sein Rückstand auf Loeb auf der zweiten Etappe. Angesichts der Tatsache, dass Mini-Fahrer Dani Sordo als nächster Konkurrent bereits mehr als zwei Minuten Rückstand auf die Citroën-Piloten an der Spitze hat, sieht dies mehr nach Angriff als gemütlichem Halten der Position aus. „Ich glaube, wir waren

Loeb auf Asphalt geschlagen – Sébastien Ogier und Julien Ingrassia feiern mit dem Team

überall am Limit", gibt Ogier zu. „Ich fahre erst zum zweiten Mal mit einem World Rally Car in Deutschland, ich muss schnell fahren, um hier weitere Fortschritte zu machen."

Und plötzlich liegt Ogier in Führung. Beim zweiten Durchgang auf der Königsprüfung „Arena Panzerplatte" hat Loeb einen Reifenschaden vorne links. Der Franzose muss anhalten und den beschädigten Reifen wechseln. Loeb fällt 1.11,3 Minuten hinter Ogier zurück und belegt noch immer den zweiten Rang.

Der Rekord-Weltmeister ist sauer: „Ich habe keine Ahnung, wo ich mir den Plattfuß zugezogen habe." Vor allem ärgert er sich, dass sein Teamkollege Ogier die Stallorder publik gemacht hat. „Sébastien redet

Rad ab – Juho Hänninen muss die erste Etappe nach einem Fahrfehler mit Aufhängungsdefekt vorzeitig beenden

zu viel", kritisiert Loeb. „Als die Stallorder ausgesprochen wurde, war ich vorn. Wir fahren für einen Hersteller, da ist es selbstverständlich, einen Auftrag des Teams zu befolgen."

Doch vor der entscheidenden dritten Etappe bleibt die Frage offen, ob nun Ogier zugunsten seines Teamkollegen Loeb zurückstecken muss oder ob er am letzten Tag zum Sieg fahren darf. Doch Citroën-Teamchef Olivier Quesnel gibt keine weitere Losung aus. Sébastien Ogier behauptet am letzten Tag trotz regnerischen Wetters seine Führung und bricht damit die Siegesserie von Loeb, der nur Zweiter wird.

Das neue Mini WRC Team landet mit dem dritten Platz von Dani Sordo zum ersten Mal auf dem Podium. Der Spanier, der bereits in den vergangenen fünf Jahren als Teamkollege von Sébastien Loeb in Deutschland um Spitzenplätze kämpfte, profitiert von seiner Erfahrung auf Asphalt und schiebt sich am zweiten Tag im neuen Mini John Cooper Works WRC an Ford-Pilot Mikko Hirvonen vorbei. „Ehrlich gesagt

Spätes Ende – Daniel Oliveira muss seinen Mini Countryman WRC auf der vorletzten Prüfung nach einem Unfall abstellen

Pinnwand ADAC Rallye Deutschland

1 Stark gefahren – Carsten Mohe und Katrin Becker landen im Renault Megane auf Platz 25 **2** Titel gesichert – Sandro Wallenwein ist zweimal Zweiter in der DRM-Wertung und wird Deutscher Rallye-Meister **3** Enttäuschung beim Heimspiel – Hermann Gaßner jr. hat Reifenschäden und einen Aufhängungsdefekt **4** Muss den Abschleppwagen rufen – Ford-Pilot Mads Østberg fällt nach einem Unfall aus

Gastspiel – Aaron Burkart, Junior-Weltmeister von 2010, bringt einen Ford Fiesta RS WRC des Stobart-Teams auf dem 23. Gesamtrang ins Ziel

haben wir nicht erwartet, bei der ersten Asphalt-Rallye mit unserem Auto gleich auf dem dritten Platz zu liegen. Ich bin wirklich zufrieden mit unserem Fahrzeug", kommentiert Dani Sordo. Sein Teamkollege Kris Meeke hält sich lange Zeit auf Rang fünf, bleibt dann jedoch zwei Prüfungen vor dem Ziel in Trier mit Motorproblemen liegen.

Das Ford-Werksteam kommt bei der ADAC Rallye Deutschland über Platz vier mit Mikko Hirvonen nicht hinaus. Hirvonen, der rund um Trier seinen 100. WM-Lauf absolviert und zu Beginn der Rallye noch auf Platz drei rangiert, ist am Samstagnachmittag nach einer Reifenpanne auf der von Hinkelsteinen gesäumten „Panzerplatte" ganze 2.43 Minuten hinter Loeb zurückgefallen. Auch Teamkollege Jari-Matti Latvala ist vom Pech verfolgt. Nach zahlreichen Reifenpannen und Motorproblemen erreicht der 26-jährige Finne nur den 14. Gesamtplatz. Dabei hatte er am Freitag noch die erste Bestzeit in den Asphalt gebrannt, dann aber wertvolle Sekunden verloren, als es auf der zweiten Prüfung zu regnen begann. Fatal für Latvala: Ford ist im Gegensatz zu Citroën mit harten Michelin-Reifen gestartet, die jedoch auf nasser Strecke nicht genügend Grip boten. „Wir hatten große Hoffnungen und uns gut vorbereitet, aber diese Rallye ist einfach nicht gut gelaufen", ärgert sich Latvala.

„Ich habe schon oft gesagt, dass jede Siegesserie ein Ende hat. Und das ist jetzt passiert"

Rekord-Weltmeister Sébastien Loeb über seine Niederlage in Deutschland

WM Deutschland

Höhenflug – Hermann Gaßner gewinnt zweimal die DRM-Wertung im Mitsubishi

Sieger Sébastien Ogier jubelt im Ziel vor der Porta Nigra in Trier. Er hat die achtmalige Siegesserie von Sébastien Loeb in Deutschland gebrochen. Außerdem ist er der erste Fahrer seit vielen Jahren, der Loeb auf Asphalt bezwingen konnte. „Eine Rallye zu gewinnen, bei der ein Teamkollege so stark ist, ist einfach genial. Ich hatte nicht damit gerechnet, dass ich ‚Séb' auf Asphalt schlagen könnte", berichtet Ogier, der mit seinem vierten Saisonsieg auf den zweiten Tabellenrang vorgerückt ist. Vor den verbleibenden vier Rallyes trennen ihn 25 Zähler von Sébastien Loeb. „Theoretisch gibt es für mich noch eine Chance, Weltmeister zu werden. Solange es diese gibt, werde ich sie versuchen zu nutzen", erklärt Ogier.

Sébastien Loeb hingegen gibt sich gelassen – zumindest nach außen. „Jede Serie endet einmal. Nach acht Siegen in Folge kann ich jetzt auch mit dem zweiten Platz zufrieden sein. Es war eine gute Rallye. Ohne den Reifenschaden hätten wir hier wieder gewinnen können. Und mit den Punkten, die wir durch Platz zwei und die Bestzeit auf der Power-Stage gesammelt haben, habe ich noch immer 25 Punkte Vorsprung in der Meisterschaft – das ist so viel wie ein Sieg."

Bester Ford-Pilot – Mikko Hirvonen belegt den vierten Rang. In der Tabelle ist er mit 36 Punkten Rückstand auf Sébastien Loeb Dritter

Schnelle Vertreter – Sepp Wiegand und Claudia Harloff starten für Riedemann in der WRC Academy

Deutsche Junioren nutzen ihre Chancen

Die große Karrierechance beim WM-Heimspiel: Der 23 Jahre alte Christian Riedemann und der 24 Jahre alte Niederländer Hans Weijs jr. pilotieren bei der ADAC Rallye Deutschland zwei Škoda Fabia S2000 im Volkswagen-Werksteam. Und die beiden Junioren, die normalerweise mit seriennahen Ford Fiesta in der WRC Academy starten, meistern die Aufgabe perfekt: Sie landen nach drei Rallye-Tagen auf den Plätzen 13 und 15. Würden sie in der SWRC starten, wären das zwei SWRC-Podiumsplätze gewesen. Und noch ein Deutscher glänzt auf den Strecken rund um Trier: Sepp Wiegand, der erst 2010 seine erste Rallye fuhr, übernimmt Christian Riedemanns Ford Fiesta in der WRC Academy. Beim WM-Debüt fährt Wiegand mit Copilotin Claudia Harloff auf den guten siebten Platz der Nachwuchs-Serie.

Fahrer-Casting – Christian Riedemann fährt einen Škoda Fabia im Volkswagen-Werksteam

www.r-level.de

Was macht man, wenn man den besten Golf aller Zeiten gebaut hat? Man macht ihn zum aufregendsten Golf aller Zeiten.

Erst mit 199 kW (270 PS)*, erst mit einem Drehmoment von 350 Newtonmetern**, erst mit dem 4MOTION®-Allradantrieb, erst mit Motorsport-Schalensitzen, mit Stoßfängern in sportlicher Optik und mit verbreiterten Seitenschwellern ist er nicht nur der beste Golf aller Zeiten. Sondern auch der aufregendste. **Der Golf R.**

Volkswagen R GmbH

Das Auto.

* TSI®-Motor, l/100 km innerorts zwischen 11,8 und 11,2/außerorts zwischen 6,8 und 6,7/kombiniert zwischen 8,5 und 8,4/CO_2-Emission kombiniert zwischen 199 und 195 g/km.
** Maximaler Drehmoment, Nm bei 1/min: 350/2500–5000.
Abbildung zeigt Sonderausstattung gegen Mehrpreis.

82 **WM** Australien

Ein Hoch in Down Under

Saisonhöhepunkt für Petter Solberg: Auf den australischen Schotterstrecken feiert der Citroën-Privatier sein zweites Podiumsergebnis des Jahres und nimmt noch einen Zusatzpunkt aus der Power-Stage mit

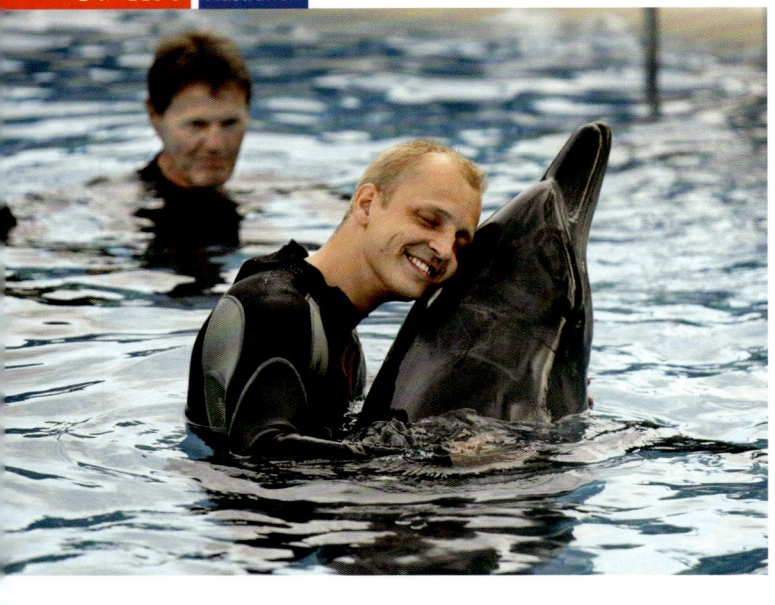

Feuchter Kuss für den Sieger – Ford-Werkspilot Mikko Hirvonen zu Gast bei Delfinen

Citroën-Werkspiloten Sébastien Loeb und Sébastien Ogier.

Gleich zu Beginn der Rallye Australien überschlagen sich die Ereignisse: Citroën-Star Sébastien Loeb übernimmt die Führung. Doch auf der vierten Wertungsprüfung macht Loeb mit seinem Auto eine Rolle. Der Franzose schaut in einer Rechtskurve kurz auf sein Armaturenbrett, um die Zwischenzeit zu checken und verliert dabei die Kontrolle über seinen DS3 WRC. Für Loeb ist damit die erste Etappe vorzeitig

Citroën-Privatfahrer Petter Solberg hat gute Erinnerungen an Australien. 2003 – auf dem Weg zum WM-Titel mit Subaru – siegte „Mr. Hollywood". 2009 musste Solberg den Lauf am anderen Ende der Welt auslassen, weil das Geld fehlte. Jetzt freut sich er ganz besonders, in Down Under wieder anzutreten. „Schön, dass die Rallye in Coffs Harbour eine neue Basis gefunden hat und wir komplett neue Wertungsprüfungen fahren", erklärt der 36 Jahre alte Norweger. „Neue Events sind immer gut für uns." Damit nämlich hat der Norweger keine Nachteile gegenüber den Konkurrenten, die beim vorherigen Australien-Einsatz 2009 am Start waren.

„Neues ist eine gute Herausforderung", erklärt auch Beifahrer Chris Patterson. „Wenn man die Rallye Bulgarien im vergangenen Jahr sieht – es war unsere erste gemeinsame Rallye und wir wurden Dritte."

Neue Herausforderungen hat Petter Solberg selten gescheut: Als sich 2008 sein damaliger Arbeitgeber Subaru aus der Rallye-Weltmeisterschaft zurückzog, gründete Solberg kurzerhand sein eigenes WM-Team und schuf sich damit einen Job. Seitdem hat er deutlich mehr Aufgaben und ein weitaus geringeres Budget als die

Sieg verschenkt – Ford-Pilot Jari-Matti Latvala nimmt das Tempo zurück und lässt Mikko Hirvonen vorbei

beendet, er verliert alle Chancen auf den Sieg. Es ist einer von Loebs seltenen Fehlern. Seinen letzten Überschlag während einer Rallye hat er sich bei der Rallye Akropolis 2009 geleistet – also vor exakt zwei Jahren, zwei Monaten und 27 Tagen.

Loebs Landsmann und Teamkollege Sébastien Ogier übernimmt die Führung. Doch ihn erwischt es zwei Prüfungen später: Er rutscht bei den schwierigen Streckenverhältnissen gegen einen Baum, nimmt die Fahrt noch einmal auf, gibt aber einige Meter weiter auf. Er kann zwar am nächsten Tag die Rallye fortsetzen, aber seine Siegchancen sind dahin.

Petter Solberg hingegen verbucht auf der vierten Wertungsprüfung die erste Bestzeit. Im strömenden Regen herrschen extrem schwierige Bedingungen. Evgeny Novikov scheidet mit seinem Ford aus, nachdem er einen Baum getroffen hat. Doch auch Solberg macht Fehler, er verliert wichtige Sekunden durch einen Dreher. Nach der ersten Etappe liegt der Privatfahrer

Kimi Räikkönen verliert alle WM-Punkte

Ärger gibt es für Kimi Räikkönen, den Formel-1-Weltmeister von 2007, nach der Rallye Australien. Denn der Finne, der sich mit seinem Team ICE 1 Racing in seiner zweiten Rallye-WM-Saison für die Marken-Wertung eingeschrieben hat, lässt den Lauf in Down Under entgegen früherer Planungen aus. Bis zur Rallye Australien hat Räikkönen mit seinem Citroën DS3 WRC bei sechs Einsätzen Punkte für die Marken-WM gesammelt. Immerhin haben sich damit 48 Zähler auf seinem Konto angesammelt. ICE 1 Racing ist damit Fünfter in der Marken-WM. Vor der Rallye Australien informiert das Team die Veranstalter, dass es wegen logistischer und organisatorischer Probleme nicht beim WM-Lauf in Coffs Harbour starten kann. Daraufhin wird gegen Räikkönens Team eine Strafe von 16.200 Dollar verhängt. Außerdem verliert ICE 1 Racing alle Punkte in der Marken-Wertung. Die mageren 34 Zähler in der Fahrer-WM darf der „Iceman" behalten. Trotz der Strafe kehrt der 31 Jahre alte Motorsport-Profi zu den nächsten Einsätzen in die WM zurück, scheidet aber bei den letzten drei Rallyes in Frankreich, Spanien und Großbritannien vorzeitig aus.

Querelen mit dem Weltverband FIA – Kimi Räikkönen verliert seine Punkte in der Marken-WM

Seltener Fehler – Weltmeister Loeb muss den ersten Tag nach einem Überschlag vorzeitig beenden

24

FAHRZEUGE erreichen das Ziel bei der Rallye Australien. Ähnlich wie die Rallye Mexiko hat der WM-Lauf in Down Under ein schmales Starterfeld. Bester Fahrer aus der südlichen Hemisphäre ist der Neuseeländer Hayden Paddon, der mit seinem Subaru Impreza WRX beim Heimspiel vorzeitig den Titel in der Produktionswagen-WM gewinnt.

auf dem dritten Gesamtrang hinter den beiden Ford-Werkspiloten Mikko Hirvonen und Jari-Matti Latvala. Solberg ist glücklich. Ihn trennen zwar bereits 44 Sekunden von der Spitze, aber nach hinten hat er fast zwei Minuten Luft auf seinen Bruder Henning.

„Die Bedingungen sind eine echte Herausforderung", erklärt er. „Ich bin selten in so tiefem Matsch gefahren. Leider hatte ich einige Dreher, aber ich bin zum Glück noch im Rennen. Uns fehlt die Erfahrung, ein Auto auf solche Strecken abzustimmen.

Noch aber haben wir eine Siegchance." Auf der trockeneren zweiten Etappe kann Solberg seinen zweiten Platz behaupten. Vorn übernimmt Ford-Pilot Jari-Matti Latvala die Führung vor seinem Teamkollegen Mikko Hirvonen.

„Ein guter Tag", freut sich Solberg abends. „Es war schön zu sehen, dass wir den gleichen Speed fahren können wie die anderen Piloten."

Am letzten Tag tauschen die beiden Ford-Piloten die Plätze: Zwei Prüfungen vor Ende der Rallye hat Latvala einen Vorsprung von 13 Sekunden. Um seinem in der WM besser postierten Teamkollegen zu helfen, verringert Latvala seine Geschwindigkeit, sodass Hirvonen auf der 25. Prüfung in Führung geht und diese bis ins Ziel hält. Damit feiert Hirvonen den dritten Australien-Sieg in Folge. „Ein super Gefühl und ein sehr wichtiges Resultat für das Ford-Team", erklärt er. „Ich möchte einen ganz großen Dank an Jari-Matti richten, der mir diesen Erfolg erst ermöglicht hat. Es sieht in der WM jetzt wieder etwas besser aus, aber wir müssen konzentriert bleiben."

Nicht nur bei Ford gibt es einen Positionswechsel: Die Citroën-Stars Sébastien Ogier und Sébastien Loeb, die nach ihren Unfällen zur zweiten Etappe wieder gestartet sind, liegen auf den Rängen zehn und elf. Ogier lässt Loeb ebenfalls den Vortritt, damit „Super Séb" den letzten Punkt für Rang zehn mitnehmen kann. Außerdem gewinnt Loeb die Power-Stage und kassiert drei weitere Zähler.

> „Wenn schon der siebenfache Weltmeister ausfällt – dann ist es eine wirklich schwierige Etappe"

Matthew Wilson, der im Stobart-Ford auf Platz vier fährt

Pinnwand Rallye Australien

1 Nullrunde – Sébastien Ogier kracht gegen einen Baum. Nur Platz elf **2** Persönliche Bestleistung – Ford-Pilot Khalid Al-Qassimi belegt Rang fünf **3** Nur Platz 14 – Henning Solberg und Ilka Minor verlieren viel Zeit durch einen Elektronikdefekt **4** Zufrieden – Ken Block belegt nur Platz 19, freut sich aber über die fünftbeste Zeit auf der Power-Stage

Petter Solberg hat am letzten Tag keine Chance, an dem Ford-Duo vorbeizugehen. Er bleibt Dritter, kassiert jedoch einen Bonus-Punkt für die drittbeste Zeit auf der Power-Stage. „Ich bin über dieses Wochenende richtig glücklich", erklärt „Mr. Hollywood" im Ziel. „Es lief alles perfekt. Ich habe das Fahren genossen und war sowohl mit dem Auto als auch mit meiner Leistung zufrieden. Vor allem freue ich mich über den Punkt für die Power-Stage."

Für Solberg soll es das letzte Erfolgserlebnis für längere Zeit bleiben: Bei der Rallye Frankreich liegt er wieder auf einem Podiumsplatz, als er seinen dritten Rang nach der Rallye aberkannt bekommt, weil sein Fahrzeug bei der Schlussabnahme untergewichtig ist. In Spanien fährt der Citroën-Privatier die Bestzeit im Shakedown-Test, doch nach 17 Kilometern auf der ersten Prüfung kracht er bei schlechter Sicht durch tief hängenden Staub gegen eine Betonabsperrung und verliert ein Rad. Solberg entscheidet sich, am nächsten Tag nicht mehr anzutreten: „Wir wollen uns auf das Saisonfinale in Wales konzentrieren." Doch auch dort fällt er aus.

Sordos zweite Karriere

Bei Citroën stand Dani Sordo bis Ende 2010 im Schatten des Rekord-Weltmeisters Sébastien Loeb. Bei seinem neuen Team Mini blüht der Spanier auf und feiert Platz zwei in Frankreich

Der Spanier Dani Sordo erreicht den Servicepark am ersten Abend der Rallye Frankreich mit einen breiten Lächeln im Gesicht: „Ich bin einfach nur glücklich."

Nach acht Wertungsprüfungen der Asphalt-Rallye liegt der 28 Jahre alte Spanier mit seinem neuen Mini WRC in Führung.

„Wir haben so lange dafür gearbeitet und jetzt endlich läuft es perfekt", freut sich Sordo. Doch von hinten hat er mächtig Druck: Citroën-Privatier Petter Solberg liegt mit einer Sekunde Rückstand auf Rang zwei. Und Lokalmatador Sébastien Ogier ist als Dritter ebenfalls nur 2,8 Sekunden ent-

196

PUNKTE – damit gehen Sébastien Loeb im Citroën und Ford-Pilot Mikko Hirvonen (Foto), der in Frankreich mit einem neuen Fahrzeugdesign antrat, punktgleich in die letzten beiden Rallyes in Spanien und Großbritannien.

fernt. „Die Rallye ist noch lang. Aber beim Citroën-Heimspiel vor ihnen zu liegen, ist einfach toll."

Denn mit dem Weltmeister-Team Citroën hat der smarte Spanier noch eine kleine Rechnung offen: Fünf Jahre lang, von 2006 bis 2010, fuhr er für die Franzosen, stand aber immer im Schatten seines übermächtigen Teamkollegen Sébastien Loeb. Seine besten Platzierungen waren zweite Plätze. Auch nach 89 WM-Einsätzen wartet Sordo noch auf seinen ersten Sieg.

Und dem ersten Gesamtsieg ist der Junior-Weltmeister von 2005 in Frankreich so nahe wie nie zuvor. Rekord-Weltmeister Sébastien Loeb ist bei seinem WM-Heimspiel im Elsass frühzeitig mit einem Motorschaden ausgeschieden – Sordos stärkster Konkurrent ist also nicht mehr im Rennen.

Und auch Sébastien Ogier befürchtet, dass sein Citroën nicht perfekt läuft und wünscht eine genaue Untersuchung am Service: „An einigen Stellen sind wir nicht so schnell, wie wir sein könnten."

Ogiers Befürchtungen erfüllen sich nicht: Am zweiten Tag zeigt er sich als starker Gegner. Er fährt drei Bestzeiten, knabbert an Sordos Vorsprung und übernimmt auf der elften Prüfung die Führung. Auf der nächsten Prüfung kontert der Spanier mit einer Bestzeit, erobert die Führung mit hauchdünnen 0,2 Sekunden Vorsprung zurück.

Ogier legt noch einmal nach: Drei weitere Bestzeiten gehen auf sein Konto. Am Ende des zweiten Tages liegt der Franzose 9,5 Sekunden vor Sordo. Mit 51 Sekunden Rückstand ist Citroën-Privatier Petter Solberg nach einem Reifenschaden nicht mehr in Schlagdistanz. Sordos Mini-Teamkollege Kris Meeke ist nach einem Unfall nicht mehr im Rennen.

Nur noch sechs Prüfungen bleiben Sordo, um einen sehr unwahrscheinlichen ersten Sieg für Mini im vierten WM-Einsatz zu erringen. „Es wird schwierig, denn die dritte Etappe ist kurz. Wir haben heute attackiert, aber es hat nicht gereicht", erklärt Sordo. „Aber ich will auch am letzten Tag alles geben, denn wir haben hier nichts zu verlieren."

Auch von Teamchef David Richards erhält der Spanier die Erlaubnis, anzugreifen: „Wir hätten uns leicht vor dem letzten Tag mit dem zweiten Platz zufriedengeben

„Unser frühes Aus mit Motorschaden tut mir für die vielen Fans leid, die kamen, um uns anzufeuern"

Rekord-Weltmeister Sébastien Loeb über seinen Motorschaden beim WM-Heimspiel

können", erklärt der ehemalige Rallye-Beifahrer Richards. „Aber das wäre nicht unser Stil. Dani darf bis zuletzt kämpfen."

Und Sordo macht seinem ehemaligem Arbeitgeber Citroën das Siegen richtig schwer: Auf der ersten Prüfung des letzten Tages nimmt er Ogier 3,1 Sekunden ab. Auf der nächsten reduziert er den Vorsprung des Franzosen auf nur noch 4,9 Sekunden. Danach fahren beide die gleiche Zeit. Auf der 21. Prüfung ist Ogier eine Sekunde schneller, auf der vorletzten Prüfung 0,8 Sekunden.

Mit 6,7 Sekunden Vorsprung startet Ogier in die abschließende Super-Stage. Doch am Ende reicht es für Sordo nicht: Er ist zwar schneller als Ogier und holt zwei Extra-Punkte für die Super-Stage, muss sich aber mit 6,3 Sekunden Rückstand im Gesamtklassement geschlagen geben. Sébastien Ogier siegt vor Dani Sordo. Sein fünfter Saisonsieg ist zugleich sein erster Erfolg beim WM-Heimspiel in Frankreich. Zwei Rallyes vor Saisonende hat der

Mehrere schwere Unfälle in Frankreich

Schrecksekunden für das Red Bull Rallye Team auf der neunten Wertungsprüfung: Hermann Gaßner jr. und Kathi Wüstenhagen prallen mit ihrem Škoda Fabia S2000 frontal gegen einen Baum. Während Gaßner unverletzt bleibt, erleidet Beifahrerin Kathi Wüstenhagen Rippenbrüche und einen Beckenbruch. Damit kann die Copilotin nicht beim SWRC-Saisonfinale in Spanien starten. Für sie springt Timo Gottschalk ein, der bei Volkswagen an der Seite von Nasser Al-Attiyah zu Jahresbeginn die Rallye Dakar gewann, und bereits in der IRC-Serie einen Gaststart an der Seite von Hermann Gaßner jr. absolviert hat.
Hermann Gaßner jr. ist nicht der einzige Pilot, der bei der Asphalt-Rallye in Frankreich einen schweren Unfall hat: Der Brasilianer Daniel Oliveira kommt mit seinem Mini WRC auf der zweiten Etappe von der Strecke ab. Beifahrer Carlos Magalhães wird mit einem Rippenbruch ins Krankenhaus gebracht, kann das Hospital aber am nächsten Tag verlassen. Auch in der WRC Academy haben die Ärzte Arbeit: Der südafrikanische Neueinsteiger Ashley Haigh-Smith zieht sich bei einem Abflug auf der zweiten Wertungsprüfung einen Bruch von Schulter und Schlüsselbein zu. Sein britischer Beifahrer James Aldridge kommt mit leichten Verletzungen davon.

Fehlt beim SWRC-Finale in Spanien – Kathi Wüstenhagen

Unschlagbar beim Heimspiel – Sébastien Ogier feiert seinen fünften Saisonsieg

Untergewichtig – Petter Solberg verliert nach dem Ziel den dritten Rang

Pinnwand Rallye Frankreich

Teamkollege von Sébastien Loeb wieder Titelchancen. „Petter Solberg und Dani Sordo haben mir das Leben wirklich schwergemacht", erklärt der Franzose. „Es war schwer, die Führung zu übernehmen und die beiden zu schlagen. Vor allem Dani war extrem schnell."

Als Dritter fährt Citroën-Privatier Petter Solberg über die Zielrampe. Er wird jedoch nach der technischen Nachuntersuchung aus der Wertung gestrichen: Sein privat eingesetzter DS3 WRC erweist sich als untergewichtig. Damit erbt Ford-Pilot Mikko Hirvonen den dritten Rang und reist punktgleich mit Sébastien Loeb als Tabellenführer zur vorletzten Rallye nach Spanien. Möglich wird dieses Resultat, weil sein Teamkollege Jari-Matti Latvala freiwillig eine Strafzeit in Kauf nimmt und damit die Chancen seines Teamkollegen im Kampf um den WM-Titel verbessert. Mit Sébastien Loeb, Mikko Hirvonen und Sébastien Ogier haben vor den letzten beiden WM-Einsätzen noch drei Piloten Titelchancen. Bitter für Latvala: Mit sieben Bestzeiten auf 23 Wertungsprüfungen zeigt er sein Potenzial auf Asphalt. Am Ende bleibt für den Finnen, der auf der ersten Etappe 80 Sekunden durch einen Ausritt verloren hat, nur Rang vier.

Mini-Pilot Dani Sordo fühlt sich im Ziel nicht als Verlierer. „Im Gegenteil. Ich bin sehr glücklich über unseren zweiten Platz", erklärt der Spanier. „Ein großer Dank gebührt dem Prodrive-Team, das in den vergangenen zwei Jahren hart gearbeitet hat. Und danke an meinen Beifahrer Carlos del Barrio, der hier einfach perfekt war. Wir haben an allen drei Rallye-Tagen um den Sieg gekämpft. Und am Ende wurden wir mit nur 6,3 Sekunden Rückstand geschlagen." Nach nur vier Einsätzen des neuen Mini-Werksteams hat Sordo bereits zwei Podiumsplätze errungen. „Das ist einfach fantastisch, es fühlt sich für mich an wie ein Sieg", erklärt der Spanier.

1 Team-Player – Jari-Matti Latvala stempelt freiwillig zurück und überlässt seinem Teamkollegen Hirvonen den dritten Rang **2** Bestes Ergebnis – Dennis Kuipers belegt im Ford Platz fünf **3** Leck in der Benzinzufuhr – Kimi Räikkönen muss vorzeitig aufgeben **4** Zufrieden – Ford-Pilot Ken Block feiert mit Rang acht das beste WM-Ergebnis seiner Karriere

Kollegen oder Konkurrenten?

Rivalen im eigenen Team – der Kampf von Teamkollegen auf der Strecke und vor allem im Servicepark hat in der Rallye-WM schon immer die Fans fasziniert. Sébastien Loeb und Sébastien Ogier sind da keine Ausnahme

Das packendste Duell in der Rallye-Weltmeisterschaft 2011 hat die Fans und Fahrer zwölf Rallyes lang in Atem gehalten: Weltmeister Sébastien Loeb und sein junger Teamkollege Sébastien Ogier zeigen atemberaubende Duelle. Jeweils fünf Siege haben sie vor dem Finale auf ihrem Konto. Doch vor dem letzten Lauf der Rallye-Weltmeisterschaft in Großbritannien findet der Fight zweier starker Persönlichkeiten und Fahrer ein vorzeitiges Ende. Bei der Rallye

Titelchancen weg – Sébastien Ogier scheidet durch einen Motorschaden aus

Teamplayer – Jari-Matti Latvala verschenkt seinen zweiten Platz an Mikko Hirvonen

Spanien siegt Citroën-Star Sébastien Loeb souverän mit einem Vorsprung von mehr als zwei Minuten.

Und sein schärfster Konkurrent und Teamkollege Sébastien Ogier muss vorzeitig aufgeben. Der Franzose ist am letzten Tag der Rallye nur Fünfter, als ein Motorschaden auftritt. Zwei Prüfungen vor dem Ende der Rallye muss Ogier seinen Citroën DS3 WRC abstellen. Damit liegt er vor dem WM-Finale in Großbritannien 29 Punkte hinter Loeb und hat damit keine Chancen mehr, sich seinen allerersten Rallye-WM-Titel zu sichern.

In der Saison 2011 haben die beiden Franzosen den Fans eine spannende Saison beschert – und bei Citroën-Sportchef

Drei Punkte für die Super-Stage und Platz fünf – Kris Meeke holt erstmals Punkte

Olivier Quesnel für so manches graue Haar gesorgt. Denn sie bekämpfen sich nicht nur auf der Strecke, sondern auch einige Male im Servicepark um die Vorherrschaft im Team.

Rivalitäten zwischen zwei starken Teamkollegen sind allerdings in der WM nichts Neues. Wie im Falle Loeb und Ogier ist es meist ein junger, dickköpfiger Fahrer, der am Ruhm seines erfahrenen Teamkollegen kratzen will. Besonders schwer ist es für junge Fahrer, eine Stallorder zugunsten eines Stars zu akzeptieren. Unvergessen das Duell zwischen Colin McRae und Carlos Sainz 1994 und 1995 bei Subaru. Der junge Colin McRae wollte partout nicht für den zweimaligen Weltmeister Carlos Sainz zurückstempeln. Also stellten sich Subaru-Teammitglieder auf die Wertungsprüfung. Doch auch dann bremste McRae nicht, die Subaru-Leute konnten sich mit einem Sprung zur Seite retten. Der WM-Titel ging beim nächsten Lauf an McRae. Und Sainz wechselte frustriert zu Ford.

Eine ähnliche Situation herrschte bei der Rallye San Remo 1976 bei Lancia. Der Italiener Sandro Munari sollte sein Heimspiel im italienischen Fahrzeug gewinnen, so der Plan von Teamchef Cesare Fiorio. Teamkollege Björn Waldegaard wurde deshalb vor dem Start einer Prüfung aufgehal-

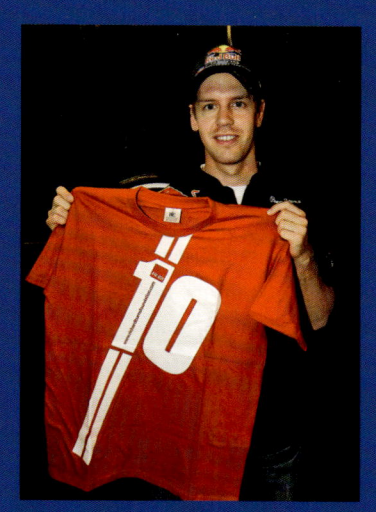

Der Formel-1-Weltmeister macht auch mit – Sebastian Vettel mit dem Charity-T-Shirt

Fan-T-Shirts für einen guten Zweck

„Paint it Orange" („Malt Wales orange") – so lautet der Titel einer Kampagne, die bei der Rallye Spanien vorgestellt wird. Zum zehnten Jahrestag des Titelgewinns von Richard Burns werden bei der Rallye Großbritannien orangefarbene T-Shirts verkauft. Der Erlös fließt in eine neue Klinik für neurologische Erkrankungen wie Multiple Sklerose, Autismus und Schlaganfall. Hintergrund der Aktion: Richard Burns, Rallye-Weltmeister von 2001 starb vier Jahre nach seinem Titelgewinn an einem Hirntumor. Die nach ihm benannte „Richard Burns Foundation" engagiert sich seitdem für die neurologische Forschung und hilft Menschen mit Gehirnerkrankungen.

ten. Darüber war Waldegaard so wütend, dass er die verlorene Zeit durch eine gigantische Fahrt wettmachte und siegte. Später wechselte er zu Ford.

Kompliziert wird es auch, wenn zwei Landsleute im Team aufeinandertreffen, die dieselbe Sprache sprechen – wie Ogier und Loeb. Oder wie die Franzosen Gilles Panizzi und François Delecour bei Peugeot. Ähnlich wie die beiden „Sébs", die bei der ADAC Rallye Deutschland über die

Stallorder diskutierten, fochten auch Panizzi und Delecour ihre Kämpfe in den Medien aus. Bei der Rallye San Remo im Jahr 2000 beschuldigte Delecour Panizzi öffentlich, die Wertungsprüfungen illegal trainiert zu haben. Panizzi spuckte in Delecours Richtung. Die Situation drohte zu eskalieren. Der damalige Sportchef Corrado Provera überredete die beiden Piloten weiterzufahren. Am Ende siegte Panizzi vor Delecour in San Remo.

Auch zwischen dem Finnen Marcus Grönholm und dem Briten Richard Burns ging es bei Peugeot nicht immer harmonisch zu. Zu unterschiedlich waren der relaxte zweimalige Weltmeister Grönholm und der Perfektionist Burns. Auch sechs Jahre nach dem Tod des Briten denkt Grönholm noch an diese Zeit. „Viele Worte, die damals gefallen sind, tun mir heute ehrlich leid", erklärt „Bosse" Grönholm, der sich seit Anfang 2010 in der Charity-Organisation Richard Burns Foundation engagiert.

Dass es zwischen zwei Teamkollegen aber auch deutlich harmonischer zugehen kann, beweisen bei der Rallye Spanien die beiden Finnen Mikko Hirvonen und Jari-Matti Latvala bei Ford. Latvala, der seit 2010 auf Asphalt deutlich zugelegt hat, fährt in Spanien fünf Bestzeiten und liegt vor der letzten Prüfung eine halbe Minute hinter dem Führenden Sébastien Loeb. Dann stempelt er sich zurück und überlässt sei-

„Wir sind stolz auf den vierten Marken-WM-Titel in Folge. Ein Dank an das gesamte Team"
Citroën-Sportchef Olivier Quesnel nach der Rallye Spanien

Pinnwand Rallye Spanien

1 Bestes Saisonergebnis – Evgeny Novikov wechselt auf einen privaten Citroën, wird Siebter und holt erstmals Punkte **2** SWRC-Titel gewonnen – Škoda-Pilot Juho Hänninen feiert mit seinem Team **3** Ausfall nach Crash – Petter Solberg im privaten Citroën **4** Platz fünf beim SWRC-Finale – Škoda-Pilot Hermann Gassner jr. und Beifahrer Timo Gottschalk, der die verletzte Kathi Wüstenhagen vertritt

nem Teamkollegen Mikko Hirvonen den zweiten Rang. Die drei zusätzlichen Punkte helfen Hirvonen im Titelkampf: So reist der Finne mit Titelchancen zum Finale nach Großbritannien. Latvala zeigt sich nicht zum ersten Mal spendabel: Sein größtes Opfer bringt er bei der Rallye Australien, als er Hirvonen sogar den Sieg schenkt. Und beim folgenden Lauf in Frankreich überlässt er seinem Teamkollegen den dritten Rang.

„Es ist nie schön, so etwas zu tun", erklärt Latvala. „Aber es war nötig, weil Mikko so noch Chancen hat, Weltmeister zu werden." Mikko Hirvonen ist glücklich über die Hilfe seines Teamkollegen: „Ich schulde Jari-Matti ein ganz großes Dankeschön", so der Finne. „Er hat wieder einmal gezeigt, was für ein guter Teamkollege er ist."

Damit hat Sébastien Loeb nur noch acht Punkte Vorsprung vor dem entscheidenden Lauf in Großbritannien. Einen Titel hat Citroën jedoch bereits vor dem Finale sicher: Zum siebten Mal haben die Franzosen die Marken-WM gewonnen. „Der Erfolg wurde nur durch ein ruhiges und konstantes Team möglich", so Sportchef Olivier Quesnel. „Wir sind zusammen durch schwierige Zeiten gegangen und haben am Ende zusammengehalten. Wir hatten in diesem Jahr zwei Ziele: den Fahrer-Titel und den Marken-WM-Titel. Eines dieser Ziele haben wir erreicht."

801

BESTZEITEN waren der Rekord des Finnen Markku Alén. In Spanien bricht Sébastien Loeb diese Bestmarke, 802 Bestzeiten sind der neue Rekord. Loeb brauchte dafür 150 WM-Starts, Alén „nur" 129.

Großes Geschenk – Mikko Hirvonen hat zum Finale noch Titelchancen, weil sich Teamkollege Latvala zurückstempelt

Champagner und Tränen

Showdown in Wales: Ford-Pilot Mikko Hirvonen und Citroën-Mann Sébastien Loeb kämpfen beim Finale um den Titel. Doch die Rallye auf den matschigen Strecken in Wales verläuft völlig anders als erhofft – für beide Piloten

151

RALLYES fuhr Sébastien Loeb seit 1999. Die Erfolgsbilanz: 67 Siege, acht WM-Titel und 808 Bestzeiten. Zum Vergleich: Carlos Sainz fuhr 196 Rallyes, Marcus Grönholm 152.

Acht WM-Zähler trennen Tabellenführer Sébastien Loeb und Verfolger Mikko Hirvonen vor dem 13. und letzten WM-Lauf des Jahres. Für Ford-Pilot Hirvonen bedeutet dies, dass er auf Angriff fahren muss, um seinen Punkterückstand aufzuholen. Ab der ersten Wertungsprüfung liefert sich der Finne einen spannenden Zweikampf mit Loeb um die Führung. Doch zunächst liegt der siebenmalige Weltmeister Loeb vorn. Hirvonen folgt hauchdünn dahinter. Auf der sechsten Prüfung erobert Ford-Pilot Hirvonen dann die Spitzenposition.

Schon auf der nächsten Prüfung kommt die Ernüchterung: Hirvonen beschädigt bei einem Dreher den Kühler seines Ford Fiesta RS WRC. Das Aus für den 31-Jährigen sowohl in der Rallye als auch im Titelkampf. „Leider habe ich einen Baumstumpf getroffen. Danach bin ich noch rund fünf Kilometer weitergefahren, doch da der Motor das komplette Kühlwasser verloren hatte,

Null Punkte im Finale – Citroën-Pilot Sébastien Loeb wird trotz eines Unfalls zum achten Mal in Folge Rallye-Weltmeister

musste ich aufgeben." Die Ford-Techniker untersuchen Hirvonens Fahrzeug im Servicepark. Doch es gibt keine Chance, dass der Finne am nächsten Tag weiterfahren und vielleicht noch einige Punkte ergattern kann.

Bei Ford herrscht Fruststimmung, denn damit ist klar, dass Sébastien Loeb zum achten Mal in Folge die Rallye-Weltmeisterschaft gewinnt. Welchen Platz er nach dem Ausfall von Hirvonen belegt, ist völlig egal. Loeb ist Weltmeister. Dennoch lässt es der Franzose danach nicht ruhiger angehen. Denn der Citroën-Pilot will die Rallye auf den matschigen und nassen Waldwegen in Wales mit seinem sechsten Saisonsieg beenden. Jetzt muss er aber zunächst mit Hirvonens Teamkollegen Jari-Matti Latvala kämpfen. Der Finne macht von hinten Druck und liegt nur noch wenige Sekunden hinter Loeb.

Auf der 15. von insgesamt 23 Wertungsprüfungen geht Latvala vorbei. Er beendet den vorletzten Tag der Rallye als Spitzenreiter. „Ich mag diese Rallye, aber sie ist eine echte Herausforderung. Denn man muss die Strecke lesen können, den Untergrund fühlen – vor allem bei diesen schwierigen Wetterbedingungen", erklärt Latvala, der zu Karrierebeginn seine ersten Rallyes in Großbritannien vor seinem 18. Geburtstag bestritt, da er zu dem Zeitpunkt in seiner Heimat Finnland noch gar nicht fahren durfte.

Ab 2012 wird ein Qualifying gefahren

Die Winterpause ist kurz: Bereits am 17. Januar startet die neue Saison mit der Rallye Monte Carlo, die erstmals seit 2008 wieder zur WM zählt. 13 Events umfasst der Kalender 2012. Die ADAC Rallye Deutschland findet wieder vom 24. bis 26. August 2012 statt. Die Rallye Großbritannien rückt in den September, das Finale wird in Spanien ausgetragen.

Neu für 2012: Die Top-Piloten fahren bei Schotter-Rallyes nach dem Shakedown ein Zeittraining. In der Reihenfolge der gefahrenen Zeiten dürfen die Fahrer ihre Startreihenfolge selbst wählen. An den folgenden Tagen starten die Teams in umgekehrter Reihenfolge des Klassements. Ab 2012 dürfen zudem die Veranstalter selbst bestimmen, ob sie ausgefallene Teams nach SupeRally-Reglement zur nächsten Etappe starten lassen.

Wer zu spät kommt, rutscht im Matsch – 2012 gelten neue, fairere Regeln für die Startreihenfolge

Auf den schwierigen und matschigen Etappen der Rallye Großbritannien ist die Ausfallquote wieder einmal sehr hoch: Citroën-Privatier Petter Solberg liegt auf Podestkurs, als sich an einer defekten Benzinleitung ein Feuer entzündet und er aufgeben muss. „Ice Man" Kimi Räikkönen stellt seinen Citroën DS3 WRC nach einem Unfall ab.

Der WM-Dritte Sébastien Ogier hat bereits auf der ersten WP der Rallye einen Unfall. Nach dem SupeRally-Reglement nimmt er seine Fahrt am zweiten Tag wieder auf. Mit mehreren Bestzeiten verbessert er sich immerhin noch auf den elften Rang und kassiert als kleinen Trost drei Punkte für die Power-Stage.

Auch der neue Weltmeister Sébastien Loeb soll nicht ins Ziel kommen. Auf Platz zwei hinter Jari-Matti Latvala im zweiten Werks-Ford liegend, kollidiert der Franzose am Sonntagmorgen auf der schmalen Verbindungsetappe zur zweiten Prüfung mit dem Fahrzeug zweier spanischer Fans, die auf dem Weg zu einer Wertungsprüfung sind, um ihren Landsmann Dani Sordo anzufeuern. „Hinter einer Kuppe kam ein Fahrzeug direkt auf mich zu. Ich zog nach links und wollte Platz machen", erklärt

Große Chance – Sepp Wiegand (rechts) startet mit einem Škoda Fabia S2000 im Werksteam von Volkswagen, muss aber aufgeben, als Beifahrer Timo Gottschalk erkrankt

Pinnwand Rallye Großbritannien

1 Auf dem Podium – Henning Solberg und Ilka Minor belegen im Fiesta WRC den dritten Rang **2** Erste Etappe vorzeitig beendet – Sébastien Ogier wird nur Elfter, nimmt aber noch drei Punkte für die Bestzeit auf der Power-Stage mit **3** Platz zwei wie beim Saisonstart – Mads Østberg **4** Bestes Ergebnis – Mini-Pilot Kris Meeke wird Vierter

Loeb. „Aber die Fahrerin kam nicht aus Wales, zog im Reflex zur falschen Seite und wir krachten zusammen."

An Loebs Citroën DS3 WRC wird der Kühler beschädigt. Der Franzose muss aufgeben. „Der Unfall war nicht zu verhindern", bleibt der Rekord-Weltmeister cool. „Es war wohl das Wochenende der Kühlerschäden. Zum Glück war der Titelkampf zu diesem Zeitpunkt bereits entschieden. Wir sind hierhergekommen, um den Titel zu gewinnen und hatten einen tollen Fight mit Jari-Matti. Wenn man sich eine Rallye aussuchen kann, bei der so ein dummer Ausfall passiert – dann ist die hier schon okay."

Nach dem Aus von Loeb fährt Latvala souverän zu seinem ersten Saisonsieg. Im Ziel hat der Finne mehr als 3.40 Minuten Vorsprung auf Mads Østberg im Stobart-Ford. Dritter wird dessen Teamkollege Henning Solberg. Knapp dahinter verpasst Mini-Pilot Kris Meeke seinen ersten WRC-

Podestplatz. Der Brite liegt vor der Power-Stage nur 1,8 Sekunden hinter Henning Solberg, verliert aber auf der Abschlussprüfung durch einen Dreher wertvolle Zeit.

Jari-Matti Latvala ist glücklich: Schließlich sind bereits 470 Tage seit seinem letzten Sieg bei der Rallye Finnland 2010 vergangen. „Dieser Sieg tut so gut", freut er sich. „Und der Erfolg nimmt mir ein wenig den Druck und gibt mir ein gutes Gefühl für die kommende Saison."

Denn das nächste Rallye-Jahr ist nicht weit entfernt: Nur 64 Tage nach der Rallye Großbritannien startet der Saisonauftakt 2012 bei der traditionsreichen Rallye Monte Carlo. Nicht nur Jari-Matti Latvala hat große Pläne für die nächste Saison. Auch Sébastien Loeb, der für zwei weitere Jahre bei Citroën unterschrieben hat, schaut bereits in die Zukunft. „Wenn man acht WM-Titel in Folge hat, plant man ja nicht, Zweiter zu werden. Ich will Titel Nummer neun gewinnen", erklärt Loeb. Er wird im kommenden Jahr gegen einen neuen starken Teamkollegen kämpfen müssen: Denn Mikko Hirvonen wechselt 2012 als zweiter Fahrer neben Loeb ins Citroën-Werksteam. ◂

> **„Wer die WM gewinnen will, muss zuverlässig sein. So hat Loeb acht Titel geholt"**
> **Ford-Werkspilot Jari-Matti Latvala**

Starke Vorstellung – Jari-Matti Latvala siegt im Ford beim Saisonfinale

rallye
MAGAZIN FÜR AUTOMOBILE DRIFTKULTUR

www.rallye-magazin.de

MENSCHEN

EMOTIONEN

MASCHINEN

rallye
MAGAZIN FÜR AUTOMOBILE DRIFTKULTUR

11/12 2011

KANSAS: Legendäre Prüfung mit Manni Hero
LIÈGE '64: Die gefährlichste Rallye der Welt
POLO WRC: Volkswagen startet die nächste Stufe

+ DRECK-TEST AGM-X6 MIT 700PS

RALLYLEGEND SAN MARINO
HIMMEL AUF ERDEN
DOLCE VITA MIT DEN LEGENDEN DER LEIDENSCHAFT

ERHÄLTLICH IM GUT SORTIERTEN ZEITSCHRIFTENHANDEL

Der fliegende Finne

Über Langeweile kann der 30 Jahre alte Finne Juho Hänninen nicht klagen: Er bestreitet ein Doppelprogramm in der IRC und der SWRC. Ausgerechnet bei seinem 13. Einsatz der Saison krönt er sich zum SWRC-Champion

Mit seinem dritten Saisonsieg nach Griechenland und Finnland sichert sich der Finne Juho Hänninen bei der Rallye Spanien mit Beifahrer Mikko Markkula den SWRC-Titel. Bis zuletzt liefert sich der 30-jährige Škoda-Pilot ein spannendes Duell mit dem Esten Ott Tänak.

Mit drei Punkten Vorsprung reist Hänninen zum Finale auf die Iberische Halbinsel. Doch für Ott Tänak sind die Meisterschafts-Träume bereits auf der ersten Prüfung ausgeträumt: Der Ford-Pilot trifft einen Stein, ein Teil der Radaufhängung bricht, Tänak muss die erste Etappe vorzeitig beenden. Damit ist Hänninen außer Reichweite. Mit einem knappen Sieg vor dem „Dakar"-Sieger Nasser Al-Attiyah krönt sich Hänninen zum neuen Champion.

„Es ist einfach fantastisch. Dies ist der größte Erfolg meiner Karriere. Ich könnte auf dem Dach meines Autos tanzen", strahlt Hänninen. „Ich habe bei der Rallye Frankreich einen Fehler gemacht, deshalb blieb die Saison bis zum Ende spannend." Nach dem Gewinn der IRC-Serie im Vorjahr ist dies der zweite internationale Erfolg für den Finnen, der 1999 in den Rallye-Sport einstieg und zuvor drei Jahre lang im Rallycross aktiv war. In der IRC ist Hänninen auch 2011 aktiv und zählt dort weiterhin zu den stärksten Piloten.

Hänninens Teamkollege, der Deutsche Hermann Gaßner, sammelt in seiner

13

FAHRER sammeln bei den acht Saisonläufen Meisterschafts-Punkte. Unter ihnen ist auch Ford-Pilot Felix Herbold, der von seinem Gaststart in Deutschland zwei Zähler mitnimmt.

Debüt-Saison bei sechs Einsätzen Punkte. Doch der zu Saisonbeginn 22 Jahre alte Bayer muss sich erst an seine Limits herantasten. Rang drei in Jordanien und vierte Plätze in Griechenland und Finnland bleiben seine besten Resultate. In Frankreich kommt Gaßner so unglücklich von der Strecke ab, dass sein Škoda Fabia frontal gegen einen Baum prallt und Stamm-Beifahrerin Kathi Wüstenhagen verletzt wird. Sie muss das Saisonfinale auslassen, als Vertretung springt Timo Gottschalk, der Rallye-Dakar-Beifahrer-Sieger von 2011, ein. Auf spanischem Asphalt fährt Gaßner jr. einige Top-Drei-Zeiten und wird Fünfter. „Letztlich ein versöhnlicher Abschluss einer durchwachsenen Saison. Lernen konnte ich in diesem Jahr allerdings sehr viel", meint Gaßner, der auch in der Tabelle auf Rang fünf liegt.

Mit Hänninen, Vizemeister Ott Tänak, Martin Prokop und Bernardo Sousa feiern 2011 vier Piloten Siege. Enttäuschend verläuft die Saison für den Rallye-Dakar-Sieger Nasser Al-Attiyah: Er verliert seinen Sieg bei der Rallye Mexiko, weil der Tank an seinem Ford nicht reglementkonform belüftet ist. Danach sind zwei zweite Plätze seine einzigen Höhepunkte. Fazit: Tabellenrang sieben für den Piloten aus Katar.

Mit Škoda, Ford, Fiat und Mitsubishi sind in der SWRC vier Marken vertreten. 13 Fahrer sammeln bei den acht Saisonläufen Punkte. Darunter die drei Gastfahrer Juha Salo, Felix Herbold und Julien Maurin, die mit Wild Cards bei ihren Heimspielen in Finnland, Deutschland und Frankreich antreten.

Punkte holt auch Albert Llovera aus Andorra. Dabei startet der Fiat-Pilot unter denkbar schwierigen Voraussetzungen: Seit einem Ski-Unfall in seiner Jugend ist er querschnittsgelähmt. Zudem muss er 2011 zwei Rallyes wegen einer Sehnenentzündung auslassen. Am Ende erringt er noch den neunten Meisterschaftsrang.

> „Ich habe mir andere Resultate gewünscht. Es sah zwischendurch so aus, als könnten wir Meister werden"
>
> Martin Prokop, der nach einem schwachen Ergebnis in Deutschland die Saison als Dritter beendet

Lehrjahr – Hermann Gaßner jr. beendet sein Debütjahr als Meisterschaftsfünfter

Pinnwand SWRC

1 Drei Siege, zweimal Dritter – Tabellen-Zweiter Ott Tänak aus Estland im Ford Fiesta S2000 **2** Höhen und Tiefen – Bernardo Sousa siegt in Jordanien. Nach zwei Nullrunden bleibt nur Rang vier

Vom Sofa zum Titel

Der 24 Jahre alte Neuseeländer Hayden Paddon feiert in der Saison 2011 einen doppelten Erfolg: Dank seines Engagements und seiner Hartnäckigkeit kann er ein Programm in der PWRC finanzieren. Und am Ende sogar den Titel gewinnen

Vier Wochen vor Ende der Einschreibefrist für die PWRC-Saison 2011 beschließt der Neuseeländer Hayden Paddon, mit Hochdruck daran zu arbeiten, das Budget für ein PWRC-Projekt zu finden. Ähnlich wie ein junges Start-up-Unternehmen wirbt Paddon um finanzkräftige Geldgeber.

„Als wir uns einschrieben, hatten wir nur ein Viertel des Geldes beisammen", sagt er rückblickend. „Aber wenn man sich registriert, muss man die komplette Saison bestreiten." Doch das Risiko lohnt sich: Hayden Paddon findet genügend Partner und kann die Saison bei der Rallye Portugal beginnen. Und er zeigt einen wahren Triumphzug: Mit vier Siegen in Folge krönt er sich bereits bei der Rallye Australien zum neuen Champion – drei Rallyes vor Saisonende. „Vor allem die vier Siege taten mir gut, denn sie haben gezeigt, dass wir nicht nur durch Glück gewonnen haben", erklärt Paddon, der 2010 auf dem dritten PWRC-Rang lag.

Gruppenbild am Fluss – PWRC-Piloten in Lissabon

4 FAHRZEUGE pilotiert Patrik Flodin in der Saison 2011: In der PWRC einen seriennahen Subaru, in der WRC einen Mini S2000 und Mini WRC sowie in Schweden einen Volvo.

Chance hat, als Priorität-1- oder Priorität-2-Fahrer anzutreten. Paddon fährt einen neuen Subaru Impreza R4 und landet auf Gesamtrang 13 und Platz zwei in der S2000-Klasse. Doch die Gedanken des 24-Jährigen kreisen bereits um die kommende Saison: „Ich möchte gerne aufsteigen. SWRC wäre toll – aber dort wird es noch schwieriger, das Budget zusammenzubekommen. Schließlich benötigt man ungefähr doppelt so viel Geld. Jetzt brauche ich europäische Partner, die an mich glauben."

Der Schlüssel zum Erfolg? „Wir waren ja 2010 Teil des Pirelli-Star-Driver-Projektes. Ohne diese Nachwuchsförderung hätten wir es nicht gewagt, in diesem Jahr einen WM-Start zu riskieren. Aber ich kannte die Strecken aus dem Vorjahr, wusste, wo ich attackieren kann und wie die Rallye-WM funktioniert. Das hat mir viel Selbstvertrauen gegeben", so Paddon.

Zum zweiten Mal in Folge wird der 27 Jahre alte Schwede Patrik Flodin Vizemeister. Er kann mit einem Subaru in Spanien und Großbritannien zwei Siege erringen und zwei weitere Podiumsplätze erzielen. „Endlich", freut er sich am Saisonende. „Wir hatten zu Beginn des Jahres viele Probleme. Es hat so lange bis zum ersten Sieg gedauert."

Dritter wird Michał Kosciuszko im Mitsubishi Lancer Evolution. Der 26 Jahre alte Pole ist zwar ein Neuling in der PWRC, mit seinen Starts in der Junior-WM 2009 und der SWRC in der Saison 2010 jedoch ein routinierter WM-Starter. Für das kommende Jahr hat sich der Pole viel vorgenommen. „Wir haben in diesem Jahr gezeigt, dass wir schnell sein können", erklärt Kosciuszko. „Ich möchte in der kommenden Saison wiederkommen und dann den Titel gewinnen."

Tabellenrang vier geht an Martin Semerád. Für den 21 Jahre alten Tschechen beginnt die Saison mit einem Erfolg: In Abwesenheit von Hayden Paddon siegt der Sportmanagement-Student in Schweden. In Portugal fährt er mit seinem Mitsubishi noch einmal aufs Podium. Danach folgen schwächere Rallyes. Ein zweiter Platz beim Saisonfinale wird ihm aberkannt, weil die Radaufhängungen seines Mitsubishi nicht reglementkonform sind.

Beim Finale in Großbritannien tritt Hayden Paddon nicht mehr in der PWRC an. Das Reglement erlaubt, dass ein Fahrer einen Lauf auslassen kann, wenn er die

„Vor zwölf Monaten saß ich zu Hause, ohne Auto und ohne Geld. Keine Chance auf die PWRC"

PWRC-Champion Hayden Paddon aus Neuseeland

Pinnwand PWRC

1 Tabellendritter – Michał Kosciuszko im Mitsubishi Lancer Evolution **2** Ein Sieg, ein Podiumsplatz – Martin Semerád, ebenfalls im Mitsubishi, beendet die Saison als Vierter

106 WRC ACADEMY Saison 2011

Star Search

20 starke Junioren aus zwölf Ländern kämpfen in der WRC Academy um eine Förderung von einer halben Million Euro. Am Ende macht mit Craig Breen ein junger Ire das Rennen

Sprungbrett genutzt – Christian Riedemann erhält Gaststarts bei VW

Von 2001 bis 2010 war die Junior-WM eine beliebte Rahmenserie der Rallye-WM. Piloten wie Sébastien Loeb, Sébastien Ogier und Dani Sordo – um nur einige zu nennen – schafften durch die Nachwuchs-Serie den Sprung in ein Werks-Cockpit. 2011 präsentiert sich die Meisterschaft mit einem neuen Konzept. Dazu passend auch der neue Name: WRC Academy.

Erstmals wird auf identischen Ford Fiesta ST gefahren, eingesetzt werden die Fahrzeuge vom renommierten Ford-Werksteam M-Sport. Die Junioren starten nur jeweils an den ersten zwei Tagen. Am letzten Rallye-Tag steht eine intensive Nachbesprechung auf dem Programm – inklusive der Auswertung der Onboard-Aufnahmen. Vorträge bekannter Fahrer, Sport- und Medientrainings machen die Nachwuchs-Serie zur echten Rallye-Schule.

„Die WRC Academy auf der letzten Prüfung der letzten Rallye zu gewinnen, ist einfach unglaublich"

Champion Craig Breen über die knappe Titelentscheidung

3 SIEGE feiert Egon Kaur, mehr als jeder andere Pilot. Der 24-Jährige beendet die Saison punktgleich mit Craig Breen. Der Titel geht an Breen, der mehr Bestzeiten erzielt hat.

Neu ist auch die Punktevergabe: Wie bisher gibt es Zähler für die Platzierung am Ende des Events, doch jede Bestzeit wird mit einem Extra-Punkt belohnt.

Der sechste und letzte Saisonlauf ist an Spannung kaum zu überbieten. Der Este Egon Kaur reist als Tabellenführer mit 20 Zählern Vorsprung nach Wales. Doch der Ire Craig Breen gibt Gas. Um möglichst viele Zusatz-Punkte zu kassieren, riskiert Breen alles und fährt auf 14 der 16 Wertungsprüfungen Bestzeiten. Der Ire siegt und führt punktgleich mit Egon Kaur die Tabelle an. Da Breen während der Saison die meisten Bestzeiten gefahren ist, wird er Meister. „Unglaublich", jubelt Breen. „Dass ich die halbe Million Preisgeld gewonnen habe, bedeutet, dass ich weiter in der WM fahren kann."

Unter den 20 eingeschriebenen Piloten, die allesamt jünger als 25 Jahre sind, ist auch ein Deutscher: Christian Riedemann, 24-jähriger Kfz-Mechatroniker aus dem niedersächsischen Sulingen. Im Debüt-Jahr fährt er zwar gute Resultate ein, agiert aber meist zu vorsichtig und belegt den siebten Tabellenplatz. Für ihn erweist sich die WRC Academy bereits als Sprungbrett: Volkswagen-Motorsport-Direktor Kris Nissen lädt den Junior zu zwei Gaseinsätzen im Škoda Fabia S2000 ins Werksteam ein. Eine Aufgabe, die Riedemann gut meistert.

Riedemanns Gaststarts bei Volkswagen bieten einem weiteren Deutschen eine Chance: Sepp Wiegand übernimmt bei der ADAC Rallye Deutschland das frei gewordene Fiesta-Cockpit von Riedemann und fährt auf Anhieb auf Platz sieben. Wiegand bestreitet die Rallye Frankreich – dieses Mal zusammen mit „Dakar"-Beifahrer-Sieger Timo Gottschalk – und wird sogar Vierter. Weil er jedoch nicht eingeschrieben ist, sammelt Wiegand keine Punkte. Dafür lockt für ihn am Saisonende die größte Belohnung: Auch er darf einen Škoda Fabia S2000 im Volkswagen-Werksteam fahren. Er liegt dort lange auf dem guten 25. Gesamtrang, muss aber, als sein Beifahrer erkrankt, aufgeben. Wiegands freies Cockpit in der WRC Academy übernimmt in Großbritannien der nächste aufstrebende deutsche Junior: Valentin Hummel. Der Zweite des ADAC Rallye Junior Cup 2011 fährt beim WM-Debüt auf Platz sieben in der WRC Academy.

Pinnwand WRC Academy

1 Einmal Zweiter, Tabellenplatz vier – Yeray Lemes aus Spanien **2** Sieger in Frankreich – Alastair Fisher wird Dritter der Meisterschaft **3** Der nächste Deutsche in der WM – Valentin Hummel, Zweiter im ADAC Rallye Junior Cup, wird beim Debüt in der WRC Academy Siebter

Spannung bis zum letzten Meter

Sechs verschiedene Fahrer siegen bei den elf Rallyes in der Intercontinental Rally Challenge (IRC). Die Entscheidung fällt erst auf den letzten Metern, denn vor dem Finale haben noch sechs Fahrer von zwei Herstellern Titelchancen

„Wir freuen uns, dass sich einige Importeure für ein IRC-Engagement entschieden haben"

Frédéric Bertrand, Manager der Kundensport-Abteilung von Peugeot Sport

Das Reglement der IRC-Serie sorgt für Höchstspannung bis zur letzten Rallye: Denn nur sieben der insgesamt elf Rallyes fließen in die Rechnung für die Meisterschaft ein. Zudem zählt das Finale doppelt, beim vorletzten Lauf werden anderthalbfache Punkte vergeben.

Am Ende holen dann doch nicht Jan Kopecký oder Juho Hänninen aus dem Škoda-Werksteam, die in der Saison 2011 immer wieder an der Tabellenspitze sind, den Titel. Es ist der junge Norweger Andreas Mikkelsen, der mit einem Fabia S2000 des britischen Škoda-Importeurs erst zum Saisonende richtig aufdreht und

Starke Starterfelder, viele Fans – Highlights im Kalender sind die Rallyes in Belgien (Foto) und Tschechien

zwei Siege in Folge feiert – und das geänderte Reglement perfekt ausnutzt und sich den Meistertitel sichert.

Von der geänderten Punktevergabe profitiert nicht nur der neue Meister Andreas Mikkelsen, sondern auch die Fernsehzuschauer. Da der Fernsehsender Eurosport zugleich Promotor und Fernsehpartner der Serie ist, haben die Fernsehmacher ein doppeltes Interesse an einer spannenden und starken Meisterschaft. Zugleich profitieren die Fans davon: Vom Saisonauftakt in Monte Carlo übertragen Eurosport und Eurosport 2 insgesamt mehr als zwölf Stunden live. Mit einer Reichweite von 14 Millionen Zuschauern können die Fernsehquoten im Vergleich zum Vorjahr um 16,5 Prozent gesteigert werden.

Mit Abarth, Ford, Honda, Peugeot, Proton, Ralliart und Škoda haben sich acht Hersteller für die IRC-Serie eingeschrieben.

Live dabei – Medienpartner Eurosport sorgt für eine Übertragung der Rallyes, inklusive Interviews mit Top-Piloten wie Jan Kopecký

38

BESTZEITEN gehen in der Saison 2011 an den neuen IRC-Champion Andreas Mikkelsen und Beifahrer Ola Floene. Kein anderer Fahrer konnte mehr Wertungsprüfungen für sich entscheiden.

WM-Star im Pech – Freddy Loix kann nicht an seine Leistungen aus dem Vorjahr anknüpfen

Gaststar – Rallye-Dakar-Sieger Nasser Al-Attiyah glänzt im Ford Fiesta mit starken Zeiten beim Saisonfinale, fällt aber aus

Mit ihrem Engagement für die Serie ermöglichen sie es Piloten, mit dieser Marke in der Fahrer-Wertung zu punkten.

Ford, Mitsubishi und Abarth sind jedoch nur bei wenigen Rallyes vertreten und spielen im Titelkampf keine Rolle. Proton engagiert sich bereits im dritten Jahr in der IRC-Serie und vertraut auf bekannte Piloten wie Alister McRae und Chris Atkinson. Doch noch immer können die knallgelben Proton Satria Neo nicht das Tempo der Peugeot und Škoda mitgehen. Zudem leiden die Fahrzeuge des malaysischen Herstellers, die vom britischen MEM Team vorbereitet werden, unter einigen Kinderkrankheiten.

Subaru bringt 2011 erstmals den neuen Impreza nach R4-Reglement an den Start. Die beiden japanischen Piloten Toshi Arai und Fumio Nutahara nutzen ihre Einsätze in der IRC-Serie, um Wettbewerbskilometer mit dem neuen Fahrzeug zu sammeln.

Mit Škoda und Peugeot kämpfen nur zwei Marken um die IRC-Krone. Zwar gehen sieben von elf Rallyes an Škoda und die Tschechen verteidigen vorzeitig den Gewinn der Marken-Wertung.

Der französische Hersteller Peugeot feiert hingegen Siege bei den drei Asphalt-Klassikern im Kalender: Bryan Bouffier siegt beim Saisonauftakt auf den vereisten Pisten in den französischen Seealpen. Das belgische Jungtalent Thierry Neuville meistert die kurvenreiche Rallye Korsika als souveräner Sieger und bestätigt seine Stärke auf Asphalt mit einem weiteren Sieg bei der Rallye San Remo. Doch eine schwache Leistung in Schottland und ein Ausfall beim Saisonfinale machen seine Titelhoffnungen zunichte.

Unter deutscher Flagge – Škoda Auto Deutschland schickt Mark Wallenwein und Matthias Kahle bei ausgewählten Läufen ins Rennen

ABARTH

Ein glanzvolle Rallye-Historie, doch nur wenig Engagement in der Gegenwart: In der Saison 2011 konzentriert sich Abarth, die Sportabteilung der italienischen Marke Fiat, vor allem auf die Rallye-Europameisterschaft und die italienische Rallye-Meisterschaft. In der IRC-Serie ist Abarth zwar weiterhin für die Marken-Wertung eingeschrieben. Allerdings bestreitet lediglich der Italiener Luca Rossetti einen Einsatz im Grande Punto S2000. Außerdem sind einige Privatfahrer mit dem Fiat 500 R3T am Start.

Noch in der Saison 2010 war Abarth mit drei Fahrern bei vereinzelten Rallyes vertreten. Doch Toni Gardemeister und Giandomenico Basso haben sich inzwischen längst Cockpits bei Teams mit einem größeren Programm gesucht.

Bis Ende 2009 zählte Abarth zu den erfolgreichsten Teams in der Intercontinental Rally Challenge. Vor allem in der Anfangsphase der Meisterschaft bestachen die Italiener mit starken Platzierungen durch Giandomenico Basso. Insgesamt sechs IRC-Siege gehen auf das Konto des Fiat Grande Punto S2000.

Abarth – hinter diesem Namen verbirgt sich die legendäre Fiat-Sportabteilung in Turin. In den 70er-Jahren war Abarth für die Vorbereitung und den Einsatz der Rallye-Fahrzeuge von Fiat, wie dem legendären Fiat 124 Abarth und dem 131 Abarth, zuständig. Später betreute Abarth auch das ehrgeizige Rallye-Projekt des Fiat-Tochterunternehmens Lancia.

In den 90er-Jahren wechselte Abarth dann mit Alfa Romeo in den Tourenwagen-Sport und feierte viele Erfolge in der internationalen Tourenwagen-Serie ITC.

Im Jahr 2006 gelang Abarth mit dem Fiat Grande Punto Abarth das Comeback im Rallye-Sport und der Titelgewinn in der IRC-Vorläufer-Serie. Inzwischen hat Abarth mit dem technisch veralteten Grande Punto den Anschluss an Ford, Peugeot und Škoda mit ihren Super-2000-Fahrzeugen der neuesten Generation verloren.

Der 35 Jahre alte Fiat-Pilot Luca Rossetti bestreitet in der Saison 2011 ein volles Programm: Mehr als 15 Starts in der Rallye-Europameisterschaft, aber auch in Italien stehen auf seinem Programm. Während er bei seinem einzigen IRC-Gastspiel in Belgien nur den siebten Rang belegt, kann er in der Rallye-EM fünf Mal die volle Punktzahl holen und am Ende die – allerdings relativ schwach besetzte – Europameisterschaft gewinnen.

In der Italienischen Rallye-Meisterschaft beendet Luca Rossetti die Saison 2011 als Vize-Meister hinter Peugeot-Pilot Paolo Andreucci. Auch in der Marken-Wertung in Italien belegt Abarth mit einem großen Rückstand den zweiten Rang hinter Peugeot.

Team-Info	
Einsatzteam	Abarth
Adresse	Turin (I)
Fahrzeug	Grande Punto Abarth S2000

Erfolge	
IRC-Siege	6
IRC-Titel	0

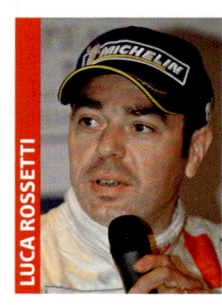

Luca Rossetti (I)	
Geboren	24. März 1976
Geburtsort	Pordenone (I)
IRC-Siege	4
IRC-Titel	0
Bestes Ergebnis 2011	7.
Beifahrer	Matteo Chiarcossi (I)

FORD

Seit 2010 ist Ford in der IRC-Serie vertreten. Das Ford-Werksteams M-Sport, das den Ford Fiesta S2000 entwickelt hat und viele Einsätze des Fahrzeugs betreut, hat sich für die Marken-Wertung eingeschrieben, damit laut Reglement Piloten, die mit einem Ford Fiesta S2000 antreten, in der Fahrer-Wertung der Intercontinental Rally Challenge punkten dürfen.

In seiner Debüt-Saison 2010 feierte der brandneue Fiesta Siege beim Saisonauftakt in Monte Carlo durch den Finnen Mikko Hirvonen und beim Saisonfinale auf Zypern durch Nasser Al-Attiyah aus Katar – beides Piloten aus der Rallye-WM.

2011 schafft der Fiesta, der vor allem für Kundenteams entwickelt wurde, keinen Sieg. Lediglich der Pole Michał Sołowow fährt einmal aufs Podium.

Ebenfalls am Start sind der 21 Jahre alte Ire Craig Breen, der 2011 ein ehrgeiziges Rallye-Programm absolviert. Neben Einsätzen in der WRC Academy, wo er mit einem Ford Fiesta R2 erfolgreich ist, startet er bei ausgewählten Rallyes in Irland, Frankreich, Estland und Großbritannien. Breen glänzt auch bei Gaststarts in der IRC-Serie und fährt bei der Rallye Schottland auf den vierten Gesamtrang.

Der französische Asphalt-Spezialist Julien Maurin bestreitet ebenfalls ausgewählte IRC-Einsätze im Ford Fiesta S2000 und erringt bei der traditionsreichen Rallye Korsika den siebten Rang.

Team-Info	
Einsatzteam	M-Sport
Adresse	Dovenby Hall (GB)
Fahrzeug	Ford Fiesta S2000

Erfolge	
IRC-Siege	2
IRC-Titel	0

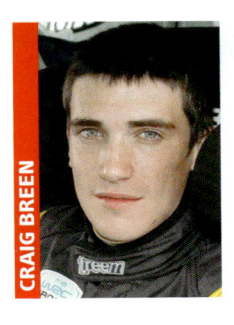

Craig Breen (IRL)
Geboren	2. Februar 1990
Geburtsort	Waterford (IRL)
IRC-Siege	0
IRC-Titel	0
Bestes Ergebnis 2011	4.
Beifahrer	Gareth Roberts (GB)

Julien Maurin (F)
Geboren	–
Geburtsort	–
IRC-Siege	0
IRC-Titel	0
Bestes Ergebnis 2011	7.
Beifahrer	Olivier Ural (F)

Michał Sołowow (PL)
Geboren	11. Juli 1962
Geburtsort	Kielce (PL)
IRC-Siege	0
IRC-Titel	0
Bestes Ergebnis 2011	3.
Beifahrer	Maciej Baran (PL)

HONDA

Eine Chance für Privatfahrer und für junge Rallye-Piloten: Die Marke Honda, die seit 2007 in der Intercontinental Rally Challenge (IRC) vertreten ist, bietet ihnen mit dem Honda Civic Type R3 einen optimalen Einstieg in den internationalen Motorsport.

Der Civic gilt als kostengünstig, zuverlässig und zugleich konkurrenzfähig. Am Saisonende gewinnt Honda die Markenwertung der zweiradangetriebenen Fahrzeuge in der IRC-Serie. Im Kampf um Gesamtsiege spielen die Honda-Piloten gegen die stärkere Allrad-Konkurrenz allerdings keine Rolle. In der Saison 2011 punkten vor allem Martin Kangur und János Puskádi für den japanischen Hersteller.

Entwickelt und vorbereitet werden die Honda Civic Type R mit Mugen-Triebwerk vom Team JAS Motorsport in Mailand. Seit der Vorstellung des Honda Civic Type R im Jahre 2001 hat JAS Motorsport die Unterstützung für Privatfahrer kontinuierlich ausgebaut und ist bei vielen Events mit einem Ersatzteilservice vertreten. JAS Motorsport wurde 1995 in Mailand gegründet und war in der DTM, ITC, in verschiedenen Supertourenwagen-Meisterschaften und im GT-Sport erfolgreich. Seit 1998 ist JAS Motorsport Partner von Honda im Tourenwagen-Sport. 2011 engagiert sich Honda in der Skandinavischen Tourenwagen-Meisterschaft (STCC), der Hongkong-Tourenwagen-Meisterschaft (HKTCC) und dem FIA-Tourenwagen-Europa-Cup.

Team-Info
Einsatzteam	JAS Motorsport
Adresse	Mailand (I)
Fahrzeug	Honda Civic Type R

Erfolge
IRC-Siege	0
IRC-Titel	0

Martin Kangur (EST)
Geboren	13. Oktober 1992
Geburtsort	Tallin (EST)
IRC-Siege	0
IRC-Titel	0
Bestes Ergebnis 2011	14.
Beifahrer	Anders Ots (EST)

János Puskádi (H)
Geboren	—
Geburtsort	Veszprém (H)
IRC-Siege	0
IRC-Titel	0
Bestes Ergebnis 2011	12.
Beifahrer	Barnabás Gódor (H)

Sandro Sottile (I)
Geboren	26. Januar 1971
Geburtsort	San Remo (I)
IRC-Siege	0
IRC-Titel	0
Bestes Ergebnis 2011	—
Beifahrer	Nicola Berutti (I)

MITSUBISHI

Unter dem Namen „Mitsubishi Ralliart" bestritt der japanische Hersteller werksseitig die Rallye-Weltmeisterschaft und die Rallye Dakar und lieferte Fahrzeuge für Piloten sowohl in der Produktionswagen-Weltmeisterschaft als auch in der Asien-Pazifik-Rallye-Meisterschaft.

Nach dem Ende der WRC-Aktivitäten im Jahr 2005 und dem Rückzug aus der Rallye Dakar 2009 wurde auch die Kundensport-Abteilung in Japan geschlossen. Seitdem betreut das Team Ralliart Italy die Mitsubishi-Kunden. Alle Mitsubishi-Piloten – gleichgültig ob in der PWRC, in nationalen Meisterschaften oder in der IRC – vertrauen auf den seriennahen Mitsubishi Lancer.

Bei der Rallye Ypern im Sommer gibt der Mitsubishi Lancer R4 sein Debüt. Der Niederländer Jasper van den Heuvel belegt im neuen Lancer den 16. Rang in der IRC. Das neue R4-Reglement soll die Lücke zwischen den Super-2000-Fahrzeugen und der seriennahen Gruppe N schließen.

Die Mitsubishi-Vertreter in der IRC-Serie absolvieren oft nur wenige Einsätze. Die beiden Portugiesen Ricardo Moura und Vitor Pascoal starten bei ihrem Heimspiel auf den Azoren. Der Österreicher Beppo Harrach ist ein weiterer Fahrer, der bei einem IRC-Gastspiel auf die Marke Mitsubishi vertraut. Im Kampf um Siege spielen die Mitsubishi-Piloten in der Saison 2011 keine Rolle, sie fahren aber gelegentlich in die Top Ten.

Team-Info	
Einsatzteam	Ralliart Italy
Adresse	Mailand (I)
Fahrzeug	Mitsubishi Lancer Evolution/Mitsubishi Lancer R4

Erfolge	
IRC-Siege	3
IRC-Titel	0

Ricardo Moura (P)
Geboren	4. Februar 1979
Geburtsort	Ponta Delgada (P)
IRC-Siege	0
IRC-Titel	0
Bestes Ergebnis 2011	6.
Beifahrer	Sancho Eiró (P)

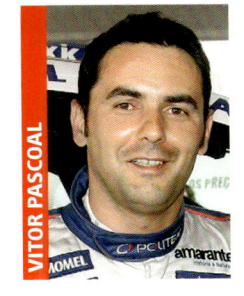

Vítor Pascoal (P)
Geboren	30. Mai 1973
Geburtsort	–
IRC-Siege	0
IRC-Titel	0
Bestes Ergebnis 2011	8.
Beifahrer	Luis Ramalho (P)

Beppo Harrach (A)
Geboren	11. Februar 1979
Geburtsort	Wien (A)
IRC-Siege	0
IRC-Titel	0
Bestes Ergebnis 2011	10.
Beifahrer	A. Schindlbacher (A)

PEUGEOT

Peugeot ist die bislang erfolgreichste Marke in der Intercontinental Rally Challenge (IRC): Nicht weniger als drei Fahrer-Titel und 26 Siege gehen auf das Konto des französischen Herstellers und des Peugeot 207 S2000. Das Team Peugeot Frankreich setzt einen Peugeot 207 für Bryan Bouffier ein, das Team Belgien-Luxemburg startet mit dem austrebenden Junior Thierry Neuville. Der britische Importeur geht mit Guy Wilks an den Start, der bis Ende 2010 mit einem Škoda in der IRC-Serie unterwegs war. Peugeot Portugal setzt auf Bruno Magalhães, der 2010 einen Sieg erzielte.

Der Peugeot 207 S2000 feierte 2006 bei der Antibes-Rallye sein Debüt. Dreimal in Folge gewann Peugeot in der IRC den Titel: 2007 mit Enrique García Ojeda, 2008 mit Nicolas Vouilloz und 2009 mit Kris Meeke. Ende 2010 entwickelten die Techniker von Peugeot Sport die neueste Evolutionsversion des 207 mit einem verbesserten Motor und einer überarbeiteten Radaufhängung.

Peugeot besitzt eine lange Rallye-Tradition: Von 1984 bis 1986 holte der Peugeot 205 Turbo 16 in der WM 16 Siege, zwei Marken-WM-Titel und je ein Fahrer-Championat. Nach dem WM-Comeback gewann Peugeot von 2000 bis 2002 dreimal den Marken-WM-Titel mit dem 206 WRC und mit Marcus Grönholm zweimal den Fahrer-Titel. In jüngster Zeit konzentriert sich Peugeot werksseitig auf das Sportwagen-Projekt mit dem 908 HDi FAP.

Team-Info	
Einsatzteam	verschiedene
Adresse	–
Fahrzeug	Peugeot 207 S2000

Erfolge	
IRC-Siege	26
IRC-Titel	3

Bryan Bouffier (F)	
Geboren	1. Dezember 1978
Geburtsort	–
IRC-Siege	1
IRC-Titel	0
Bestes Ergebnis 2011	1.
Beifahrer	Xavier Panseri (F)

Thierry Neuville (B)	
Geboren	16. Juni 1988
Geburtsort	Sankt Vith (B)
IRC-Siege	2
IRC-Titel	0
Bestes Ergebnis 2011	1.
Beifahrer	Nicolas Gilsoul (B)

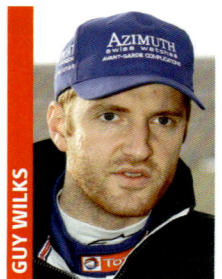

Guy Wilks (GB)	
Geboren	22. Januar 1981
Geburtsort	Darlington (GB)
IRC-Siege	1
IRC-Titel	0
Bestes Ergebnis 2011	3.
Beifahrer	Phil Pugh (GB)

PROTON

Die malaysische Marke Proton steht auch in der Saison 2011 im Schatten der großen Teams von Peugeot und Škoda. Der Proton Satria Neo S2000 in der IRC-Serie ist anfällig für technische Defekte und scheidet häufig vorzeitig aus.

Dafür macht Proton mit bekannten Piloten Schlagzeilen: Der Schotte Alister McRae und der Australier Chris Atkinson sind aus der Rallye-Weltmeisterschaft bekannt. Der Italiener Giandomenico Basso zählt seit Jahren zu den erfahrensten Piloten der IRC-Serie.

Entwickelt und vorbereitet wird der Proton S2000 vom britischen Team Mellors Elliott Motorsport (MEM). Das Team MEM entstand im Jahr 1983. Mit Ford gewann Mellors Elliot Motorsport zweimal die Britische Rallye-Meisterschaft.

Auch die Marke Proton ist in der Rallye-Szene kein Neuling: Bereits von 2002 bis 2005 war der 1985 gegründete Autobauer aus Malaysia in der Produktionswagen-WM aktiv und errang mit Karamjit Singh im Jahre 2002 den Titel. Auch damals wurden die seriennahen Proton Pert von Mellors Elliot Motorsport vorbereitet. Außerdem holte Proton dreimal – 2001, 2002 und 2004 – den Titel in der Asien-Pazifik-Rallye-Meisterschaft.

In der Saison 2011 startet Proton wieder in der Asien-Pazifik-Rallye-Meisterschaft und kann dort – auch mangels Konkurrenz – erneut den Titel gewinnen.

Team-Info	
Einsatzteam	Mellors Elliot Motorsport (MEM)
Adresse	Derbyshire (GB)
Fahrzeug	Proton Satria Neo S2000

Erfolge	
IRC-Siege	0
IRC-Titel	0

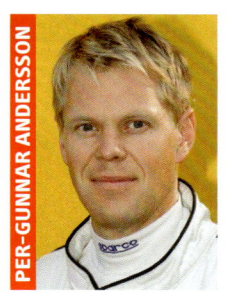

Per-Gunnar Andersson (S)
Geboren	10. März 1980
Geburtsort	Årjäng (S)
IRC-Siege	0
IRC-Titel	0
Bestes Ergebnis 2011	9.
Beifahrer	Emil Axelsson (S)

Chris Atkinson (AUS)
Geboren	30. November 1979
Geburtsort	Bega (AUS)
IRC-Siege	0
IRC-Titel	0
Bestes Ergebnis 2011	–
Beifahrer	Stéphane Prevot (B)

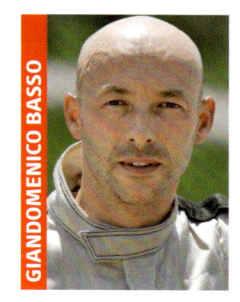

Giandomenico Basso (I)
Geboren	15. September 1973
Geburtsort	Montebelluna (I)
IRC-Siege	4
IRC-Titel	0
Bestes Ergebnis 2011	9.
Beifahrer	Mitia Dotta (I)

ŠKODA

Škoda ist auch 2011 die Mannschaft, die es in der IRC-Serie zu schlagen gilt. Als Titelverteidiger gestartet, gehen sieben Saisonsiege auf das Konto der Škoda-Piloten. Dabei präsentiert sich nicht nur IRC-Titelverteidiger Juho Hänninen stark. Auch sein Teamkollege Jan Kopecký, der Belgier Freddy Loix und der Nachwuchsfahrer Andreas Mikkelsen können für Škoda siegen. Am Ende verteidigen die Tschechen souverän ihren IRC-Markentitel. Den Fahrer-Titel erringt überraschend der Norweger Andreas Mikkelsen im Fabia des britischen Importeurs.

Mit dem 2009 begonnenen Super-2000-Projekt setzt das in Mladá Boleslav beheimatete Team von Škoda Motorsport die einzigartige, über 100-jährige Motorsporttradition der tschechischen Marke fort. Zuletzt war Škoda in den 90er-Jahren als Werksteam mit einem Škoda Octavia WRC und ab 2003 mit dem Fabia WRC relativ erfolglos in der Rallye-WM vertreten.

Bei der Rallye Monte Carlo 2009 feierte der Škoda Fabia S2000 sein Rallye-Debüt. Bereits bei der Rallye Russland im Sommer 2009 gelang dem finnischen Škoda-Werkspiloten Juho Hänninen der erste IRC-Sieg. Das Erfolgsrezept von Škoda: Alle Anstrengungen im Motorsport konzentrieren sich auf das ehrgeizige Rallye-Projekt. Auch die Kommunikationsstrategie der Marke und die Werbespots haben das Rallye-Projekt zum Thema.

Team-Info	
Einsatzteam	Škoda Motorsport
Adresse	Mladá Boleslav (CZ)
Fahrzeug	Škoda Fabia S2000

Erfolge	
IRC-Siege	15
IRC-Titel	2

Juho Hänninen (FIN)
Geboren	25. Juli 1981
Geburtsort	Punkaharju (FIN)
IRC-Siege	8
IRC-Titel	2010
Bestes Ergebnis 2011	1.
Beifahrer	Mikko Markkula (FIN)

Freddy Loix (B)
Geboren	10. November 1970
Geburtsort	Tongeren (B)
IRC-Siege	7
IRC-Titel	0
Bestes Ergebnis 2011	1.
Beifahrer	Frédéric Miclotte (B)

Jan Kopecký (CZ)
Geboren	28. Januar 1982
Geburtsort	Opočno (CZ)
IRC-Siege	5
IRC-Titel	0
Bestes Ergebnis 2011	1.
Beifahrer	Petr Starý (CZ)

SUBARU

Subaru hat in der Rallye-Szene eine lange Erfolgsgeschichte: Seit den frühen 90er-Jahren war Subaru zunächst mit dem Legacy und später mit dem Subaru Impreza in der Rallye-Weltmeisterschaft engagiert. Die Japaner – in der WRC durch das britische Traditionsteam Prodrive vertreten – gewannen 1995 mit Colin McRae und 2003 mit Petter Solberg die Fahrer-Weltmeisterschaft. Ende 2008 zog sich Subaru aus der Rallye-WM zurück.

In der seriennahen Gruppe N sind noch immer Privatteams in der Produktionswagen-WM (PWRC) im Rahmenprogramm der WRC vertreten. Mit den gleichen Fahrzeugen, dem Subaru Impreza WRX, können seit 2010 auch private Teams in der IRC punkten. Die japanische Marke ist allerdings nicht werksseitig engagiert, sondern hat sich lediglich eingeschrieben, um Kundenteams die Chance zu bieten, in der IRC zu starten.

Bekannt aus der PWRC sind die Japaner Fumio Nutahara und Toshi Arai, die 2011 regelmäßig in der IRC antreten. Sie präsentieren dort den neuen Impreza nach dem 2011 eingeführten R4-Reglement und entwickeln ihn weiter. Das Fahrzeug soll die Lücke zwischen den starken S2000-Fahrzeugen und den seriennahen Gruppe-N-Autos schließen.

Die Subaru-Piloten können in der IRC-Serie zwar nicht durch Siege glänzen, erringen aber Top-Ten-Platzierungen.

Team-Info	
Einsatzteam	verschiedene
Adresse	–
Fahrzeug	Subaru Impreza WRX

Erfolge	
IRC-Siege	0
IRC-Titel	0

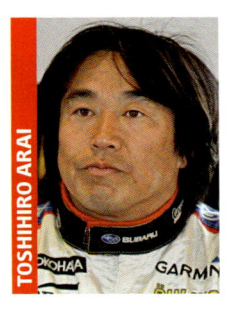

Toshihiro Arai (J)
Geboren	25. Dezember 1966
Geburtsort	Isesaki-shi (J)
IRC-Siege	0
IRC-Titel	0
Bestes Ergebnis 2011	7.
Beifahrer	Dale Moscatt (AUS)

Florian Gonon (CH)
Geboren	17. März 1976
Geburtsort	Les Marécottes (CH)
IRC-Siege	0
IRC-Titel	0
Bestes Ergebnis 2011	11.
Beifahrer	Sandra Arlettaz (CH)

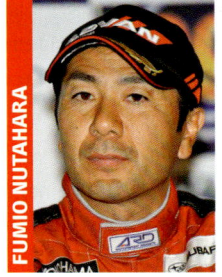

Fumio Nutahara (J)
Geboren	20. Dezember 1963
Geburtsort	Kochi (J)
IRC-Siege	0
IRC-Titel	0
Bestes Ergebnis 2011	11.
Beifahrer	Hakaru Ichino (J)

Gut gebrüllt, kleiner Löwe

Dank einer geschickten Reifenwahl feiert Bryan Bouffier bei der Rallye Monte Carlo seinen ersten IRC-Sieg. Für den Peugeot-Piloten geht verspätet ein großer Traum in Erfüllung

Seit einem Jahrhundert fasziniert die Rallye Monte Carlo die besten Rallye-Piloten der Welt. Ein Mix aus Schnee, Eis, trockenem Asphalt und nassen Passagen fordert vielseitige Fahrer und eine perfekte Anpassung an die Pisten. Die engen Strecken in den französischen Seealpen mit rissigem Asphalt und tiefen Abgründen neben der Fahrbahn verlangen Mut und Fahrkönnen.

Eine falsche Reifenwahl oder ein winziger Fahrfehler können das Klassement schnell ändern. Dass muss bei der 2011er-Auflage des Rallye-Klassikers vor allem Škoda-Pilot Juho Hänninen feststellen. Der 29 Jahre alte IRC-Champion fährt bei trockenem Wetter am ersten Tag auf zwei der vier Wertungsprüfungen Bestzeiten und führt mit einem Vorsprung von 44,5 Sekunden vor seinem Markenkollegen Freddy Loix. Bester Peugeot-Mann auf Platz drei ist WM-Pilot Petter Solberg bei einem Gast-

Routiniert auf Eis – Freddy Loix verliert durch einen Dreher Zeit, bleibt aber mit Rang zwei der beste Škoda-Vertreter

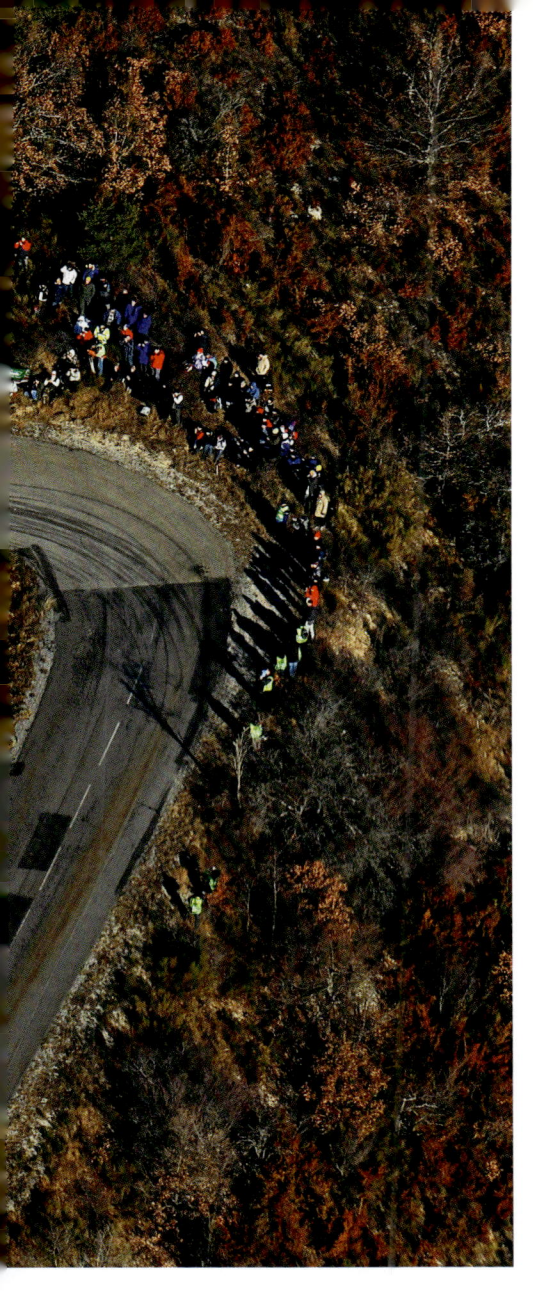

> „Es war toll, die Rallye zu beenden und die Turini-Prüfungen zu erleben. Aber jetzt wartet ein wichtigerer Job auf mich"

Loeb-Copilot Daniel Elena, der als Fahrer im Citroën DS3 R3 den 52. Rang belegt

start im 207 S2000. Auch bei Stéphane Sarrazin läuft es nicht rund: Der Le-Mans-Pilot, der 2009 seinen ersten IRC-Sieg bei der „Monte" gefeiert hat, fährt auf der ersten Prüfung eine Bestzeit, wechselt dann von mittelharten auf weiche Reifen und verliert Zeit. Nach einem technischen Defekt an der Gegensprechanlage muss er einige Kilometer lang auf die Ansagen seines Copiloten Jacques-Julien Renucci verzichten und ist nur Vierter.

Der Franzose Bryan Bouffier hat nach einem Defekt am hinteren Differenzial bereits 1.36 Minuten Rückstand auf Hänninen und damit die Hoffnung auf den Sieg fast aufgegeben. Doch wie so häufig bei der Rallye Monte Carlo kann sich die Situation innerhalb nur weniger Minuten ändern: Am zweiten Tag der Rallye fallen einige Schneeflocken. Dennoch entscheiden sich die meisten Piloten für Misch- oder Winterreifen. Lediglich Bryan Bouffier lässt sich im Service in Valence Schneereifen aufziehen und packt kurz vor Abreise noch zwei Spike-Räder in den Kofferraum. Beim Start zur siebten Wertungsprüfung schneit es noch leicht, aber wenige Kilometer weiter fallen Schneemassen vom Himmel. Bouffier ist 17 Sekunden schneller als der Rest des Feldes. Spitzenreiter Juho Hänninen verliert sogar mehr als zwei Minuten.

Für die letzte Prüfung des Tages zieht Bouffier auf der Vorderachse die mitgebrachten Spike-Räder auf. Lediglich Alt-Star François Delecour ist 27 Sekunden schneller. Weil seine gewünschten Schneereifen abgenutzt waren, hat er sich für Spikes entschieden – schlussendlich die

15

MINUTEN brauchen die Mechaniker von Stéphane Sarrazin, um ein Getriebe zu wechseln. Der Sportwagen-Pilot, der vier Bestzeiten erringt, wird noch Vierter.

perfekte Wahl. „Und trotzdem war es unglaublich schwer zu fahren", berichtet der 48-Jährige, der auf Rang zwei vorrückt. „Man musste stark aufpassen, um nicht von der Strecke zu rutschen. Ich kann kaum glauben, was hier passiert ist." Die meisten Top-Piloten verlieren anderthalb Minuten und mehr. Innerhalb von nur einer Prüfung ist Bryan Bouffier vom siebten auf den ersten Rang vorgerückt. Titelverteidiger Juho Hänninen, der zwei Prüfungen zuvor noch 51 Sekunden Vorsprung besaß und sich für einen Mix aus Intermediates und Schneereifen entschieden hat, liegt mit 2.36 Minuten Rückstand auf Rang sechs: „Wir hatten gehofft, dass es nicht so stark schneien würde und sind ein Risiko eingegangen. Aber das kann passieren – vor allem hier."

Comeback von Rallye-Legende François Delecour

Im privaten Peugeot – François Delecour

In den 90er-Jahren zählte François Delecour zu den Top-Stars in der Rallye-WM. Der Vize-Weltmeister von 1993 galt als Titel-Favorit. Doch nach einem Verkehrsunfall musste der Ford-Werksfahrer 1994 eine halbe Saison pausieren. Danach konnte er nie mehr an seine großen Erfolge anknüpfen, fuhr von 1997 bis 2000 für Peugeot und verschwand in der Versenkung. Bei der Rallye Monte Carlo 2011 gibt der „Monte"-Sieger von 1994 ein Comeback in einem privat eingesetzten Peugeot 207 S2000. „Das 100-jährige Jubiläum der Rallye wollte ich im Cockpit erleben", erklärt er. „Außerdem kennt niemand die Prüfungen besser als ich." Dass er nicht nur große Sprüche klopfen kann, beweist der 48-Jährige dann während der Rallye: Der Franzose zeigt Geschick im Reifenpoker auf den vereisten Prüfungen, eine Bestzeit mit Spikes auf WP8 katapultiert ihn auf Gesamtrang zwei. Am Ende hat Delecour gegen die neueren Fahrzeuge der Konkurrenz keine Chance und wird Fünfter. „Das Tempo an der Spitze hat mich überrascht", ist er dennoch begeistert. „Die Konkurrenz war stärker als früher in der WM."

Delecour mit Beifahrer Dominique Savignoni

Ziel erreicht – Mark Wallenwein und Stefan Kopczyk belegen nach Reifenschaden und einem Felskontakt den respektablen 21. Platz im Škoda Fabia S2000

Mondäne Kulisse – Servicepark im Yachthafen von Monaco

Pinnwand Rallye Monte Carlo

1 Frühes Aus – für Ex-PWRC-Champion Andreas Aigner ist die Rallye im Mitsubishi am ersten Tag beendet **2** Fehlerfrei – Guy Wilks fährt beim ersten Einsatz im Peugeot 207 S2000 von Peugeot UK auf den dritten Rang **3** Pech – für Henning Solberg und Ilka Minor endet die Rallye mit einem Reifenschaden auf WP1 **4** Ausfall nach Crash – „PG" Andersson im Proton Satria

Bryan Bouffier jubelt im Etappenziel in Valence. „Es ist einfach unglaublich, denn ich hatte so viel Glück – schließlich habe ich mich zweimal gedreht und einmal sogar die Böschung getroffen." Bouffier weiter: „Hier zu führen, ist einfach etwas ganz Besonderes." Bei dem 32 Jahre alten Franzosen werden Erinnerungen an das Vorjahr wach: Bereits bei der Barum-Rallye 2010 lag er bis zur vorletzten Prüfung in Führung und schied dann nach einem Fahrfehler aus. Doch dieses Mal beweist er starke Nerven: Bouffier agiert auf der nächsten Prüfung und in der „Nacht der langen Messer" mit zwei Überquerungen des berühmt-berüchtigten Col de Turini äußerst vorsichtig und bringt seinen ersten IRC-Sieg über die Ziellinie. Er ist damit der 19. Sieger der Intercontinental Rally Challenge seit Gründung der Serie im Jahr 2007. Zugleich ist es der 21. Erfolg für Peugeot.

Rang zwei geht an Škoda-Pilot Freddy Loix. Peugeot-Sportwagen-Star Stéphane Sarrazin ist mit vier Bestzeiten der schnellste Fahrer der „Monte" und liegt nach der letzten Wertungsprüfung auf dem dritten Rang. Da Sarrazin jedoch nur zu einem Gastspiel in den Seealpen angetreten ist, stempelt er an der letzten Zeitkontrolle zu spät ein und schenkt damit den dritten Rang seinem Markenkollegen Guy Wilks, der die komplette Saison bestreitet. François Delecour, der am letzten Tag das Tempo der Konkurrenz in den aktuelleren Fahrzeugen nicht mitgehen kann, ist mit Rang fünf nach seiner langen Rallye-Pause mehr als zufrieden.

Überglücklich ist jedoch Bryan Bouffier, der mehr als ein Jahrzehnt auf diesen Erfolg warten musste. „Am Ende lastete ein Riesendruck auf mir", gesteht der Franzose nach der Siegerehrung. „Denn die Konkurrenz war hier extrem stark und die Bedingungen waren äußerst schwierig. Ich freue mich ganz besonders für das Team von Peugeot Frankreich, das eine super Arbeit geleistet hat. Ein ‚Monte'-Sieg hat eine ganz besondere Magie. Vielleicht werde ich so etwas in meiner Karriere nie wieder erleben."

02 Juhu, Juho!

Auf den Kanarischen Inseln feiert der Finne Juho Hänninen seinen ersten Sieg auf Asphalt. Der IRC-Champion von 2010 muss bis zuletzt hart um den Triumph kämpfen

Dreimal wechselt die Führung bei der Rallye Kanarische Inseln, vier verschiedene Piloten fahren Bestzeiten. Die anspruchsvolle Asphalt-Rallye, deren Prüfungen im Bergland der Ferieninsel Gran Canaria bis auf eine Höhe von 1.400 Metern führen, ist bis zuletzt hart umkämpft. Noch vor der zwölften und letzten Wertungsprüfung liegen mit den beiden Škoda-Piloten Juho Hänninen und Jan Kopecký sowie Thierry Neuville im Peugeot die drei besten Fahrer innerhalb von nur sechs Sekunden.

Eine zweitbeste Zeit reicht Juho Hänninen, um sich den Sieg mit nur 1,5 Sekunden Vorsprung zu sichern. Für den 29 Jahre alten IRC-Champion von 2010 ist es der sechste IRC-Sieg und sein erster auf Asphalt. „Es hat lange gedauert, bis ich auf Asphalt gesiegt habe. Und es war ein hart umkämpfter Erfolg, denn niemand hat hier Fehler gemacht. Ich musste mich bis zum Ende konzentrieren", erklärt der Finne, der 2011 ein Doppelprogramm aus IRC und SWRC bestreitet und auch in der SWRC zu den Titelkandidaten zählt.

Vorjahressieger Jan Kopecký, der die Rallye sieben Prüfungen lang angeführt hatte, sorgt mit Rang zwei für einen Škoda-Doppelsieg. Zugleich zeigt sich der

9 SEKUNDEN
trennen nach dem ersten von zwei Rallye-Tagen den Viertplatzierten Freddy Loix (Foto) von dem Führenden Jan Kopecký, beide Škoda. Dazwischen liegen Peugeot-Pilot Thierry Neuville und Juho Hänninen (Škoda).

Tscheche als guter Verlierer. „Natürlich sind wir enttäuscht, die Rallye so knapp zu verlieren. Doch Juho hat den Sieg wirklich verdient. Mein Aufschrieb war hier nicht präzise genug, und ich glaube, das war der Grund, warum wir auf der neunten Prüfung die Führung verloren haben."

Mit Rang drei verbucht der Belgier Thierry Neuville sein bisher bestes IRC-Resultat. Mit einer Bestzeit auf der neunten Wertungsprüfung übernimmt er kurzzeitig die Führung. Aber auf der folgenden Prüfung sind die Reifen durch die Attacke zuvor zu stark abgenutzt, Neuville verliert Zeit und dreht sich in einer Spitzkehre. „Juho und Jan waren am Ende zu schnell, aber wir haben uns Mühe gegeben, ihnen zu folgen", kommentiert der 22 Jahre junge Peugeot-Pilot, der erstmals mit Nicolas Gilsoul als Beifahrer antritt. „Die Rallye hat viel Spaß gemacht und ich habe eine Menge gelernt."

Bryan Bouffier, der Sieger der Rallye Monte Carlo, kann hingegen das Tempo der Konkurrenz nicht mitgehen: Er hadert mit der Abstimmung seines Peugeot 207 S2000 und findet nicht das richtige Selbstvertrauen. Am Ende kommt er nur als Siebter ins Ziel und gibt damit seine Tabellenführung ab.

Mit seinem Sieg auf der Atlantikinsel übernimmt Juho Hänninen die Führung in der Fahrer-Meisterschaft. Mit sechs Siegen zieht er zudem in der ewigen Bestenliste der IRC mit dem Belgier Freddy Loix gleich. Arbeitgeber Škoda rückt zudem an die Spitze der Hersteller-Wertung vor. „Wir haben damit ein gutes Fundament für den Titelkampf geschaffen", freut sich Škoda-Motorsportchef Michal Hrabánek.

Auch Juho Hänninen jubelt: „Es ist einfach toll, besser als im vergangenen Jahr abzuschneiden und mit Jan Kopecký gleichzeitig den Vorjahressieger und meinen Teamkollegen zu schlagen."

Neuer Copilot – Thierry Neuville wird mit Nicolas Gilsoul im Peugeot Dritter

Jan Kopecký, Zweitplatzierter im Škoda Fabia S2000

„Es war ein toller Kampf bis zum Ende der Rallye. Juho Hänninen ist geflogen und er hat sich den Sieg wirklich verdient"

Pinnwand Rallye Kanarische Inseln

1 Aufholjagd – Guy Wilks ist nach einem Dreher Siebter und kämpft sich noch auf Platz fünf vor **2** Achter – Bruno Magalhães (Peugeot) fehlt nach einem Unfall in Monte Carlo Selbstvertrauen **3** Punkte für Proton – Giandomenico Basso belegt Rang neun

Rekord-Sieger

Der 22 Jahre alte Belgier Thierry Neuville feiert auf Korsika im Peugeot 207 S2000 als bisher jüngster Fahrer einen IRC-Sieg

Er gilt als der aufstrebende Star in der IRC-Serie. Der erst 22 Jahre alte Belgier Thierry Neuville besticht in der Saison 2011 mit guten Leistungen. Nach seinem dritten Rang auf den Kanarischen Inseln reist er hoch motiviert nach Korsika, er will auf den schmalen Asphalt-Gässchen der Mittelmeerinsel wieder glänzen. Und Neuville macht seine Arbeit perfekt. Nach zwei Rallye-Tagen und 180 Kilometern rollt der Peugeot-Pilot als Sieger über die Rampe. Bereits bei seinem zehnten IRC-Einsatz ist ihm der Durchbruch gelungen. Für Neuville, der fünf Läufe in der Junior-WM bestritten hat, ist es der zweite Erfolg nach seinem JWRC-Sieg in Bulgarien im Vorjahr. Und damit sein bislang größter Triumph – denn auf Korsika muss sich Neuville gegen die stärksten Fahrer in der IRC durchsetzen.

Bereits auf der ersten Prüfung erobert Neuville die Führung und baut sie aus. Nur einmal schiebt sich Peugeot-Pilot Bryan Bouffier für eine Wertungsprüfung auf die Spitzenposition, dann kontert Neuville. Der Youngster aus Belgien startet mit einem Vorsprung von 23 Sekunden in den dritten und letzten Tag der Rallye. Aus Sorge, den Sieg noch auf den letzten Prüfungen zu verlieren, nimmt er zwei Reserveräder mit.

Lange Testfahrt auf Asphalt – Toshi Arai belegt im Subaru Impreza WRX R4 den 13. Gesamtrang

Debüt des Subaru Impreza WRX R4

Ab der Rallye Korsika ist Subaru in der IRC-Serie bei ausgewählten Rallyes mit dem Subaru Impreza WRX nach dem neuen R4-Reglement vertreten. Die Fahrer sind Toshi Arai, 44 Jahre, ehemaliger Gruppe-N-Weltmeister, sowie Fumio Nutahara, 47 Jahre, ebenfalls routinierter PWRC-Fahrer. Beide Piloten vertrauen auf Yokohama-Reifen. Mit dem R4-Reglement, das Gewichtseinsparungen sowie Modifikationen an Motor, Aufhängung und Kühlung erlaubt, will der Motorsport-Weltverband FIA die Konkurrenzfähigkeit der seriennahen Fahrzeuge gegenüber den stärkeren Super-2000-Autos verbessern. Toshi Arai beendet das Debüt des Subaru Impreza R4 auf Rang 13. „Diese Rallye ist für uns eine sehr lange Testfahrt", so der Japaner. „Jedes Mal, wenn wir ins Auto steigen, versuchen wir, Verbesserungen zu finden. Wir wissen, dass wir auf Schotter stark sein können. Doch auf Asphalt haben wir noch Nachholbedarf."

Bei Pizza und Pastis – Rallye-Fans vor einer typisch korsischen Dorfkneipe

Bestzeit fahren Guy Wilks, Bryan Bouffier und Andreas Mikkelsen.

Auf den korsischen Bergstraßen zeigt sich vor allem Asphalt-Spezialist Jan Kopecký als große Gefahr für Neuville. Der Tscheche arbeitet mit seinen Škoda-Technikern gut zusammen und verbessert das Handling seines Fabia S2000. Er fährt zwar Top-Zeiten, kann jedoch Neuville nicht mehr von der Spitze verdrängen.

Auch der Belgier Freddy Loix, traditionell schnell auf Asphalt und ein guter Kenner der Rallye Korsika, kann nicht um seinen siebten IRC-Sieg kämpfen. „Die anderen Fahrer waren zu schnell für mich. Ich hatte einfach nicht das richtige Gefühl. Am Auto lag es nicht, aber ich konnte nicht mithalten", erklärt „Fast Freddy". „Deshalb habe ich mich darauf konzentriert, Punkte für die Meisterschaft zu sammeln." Die Taktik geht auf: Mit Rang vier holt Loix 15 Punkte und baut seinen Tabellenvorsprung auf fünf Zähler aus.

Thierry Neuville ist glücklich und zugleich überrascht über seinen Sieg: „Ein unglaubliches Ergebnis nach einer so langen Rallye. Ich hätte nie gedacht, dass ich bereits so früh in der IRC-Serie siegen kann. Vor allem hätte ich es mir nie erträumt, auf Korsika zu gewinnen." Ein Dank gilt seinem

Das zusätzliche Gewicht beeinträchtigt jedoch das Handling seines Peugeot 207 S2000. Thierry Neuville verliert zunächst Zeit, gibt jedoch auf der nächsten Prüfung alles und verteidigt mit Bestzeiten auf den folgenden drei Prüfungen seine Spitzenposition.

Auf den insgesamt 13 Wertungsprüfungen gehen acht Bestzeiten an Neuville, zweimal ist Jan Kopecký Schnellster, je eine

Teamwork – mit einer veränderten Abstimmung sichert sich Jan Kopecký Rang zwei

neuen Beifahrer Nicolas Gilsoul, mit dem er erst den zweiten Einsatz bestreitet: „Wir haben zusammen einen tollen Job gemacht. Überall dort, wo ich unserem Aufschrieb vertraut habe, bin ich Vollgas gefahren. Auf schwierigen Passagen habe ich das Tempo zurückgenommen und nichts riskiert."

Neuville ist nicht nur der jüngste Sieger in der IRC – ein Rekord, den bis dato Anton Alén nach seinem Sieg in Russland im Jahr 2007 im Alter von 24 Jahren hielt. Neuville ist zugleich der jüngste Sieger in der Geschichte der Rallye Korsika. Weniger als vier Jahre hat der Belgier für seinen Aufstieg gebraucht. Erst Ende 2007 gewann er eine Nachwuchssichtung des Belgischen Automobilclubs RACB. Er startete daraufhin in der Ford Fiesta ST Trophy und entschied 2009 die Citroën Racing Trophy in seiner Heimat für sich. Erst 2010 folgten der internationale Aufstieg und der erste JWRC-Sieg. Im gleichen Jahr gab er sein IRC-Debüt im Peugeot 207 S2000 des Teams Peugeot Belgien-Luxemburg beim Heimlauf in Ypern.

Viel Lob gibt es von Frédéric Bertrand, dem Manager der Peugeot-Kundensport-Abteilung: „Thierry war hier außergewöhnlich stark. Und er ist erst 22 Jahre alt. Vor ihm liegt eine großartige Zukunft."

5,2

MILLIONEN ZUSCHAUER verfolgen die Rallye Korsika auf Eurosport und Eurosport 2. Der Sport-Sender überträgt fünf Prüfungen live und zeigt Zusammenfassungen.

Pierre Campana aus Korsika nach Platz vier beim Heimspiel im Peugeot 207 S2000

„Wir wollten die Rallye als Türöffner nutzen, um unser Potenzial gegen die starke Konkurrenz aufzuzeigen"

Unfall – Alt-Star Ari Vatanen verletzt sich bei einem Crash im Vorausfahrzeug

Pinnwand Rallye Korsika

1 Schlapper Favorit – Patrik Sandell hadert mit einem Differenzialdefekt. Fazit: Platz neun und zwei Punkte **2** Höhen und Tiefen – Bryan Bouffier und Copilot Xavier Panseri führen, verlieren Zeit durch einen Reifenschaden, holen auf und fallen auf der letzten Prüfung nach einem Unfall aus **3** Aus nach Ausritt – Peugeot-Pilot Guy Wilks **4** Trotz Bremsproblemen sechs Punkte – Julien Maurin wird im Ford Fiesta Siebter

Der Triumph für Ihr Bücherregal

Mit drei Siegen hintereinander schreibt Volkswagen bei der Rallye Dakar, dem härtesten Motorsport-Marathon der Welt, Geschichte. Der letzte Triumph im Januar 2011 bedeutet gleichzeitig das Ende einer Ära: Die Wolfsburger kehren der Wüste den Rücken und bereiten sich auf ihren Einstieg in die Rallye-WM 2013 vor. Autor Helge Gerdes hat Team und Fahrer zusammen mit den besten Motorsport-Fotografen jahrelang durch Afrika und Südamerika begleitet. Im offiziellen Volkswagen-Buch zur Dakar beschreibt er mit Fakten, Anekdoten und Erlebnissen eindrucksvoll den Weg der Mannschaft um Kris Nissen auf den Olymp des Marathon-Rallyesports. Spektakuläre Bilder, exklusive Blicke hinter die Kulissen und eine detaillierte Statistik lassen die „Ära Volkswagen" noch einmal Revue passieren.

Erhältlich im Buchhandel und unter www.racing1.de/shop

29,90 €

3 – Volkswagen-Siege bei der Rallye Dakar

Autor	Helge Gerdes
Abbildungen	Mehr als 160 Farbfotos
Format (B x H)	225 x 270 mm, Hardcover
Umfang	144 Seiten
ISBN	978-3-940672-35-3

speedpool

Bernhard-Nocht-Straße 99
20359 Hamburg

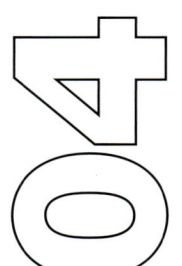

Selbst ist der Mann

Mit 21 Jahren ist der Norweger Andreas Mikkelsen einer der jüngsten Fahrer in der IRC-Serie. Als der Škoda-Pilot in Yalta in Schwierigkeiten ist, beweist er echten Durchsetzungswillen

Seit 2010 startet der junge Norweger Andreas Mikkelsen in der IRC-Serie. Im Debüt-Jahr glänzte er mit Rang zwei in Schottland und dem Gewinn der Super-Stage „Cyprus Golden Stage" auf Zypern. In seiner zweiten Saison will er endlich seinen ersten Sieg feiern. Denn Mikkelsen hat große Vorbilder, schließlich wird der Junior vom zweimaligen Rallye-Weltmeister Marcus Grönholm gefördert.

Bei der Rallye Yalta, wenige Wochen vor seinem 22. Geburtstag, kann Mikkelsen zwar nicht um den Sieg kämpfen, aber mit drei Bestzeiten sein Potenzial aufzeigen. Juho Hänninen im Škoda und Bryan Bouffier im Peugeot, die an der Spitze um den Sieg kämpfen, sind bereits zu weit enteilt. Mikkelsen hingegen hat schon am ersten Tag durch einen Reifenschaden rund 90 Sekunden verloren und ist vom vierten auf den achten Rang zurückgefallen. Danach zeigt er eine starke Aufholjagd und duelliert sich am letzten Tag mit dem Peugeot-Piloten Guy Wilks um den dritten Platz auf dem Podium. Bis auf 12,9 Sekunden

„Ich habe bei dieser Rallye mein Gehirn benutzt und versucht, Reifenschäden zu vermeiden"

Sieger Juho Hänninen

rückt der Norweger an Wilks heran. Doch dann fliegt er ab und beschädigt das Heck seines Škoda Fabia S2000 an einem Baum. Der Norweger kämpft zusammen mit seinem Copiloten Ola Floene, um die Rallye fortsetzen zu können. Teile der Karosserie klemmen jedoch den Reifen ein und blockieren den Auspuff. Kurzerhand wickelt Mikkelsen ein Abschleppseil um einen Laternenpfahl, setzt sich ins Auto, gibt Gas und biegt so die Blechteile zur Seite. „Ich kam mit dem Hammer nicht weiter, ich brauchte etwas Größeres und Stabileres – und sah dann den Laternenmasten", erklärt Mikkelsen seine brachiale Reparaturmethode.

Da die Lücke zu Jan Kopecký nun bereits 22,3 Sekunden beträgt, muss sich Mikkelsen mit Rang vier zufriedengeben. „Wir hatten hier einfach ein bisschen Pech", gibt

Pinnwand Rallye Yalta

1 Motorschaden – Giandomenico Basso ist zwischendurch Fünfter, stellt seinen Proton aber am zweiten Tag ab **2** Guter Einstand im Škoda – Karl Kruuda fährt bei seinem ersten IRC-Start im Allradler auf Rang acht **3** Bester Peugeot-Fahrer – Guy Wilks belegt Platz fünf

4 **BESTZEITEN** gehen auf das Konto des Peugeot-Piloten Thierry Neuville. Nach einem Highspeed-Abflug und einem Reifenschaden ist für den Belgier nicht mehr als Platz sechs drin.

Proton-Pannen – Giandomenico Basso, „PG" Andersson und Lokalmatador Oleksandr Saliuk (Foto) fallen aus

er zu. „Ein Reifenschaden am zweiten Tag. Dann hatten wir am letzten Tag eine fast perfekte Prüfung. Nur 200 Meter vor dem Prüfungsziel war mehr Schotter auf der Strecke als erwartet und wir flogen ab. Und dann hatten wir noch einen Dreher auf der letzten Prüfung. Wir haben jetzt den Speed, um ganz vorne mitzukämpfen", erklärt der Norweger. „Ich habe in Yalta sehr viel gelernt."

Eines ist Mikkelsen zudem gelungen: Er hat auf sich aufmerksam gemacht. Für seine ungewöhnliche Reparatur-Methode erhält er die „Colin McRae IRC Flat Out Trophy", die bei jeder IRC-Rallye als Auszeichnung für besondere Leistungen verliehen wird. Und bei der Rallye Finnland in der Weltmeisterschaft wird er von Volkswagen Motorsport-Direktor Kris Nissen ins Team berufen, um beim Testlauf der neuen Volkswagen-Mannschaft einen Škoda Fabia zu pilotieren.

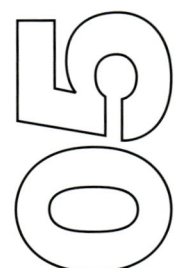

Der König von Belgien

Freddy Loix im siebten Himmel: Der Lokalmatador gewinnt zum siebten Mal sein Heimspiel in Ypern. Zudem zieht er mit sieben IRC-Siegen mit Škoda-Mann Juho Hänninen in der ewigen Bestenliste gleich

Gleich zu Beginn der Rallye Ypern machen die Konkurrenten von Freddy Loix lange Gesichter: Sechs Bestzeiten in Folge erringt der Škoda-Pilot und hat bereits nach dem ersten von drei Rallye-Tagen einen Vorsprung von 36,7 Sekunden auf Peugeot-Pilot Guy Wilks. Die dahinter folgenden Peugeot-Fahrer, der sechsmalige Belgische Meister Pieter Tsjoen und „Monte-Sieger" Bryan Bouffier, liegen sogar 54 und 58 Sekunden zurück.

Zu diesem Zeitpunkt ist Loix' größter Gegner bereits aus dem Rennen: Das belgische Wunderkind Thierry Neuville, das zwei Rallyes zuvor auf Korsika seinen ersten Sieg gefeiert hat, scheidet auf der ersten Prüfung aus, als das rechte Vorderrad in einer Linkskurve bricht. Neuville muss noch einen Kilometer mit der defekten Felge fahren, bis er einen sicheren Platz für den Radwechsel findet. Doch dann ist bereits ein Bolzen an der Aufhängung zerstört, sodass eine Weiterfahrt nicht möglich ist.

Auch der junge Norweger Andreas Mikkelsen ist kein Konkurrent mehr. Er rutscht in einen Graben. Beim Versuch, wieder auf die Strecke zu gelangen, trifft er mit seinem Škoda einen Betonblock und beschädigt die Aufhängung.

„Ich bin natürlich über den ersten Tag sehr glücklich", strahlt Freddy Loix im Etappenziel. „Aber andererseits kann ich auch

„Wir sind im Ziel, aber wir haben nicht das gewünschte Ergebnis. Wir hatten hier einfach kein Glück"

Peugeot-Pilot Guy Wilks nach seinem vierten Platz bei der Rallye Ypern

Gastspiel – Felix Herbold und Kevin Zemanik belegen im Ford Fiesta S2000 nach Reifenschäden am ersten Tag den 21. Platz

125

TEILNEHMER rollen bei der Rallye Ypern 2011 über die Startrampe. Der Klassiker in Belgien hat dank schöner Strecken und einer guten Organisation viele Fans.

nicht richtig stolz auf mich sein, denn einige der richtig starken Jungs, mit denen ich kämpfen könnte, sind aus dem Rennen. Aber das gehört zum Rallye-Sport."

An den folgenden beiden Tagen muss Loix seinen Vorsprung nur noch verwalten, er fährt zwar schnelle Zeiten, gewinnt aber keine Prüfungen mehr.

Am nächsten Tag schrumpft Loix' Verfolgerfeld weiter zusammen: Guy Wilks fährt zwar eine Bestzeit, verliert aber Zeit durch einen doppelten Reifenschaden und fällt auf Rang elf zurück. Trotz eines schleichenden Plattfußes, der einen Dreher auslöst, und eines weiteren Reifenschadens zeigt er eine beeindruckende Aufholjagd, die ihn bis zum Ende auf Rang fünf vorbringt. Einen Monat später rückt Wilks noch einen Platz vor: Denn Bryan Bouffier, der in Ypern den zweiten Platz belegt hat, wird aus der Wertung gestrichen, da in seinem Peugeot Teile der Lenkung nicht reglementskonform waren.

Auch der aktuelle Belgische Champion Pieter Tsjoen erreicht das Ziel nicht. Er liegt auf Rang drei, als er auf dem Weg zur elften von insgesamt 18 Wertungsprüfungen auf der Verbindungsetappe anhält und beim Weiterfahren einen Metallpfosten so unglücklich trifft, dass der Kühler beschädigt wird. Bis dahin war Tsjoen zufrieden mit dem Verlauf der Rallye. „Ich hatte nicht erwartet, gegen diese ganzen Profis so gut auszusehen", erklärt der Belgier. „Denn ich habe den Peugeot lange nicht gefahren,

Jan Kopecký nach Unfall nicht am Start

Enttäuschung für den Škoda-Werkspiloten Jan Kopecký und seinen Beifahrer Petr Starý: Das Duo, das als Tabellenzweiter zur Rallye Ypern gereist ist, muss seine Teilnahme im Škoda Fabia S2000 wenige Stunden vor dem Start absagen. Nach einem Unfall im Shakedown am Donnerstag klagt Beifahrer Petr Starý über starke Schmerzen im Schlüsselbein. Als die Schmerzen am Freitag noch stärker werden, wird ein Bruch des Schlüsselbeins festgestellt. Damit muss das Team auf den Start verzichten. Kopecký, der in den vergangenen beiden Jahren in Ypern zwei zweite Plätze erzielt hatte, zählte in Belgien zu den Favoriten auf den Sieg. „Wir hatten sehr gute Chancen. Deshalb ist die Enttäuschung natürlich groß", kommentiert der Asphalt-Spezialist aus Tschechien. „Aber Petrs Gesundheit hat für uns Vorrang."

Absage nach einem Crash im Shakedown – Jan Kopecký ist in Ypern nur Zuschauer

Erst Zweiter, dann disqualifiziert – Bryan Bouffier sammelt keine Punkte

zudem ist es die erste Rallye mit meiner Beifahrerin." Copilotin Lara Vanneste war kurzfristig eingesprungen, nachdem sich Stammbeifahrer Eddy Chevalier wenige Tage zuvor bei einem Unfall in Griechenland Rückenverletzungen zugezogen hatte. Tsjoen und Vanneste versuchen noch, das Leck am Kühler abzudichten, scheitern jedoch. Sieben Prüfungen vor dem Ziel müssen sie ihr Auto abstellen.

Mit Rang zwei gelingt dem Niederländer Hans Weijs jr. ein beeindruckendes Debüt in der IRC-Serie. Der Junior, der normalerweise in der WRC Academy startet, hat den Škoda Fabia S2000 nur zwei Stunden lang getestet und kommt mit dem Fahrzeug gut klar.

Für Freddy Loix ist der siebte Sieg in Ypern und der siebte IRC-Triumph fast schon Routine. „Es war eine eigenartige Rallye", gibt der ehemalige WM-Pilot zu. „Denn wir lagen frühzeitig gut in Führung, die wir dann zwei Tage lang verteidigen mussten. Das war nicht einfach. Natürlich freue ich mich über den Erfolg, aber ich hätte lieber dafür gekämpft." Mit dem Sieg beim IRC-Heimspiel übernimmt Loix die Führung in der Tabelle.

Siege und Tabellenführung zählten für Loix lange nicht zum Arbeitsalltag: Von 1993 bis 2004 bestritt er 89 Rallye-WM-Läufe als Werksfahrer für Toyota, Peugeot, und Hyundai. Dreimal schaffte er es aufs Podium, doch ein Sieg in der Rallye-WM blieb ihm verwehrt. Nachdem seine Karriere bereits zu Ende schien, startete „Fast Freddy" in der IRC-Serie durch. 2006 gab er ein Gastspiel mit einem privaten Citroën C2 S1600. Im Jahr darauf absolvierte er fünf Starts im Fiat und Volkswagen. 2008 schaffte er in der IRC endlich das, was ihm in der WM nie gelungen war – den ersten Sieg –, und er wurde Vizemeister.

2010 startete Loix mit einem Sieg in Ypern verspätet in die Saison. Er schaffte es, mit insgesamt drei Siegen zu den Titelfavoriten zu zählen, wurde aber nur Dritter. 2011 ist seine Position besser: Schließlich hat „Fast Freddy" bereits bei drei Einsätzen zuvor satt gepunktet. „Ich war enttäuscht, dass ich nicht in der Ukraine starten konnte. Ich versuche jetzt einfach, jede Rallye zu gewinnen, bei der ich starte, und so am Ende den Titel zu holen", gesteht er.

Einziger Proton im Ziel – „PG" Andersson auf Rang 18

Pinnwand Rallye Ypern

1 Abschied – Jasper van den Heuvel bestreitet seine erste Rallye nach einem Unfall bei der ADAC Rallye Deutschland. Beifahrerin Martine Kolman beendet ihre Karriere **2** Grund zur Freude – Luca Rossetti wird trotz Drehers und zwei Reifenschäden im Fiat Siebter **3** Starker Zweiter – Hans Weijs jr. im Škoda **4** Aus auf der Verbindungsetappe – Pieter Tsjoen lädiert beim Ausparken den Kühler an einem Pfosten

Gegner nass gemacht

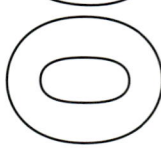

Bei der Azoren-Rallye setzt Škoda seine Dominanz mit dem vierten Sieg in sechs Rallyes fort. Auf den Schotterstrecken der Atlantik-Insel feiert IRC-Titelverteidiger Juho Hänninen bereits seinen dritten Saisonsieg

Auf den Azoren muss Juho Hänninen um seinen dritten Saisonsieg hart kämpfen. Nach dem zweiten Rallye-Tag folgt ihm sein Škoda-Markenkollege Andreas Mikkelsen mit nur 1,3 Sekunden Rückstand dicht auf den Fersen.

Im dichten Nebel fährt der erst 22 Jahre alte Andreas Mikkelsen auf der ersten Wertungsprüfung der Abschlussetappe eine Bestzeit und übernimmt mit 2,7 Sekunden Vorsprung die Führung, obwohl er bei einem Ausritt in eine Böschung das linke Hinterrad beschädigt hat. Danach geht Mikkelsen vorsichtiger zu Werke. Juho Hänninen, der in der Saison 2011 ein Doppelprogramm aus SWRC und IRC bestreitet, attackiert und erobert die Führung zurück.

Mikkelsen gewinnt die folgende Wertungsprüfung, zwei WPs vom Ziel der Rallye entfernt sind die beiden Škoda-Piloten nur durch 10,9 Sekunden getrennt. Der spannende Fight ist jedoch dem Teamchef von Mikkelsen zu brenzlig: Er gibt dem schnellen Junior die Anweisung, die Attacke auf Hänninen zu beenden und seine Platzierung bis ins Ziel zu halten. „Ich bin

48

PUNKTE Vorsprung hat Škoda nach dem Dreifachsieg auf den Azoren in der Marken-Wertung. In der Fahrer-Meisterschaft liegt Juho Hänninen mit 13 Zählern vorn.

Geschenk. Mit dem achten Sieg seiner IRC-Karriere übernimmt er wieder die Tabellenführung und ist zugleich der erfolgreichste Pilot in der Geschichte der Serie. Mit seinem dritten Saisonsieg ist der aktuelle Champion auf dem Weg, den Titel zu verteidigen. Auch in der SWRC, wo er ebenfalls mit einem Škoda Fabia S2000 antritt, zählt Hänninen zu den Titelkandidaten.

In der IRC-Serie ist der Škoda Fabia S2000 in der Saison 2011 erneut das Maß der Dinge. „Das Fahrzeug ist sehr zuverlässig", erklärt Hänninens Beifahrer Mikko Markkula das Erfolgsrezept. „Außerdem stimmt die Leistung."

Bei Peugeot ist die Enttäuschung groß: Bryan Bouffier als bester Peugeot-Pilot auf Rang vier trennen mehr als dreieinhalb Minuten von Sieger Hänninen. Guy Wilks scheidet mit einem Aufhängungsdefekt aus, Vorjahressieger Bruno Magalhães ist zu Beginn der letzten Etappe Dritter, muss aber mit einem Differenzialschaden aufgeben. „Wir wussten, dass wir nicht in der Favoritenrolle sein würden", so Frédéric Bertrand, Peugeot-Kundensport-Manager. „Aber wir hatten erwartet, um eine Top-Platzierung zu fahren, und das war nicht der Fall. Ein frustrierendes Wochenende, denn wir hatten nicht die Mittel, mit unseren Gegnern zu kämpfen. Der IRC-Kalender umfasst zwei Schotter-Events mehr als 2010, deshalb müssen wir schnell reagieren. Im vergangenen Jahr haben wir zum Saisonende auf Asphalt aufgeholt. Wir haben die Ressourcen, die Leute, die Ideen und die Möglichkeiten, das Gleiche auf Schotter zu tun. Schließlich hat Bryan Bouffier noch Titelchancen."

Sportler und ich möchte immer siegen", so Mikkelsen. „Aber manchmal muss man Dinge aus einer anderen Perspektive sehen. Diese Rallye war wichtig für Škoda und mein Team brauchte den ersten Podiumsplatz. Mit dem zweiten Rang habe ich immerhin viele Punkte gesammelt."

Damit bekommt Juho Hänninen, der neun Tage nach der Rallye seinen 30. Geburtstag feiert, ein verfrühtes

„Juho war unglaublich schnell, wir konnten nichts machen. Vielleicht beim nächsten Mal"

Škoda-Pilot Andreas Mikkelsen (rechts), hier mit Copilot Ola Floene

Pinnwand Rallye Azoren

1 Ausfall mit Differenzialdefekt – Vorjahressieger Bruno Magalhães im Peugeot **2** Bestes IRC-Ergebnis seiner Karriere – Patrik Sandell wird im Škoda Fabia S2000 Fünfter **3** Bestes seriennahes Fahrzeug – Ricardo Moura im Mitsubishi Lancer Evolution auf Platz sechs

Unbekanntes Terrain

2010 waren Matthias Kahle und Mark Wallenwein im Škoda Fabia S2000 in der Deutschen Rallye-Meisterschaft erfolgreich. Bei der Barum-Rallye starten sie für Škoda Deutschland ihren ersten von vier IRC-Einsätzen

Die Barum-Rallye in Tschechien gilt als das Heimspiel für das Škoda-Werksteam und als einer der Höhepunkte der IRC-Saison. Nicht weniger als 122 Teams haben genannt, darunter 29 Super-2000-Fahrzeuge. 14 Piloten setzen auf den Škoda Fabia S2000. Der siebenmalige Deutsche Rallye-Meister Matthias Kahle und sein Teamkollege Mark Wallenwein starten hier in ihr IRC-Programm. Vier Mal sollen die beiden Piloten bis zum Saisonende antreten.

Während der 42 Jahre alte Routinier Matthias Kahle, der 2010 für Škoda die Rallye-DM gewann, sein IRC-Debüt feiert, hat Mark Wallenwein schon bei der Rallye Monte Carlo seinen ersten Auftritt gehabt.

Auf den anspruchsvollen Asphalt-Strecken in Tschechien spielen die beiden Deutschen nur eine Nebenrolle. Während Matthias Kahle sich nach dem Service zur Halbzeit der ersten Etappe zwischen den Positionen 20 und 28 bewegt, rangiert der 24 Jahre alte Wallenwein zwischen den Plätzen 21 und 25. Kahle schließt den Tag als 22. ab, einen Platz hinter Wallenwein.

Stark gefahren und nur knapp verloren – Freddy Loix im Škoda Fabia S2000

Sechster – trotz zweier Kupplungsschäden und eines Frühstarts sammelt Toni Gardemeister noch Punkte

„Ich habe mich im Fabia wohlgefühlt und dabei versucht, meinen Fahrstil zu modifizieren und schneller zu werden. Das Auto lief perfekt, aber wir lassen für morgen die Stoßdämpfer geringfügig härter einstellen, denn nach vollem Einfedern springt das Auto ein wenig", sagt Matthias Kahle nach Abschluss der ersten Etappe.

Am Ende fahren die beiden Deutschen auf die Plätze 18 und 19. „Mit beiden Fahrern unter den Top 20 bei dieser äußerst selektiven Rallye sind unsere Erwartungen erfüllt worden", erklärt Nikolaus Reichert, Motorsport-Teamchef bei Škoda Auto Deutschland. „Ein elfter und ein zwölfter Platz in zwei der insgesamt 15 Wertungsprüfungen haben zudem deutlich das Potenzial von Mark Wallenwein gezeigt, dem ich bei entsprechender weiterer IRC-Erfahrung auch Platzierungen unter den Top 15 des Gesamtklassements zutraue."

Mark Wallenwein ist zufrieden: „Ich muss daran arbeiten, diese Zeiten häufiger und konstanter zu fahren. Ich glaube, dass ich in den Bremsphasen vor den Kurven noch Verbesserungspotenzial habe. Das gilt es in Zukunft auszuloten."

Für Schlagzeilen sorgen in Tschechien drei andere Škoda-Piloten: Juho Hänninen, Freddy Loix und Jan Kopecký liefern sich einen spannenden Fight um den Sieg. Am Ende triumphiert Kopecký mit 1,2 Sekunden Vorsprung vor seinen Markenkollegen Loix und Hänninen. Für Škoda ist es der zweite Dreifachsieg in Folge. „Die Wiederholung unseres Dreifacherfolges zeigt, dass wir mit dem Fabia S2000 ein gutes Rallye-Auto auf die Räder gestellt haben", freut sich Škoda-Motorsportchef Michal Hrabanek.

Jan Kopecký kann den Triumph ganz besonders genießen: Der letzte Sieg liegt bereits mehr als ein Jahr zurück. Und bei der Barum-Rallye im Vorjahr schied er am letzten Tag in Führung liegend nach einem Fahrfehler aus. Kopecký startet als Führender in den dritten und letzten Tag. Als ein Defekt an der Servolenkung auftritt, sieht er seine Siegeschancen schwinden. Sein 19,7-Sekunden-Vorsprung schmilzt auf 5,6 Sekunden. Zusammen mit Beifahrer Petr Starý kann er das Problem notdürftig beheben, doch Freddy Loix kommt auf den nächsten Prüfungen näher. Angefeuert von

> „Es war toll, vor dieser Kulisse mit einem Škoda zu fahren und die grün-weißen Fahnen zu sehen"

Škoda-Pilot Matthias Kahle nach seinem IRC-Debüt

7

ŠKODA beenden die Barum-Rallye in den Top Ten. Die tschechische Marke feiert beim Heimspiel einen Dreifach-Triumph. Mit einem Vorsprung von nur 1,2 Sekunden siegt Jan Kopecký.

IRC im Fernsehen und auf dem Telefon

Rund 79 Millionen Zuschauer weltweit verfolgen jährlich die Rallyes der IRC-Serie im Fernsehen. Die Spartensender Eurosport und Eurosport 2 bieten den Fans umfassende Zusammenfassungen und von den spannendsten Rallyes sogar eine Live-Berichterstattung. Hinzu kommen Videoclips für Internet und iPhone. Bei der Übertragung des Saisonauftakts in Monte Carlo sitzen sogar 14 Millionen Zuschauer weltweit vor dem Fernseher. Möglich wird die Berichterstattung vor allem durch die enge Zusammenarbeit und gemeinsamen Interessen des Veranstalters Eurosport Events mit dem Fernsehsender Eurosport. In der Saison 2011 probieren die Macher der IRC-Serie neue Technologien aus, so zum Beispiel die SimulCam-Technologie, die auf bestimmten Abschnitten einer WP verschiedene Autos virtuell nebeneinander zeigt und errechnet, wer zu diesem Zeitpunkt führt.

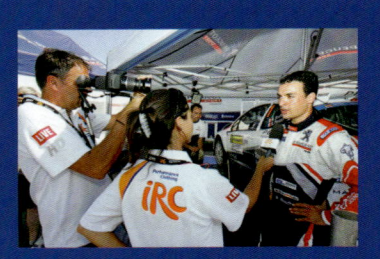

Hautnah dabei – Eurosport bietet eine umfassende Berichterstattung

High-Tech an der Rallye-Piste – Blick in die Regie von Eurosport

den begeisterten tschechischen Fans startet Kopecký mit nur zwei Sekunden Vorsprung in die letzte Prüfung, bewahrt die Nerven und sichert sich den Sieg mit einem winzigen Vorsprung. „Es war ein toller Kampf bis zum letzten Meter", freut er sich. „Ich war nicht nervös und fühlte auch keinen Druck. Es war der beste Sieg meiner Karriere und zugleich bleibe ich im Titelrennen."

Juho Hänninen sorgt mit Rang drei hinter Freddy Loix für einen Škoda-Dreifachsieg. Er hat den Tag zeitgleich mit Loix auf Rang zwei begonnen, aber Zeit durch einen Fahrfehler verloren. Danach entscheidet sich der Tabellenführer, auf einen Angriff zu verzichten und die sicheren Punkte für den dritten Platz mitzunehmen. Vorne sind die Škoda-Piloten wieder unter sich: Der beste Peugeot-Fahrer ist Thierry Neuville auf Rang vier. Er erbt den Platz von „Monte"-Sieger Bryan Bouffier, der am letzten Tag nach einem Unfall ausscheidet.

Erste Punkte im Proton – „PG" Andersson fährt auf den neunten Platz

Pinnwand Rallye Barum

1 Bester Peugeot-Pilot – Thierry Neuville landet auf Rang vier **2** Schneller Junior – Craig Breen, 21 Jahre alt, ist mit Platz sieben der beste Ford-Pilot **3** Tabellenführung behauptet – Škoda-Pilot Juho Hänninen wird trotz eines Ausrutschers Dritter **4** Gast-Start – Ex-WRC-Pilot Roman Kresta holt im Škoda als Achter viele Punkte für die Tschechische Meisterschaft

MIT UNS AUF POLE

Um auf die Pole zu gelangen, müssen alle Parameter passen. Bei Ihren Printprodukten helfen wir gern mit höchster Qualität und Termintreue.

hansmannverlag

SPONHOLTZ
VERLAG · DRUCKEREI · WERBEAGENTUR

www.sponholtz-druck.de

Unter Druck

Die vielleicht schlechteste Entscheidung seiner Karriere: Ende 2010 wechselt Guy Wilks von Škoda zu Peugeot. Nach einem Podiumsplatz beim Saisonstart agiert der Brite glücklos. In Ungarn beklagt er den dritten Ausfall in Folge

Enttäuschung im Gesicht von Guy Wilks: Nach seinem Wechsel von Škoda zu Peugeot erlebt der Brite eine Saison mit Pleiten und viel Pech. Einem Highlight zum Saisonbeginn – Rang drei in Monte Carlo – folgen schwache Resultate und Ausfälle. Nur ein schwacher fünfter Rang auf den Kanarischen Inseln, danach Ausfall durch Crash auf Korsika und ein weiterer undankbarer fünfter Platz in der Ukraine. Nach der Disqualifikation seines Markenkollegen Bryan Bouffier rückt Wilks in Ypern auf Rang vier vor. Danach folgen Ausfälle durch Aufhängungsschaden auf den Azoren und durch eine defekte Lichtmaschine bei der Barum-Rallye in Tschechien.

Vor der Rallye Ungarn fühlt sich der Brite unter Druck. „Wir gehen langsam auf das Saisonende zu. Um so wichtiger ist es für mich, ein gutes Resultat zu erringen", erklärt Wilks. Ende 2010 wechselte er von Škoda zu Peugeot und übernahm das Cockpit seines Landsmannes Kris Meeke, der zu Mini in die Rallye-WM aufstieg. Doch ausgerechnet die Piloten in seinem ehemaligen Team fahren von Sieg zu Sieg. Und bei seinem neuen Arbeitgeber Peugeot stehlen Wilks das 23 Jahre junge Rallye-Küken Thierry Neuville und der Franzose Bryan Bouffier die Show.

„Im Rallye-Sport geht es darum, ein gutes Tempo zu haben. Leider sind wir dazu momentan nicht in der Lage", ärgert sich der Brite. „Das ist einfach frustrierend und wir wollen so schnell wie möglich Änderungen vornehmen. Wir geben immer unser Bestes. Aber Rallyefahren ist ein Sport, bei dem alles für dich läuft, wenn du auf einem Hoch bist."

In Ungarn arbeitet Guy Wilks zu Beginn der Rallye intensiv an der Abstimmung seines Peugeot 207 S2000. Unterdessen spielt sich an der Spitze ein spannender Kampf ab. Bei der Asphalt-Rallye in Ungarn, die

„Wir gaben Vollgas und kamen hier einem Sieg so unglaublich nahe"

Peugeot-Pilot Thierry Neuville in Ungarn

0,8

SEKUNDEN Vorsprung hat Škoda-Pilot Jan Kopecký bei seinem zweiten IRC-Saisonsieg. Das ist die knappste Entscheidung in der Geschichte der IRC-Serie.

Pinnwand Rallye Ungarn

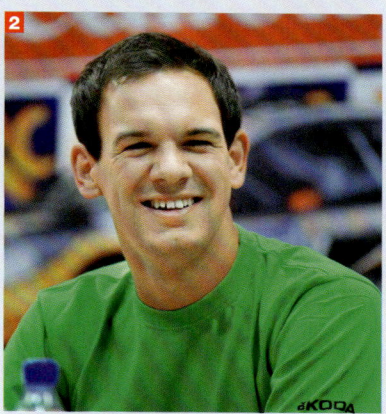

erstmals Teil des IRC-Kalenders ist, übernimmt Škoda-Pilot Andreas Mikkelsen die Führung vor seinem Markenkollegen Jan Kopecký aus dem Škoda-Werksteam und dem Peugeot-Piloten Thierry Neuville. Vierter ist der Belgier Freddy Loix im Škoda.

Guy Wilks startet einen Reifenpoker, der ihm immerhin eine viertschnellste WP-Zeit beschert. Dann ist sein Einsatz auf der fünften Wertungsprüfung beendet: Ein Kühlschlauch löst sich, Wasser strömt aus, der Motor überhitzt – Wilks muss aufgeben. „Etwas platschte auf die Windschutzscheibe", berichtet er. „Als ich den Scheibenwischer einschaltete, realisierte ich, dass es sich um Kühlwasser handelte."

Am zweiten Tag spitzt sich der Kampf um den Sieg zu: Andreas Mikkelsen kracht mit seinem Škoda Fabia gegen einen Baum und fällt aus. Jan Kopecký übernimmt im Škoda die Führung, doch Peugeot-Pilot Thierry Neuville liegt vor der letzten Prüfung nur 8,1 Sekunden zurück. Der junge Belgier fährt auf der Abschlussprüfung zwar die Bestzeit, muss sich aber im Kampf um den Sieg um nur 0,8 Sekunden geschlagen geben. Damit feiert Jan Kopecký seinen zweiten Saisonsieg. Und Guy Wilks? So viel vorweg: Beim nächsten Lauf in San Remo fällt der 30 Jahre alte Rallye-Profi bereits auf der ersten Wertungsprüfung nach einem Unfall aus.

PS-Parade – die Top-Fahrzeuge vor dem Start in Ungarn

1 Vorzeitiges Aus – Felix Herbold muss aufgeben **2** Zufrieden – Mark Wallenwein steigert sich seit der Barum-Rallye und belegt im Škoda Fabia S2000 Rang 14 **3** Starkes Gastspiel – Beppo Harrach fährt im Mitsubishi auf Platz zehn **4** Test mit Ersatz-Beifahrer – Hermann Gaßner jr. belegt beim Gastspiel mit Beifahrer Timo Gottschalk Rang fünf

Gelbsucht

Seit 2009 starten die gelben Proton Satria S2000 in der IRC-Serie. Doch auch in der dritten Saison wartet die malaysische Marke noch auf den Durchbruch

5 MAL wechselt die Führung in San Remo. Auf neun der 13 Prüfungen liegt Škoda-Pilot Andreas Mikkelsen vorn. Doch der 22 Jahre alte Norweger verpasst seinen allerersten IRC-Sieg um hauchdünne 1,5 Sekunden.

Nach acht von elf IRC-Rallyes liegt der malaysische Hersteller Proton nur auf dem sechsten Rang der Markenwertung. Auch in der Fahrer-Meisterschaft sieht es nicht viel besser aus: Highlights des Jahres sind jeweils ein neunter Rang von Giandomenico Basso auf den Kanarischen Inseln und von „PG" Andersson bei der Barum-Rallye.

In der dritten Saison in der IRC hat Proton den Anschluss an die Top-Teams mit den starken Super-2000-Fahrzeugen nicht geschafft. Technische Defekte plagen den Proton Satria S2000, der vom kleinen britischen MEM-Team eingesetzt wird. Immer wieder tauchen Probleme an Elektronik und Motoren auf. Zwar hat das MEM-Team in der Asien-Pazifik-Rallye-Meisterschaft mit Proton den Titel sicher, doch die Konkurrenz ist dort längst nicht so stark wie in der IRC.

Vor der Rallye San Remo hofft Giandomenico Basso wenigstens auf ein gutes Resultat bei seinem Heimspiel. „Die Mann-

„Ich möchte mich beim Team für meinen Fehler entschuldigen. Wir fühlten uns fantastisch und wir führten ..."

Freddy Loix, der in Führung liegend nach einem Unfall ausfällt

schaft arbeitet hart, um Abstimmung und Motor zu verbessern. Es wäre wichtig, mit beiden Autos ins Ziel zu kommen", so der Italiener. „Wenn wir ein paar Punkte holen könnten, wäre das fantastisch."

Doch „PG" Andersson fällt bereits am ersten Tag mit einem Elektronikschaden aus. Basso kämpft. Nach vier Prüfungen trennen ihn nur 22 Sekunden von den Škoda-Piloten Andreas Mikkelsen und Freddy Loix sowie Thierry Neuville im Peugeot an der Spitze. Ein Dreher kostet Basso wichtige Sekunden. Ein Ausfall der Gegensprechanlage wirft ihn schließlich weit zurück. Weitere Frustration bringt ein Lichtmaschinendefekt. Basso gibt nicht auf und erreicht das Ziel als Zehnter. Ganze 7.26,9 Minuten schneller ist der junge Belgier Thierry Neuville, der über seinen zweiten Saisonsieg mit nur 1,5 Sekunden Vorsprung vor Andreas Mikkelsen jubelt. Damit hat Peugeot trotz der Škoda-Übermacht die drei Asphalt-Klassiker in Monte Carlo, auf Korsika und in San Remo gewonnen.

Proton-Teamchef Chris Mellors sieht jedoch Fortschritte: „Auf Bergauf-Passagen, wo wir früher viel Zeit verloren haben, können wir jetzt mithalten. Verglichen mit der Situation vor einem Jahr haben wir viel geschafft. Das Team in Malaysia und unsere Leute in Großbritannien arbeiten rund um die Uhr. Ergebnisse, wie die zweite WP, wo Giandomenico nur 2,8 Sekunden langsamer als die Bestzeit war, motivieren uns. Wir sind noch nicht am Ziel – aber wir kommen näher."

Pinnwand Rallye San Remo

1 Frühe Heimreise – Guy Wilks fällt nach einem Unfall auf der ersten Prüfung aus **2** Auf dem Podium – Bryan Bouffier wird mit nur 16 Sekunden Rückstand Dritter **3** Lernphase – Pierre Campana bestreitet im Peugeot ein umfangreiches Programm in IRC und Rallye-WM

Zweiter Sieg – Thierry Neuville triumphiert in San Remo

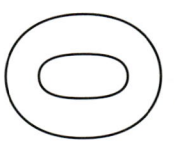

Mission erfüllt

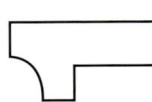

17 Rallyes lang muss der Norweger Andreas Mikkelsen auf seinen ersten Sieg in der IRC-Serie warten. Mehrfach war der erst 22 Jahre alte Škoda-Pilot dem ersten Triumph bereits sehr nahegekommen

Der Titelkampf in der IRC-Serie geht in Schottland in seine heiße Phase. Um die Meisterschaft bis zuletzt spannend zu halten, werden in Schottland die Punkte mit dem Faktor 1,5 multipliziert. Beim Saisonfinale auf Zypern gibt es sogar doppelte Punkte. Ein Anreiz für die Top-Piloten, alles zu geben. Auch der Junior Andreas Mikkelsen drückt das Gaspedal im Fabia S2000 des Teams Škoda UK durch und übernimmt am ersten Tag bei extrem schwierigen Bedingungen die Führung.

Doch die Konkurrenz sitzt Mikkelsen dicht auf den Fersen. Vor allem zu Beginn der Rallye macht Peugeot-Pilot Guy Wilks bei seinem IRC-Heimspiel Druck. Nach einem Ausritt des Briten hat Mikkelsen jedoch Luft nach hinten. Der junge Norweger startet mit mehr als 41 Sekunden Vorsprung vor dem Peugeot-Piloten Bryan Bouffier und dem Finnen Juho Hänninen im Škoda in den dritten und letzten Rallye-Tag.

Mikkelsen meistert die ersten beiden extrem rutschigen und schmierigen Prüfungen ohne Probleme. Doch ein Reifenschaden lässt dann den Vorsprung auf Hänninen unter eine halbe Minute schmelzen. Plötzlich ist sein Sieg wieder in Gefahr.

Verhilft Škoda mit Rang zwei zum Marken-Titel in der IRC – Juho Hänninen im Fabia

50

RALLYES mit Škoda hat der Deutsche Matthias Kahle bereits bestritten. Zum Jubiläum fährt er in Schottland auf den starken zehnten Rang.

Nicht zum ersten Mal ist Mikkelsen auf Siegkurs: Bei der Rallye Ungarn lag das Jungtalent bis zur vorletzten Prüfung in Führung und schied nach einem Unfall aus. Bei der Rallye San Remo musste er sich zuletzt mit einem winzigen Rückstand von nur 1,5 Sekunden geschlagen geben.

Dieses Mal will sich Mikkelsen den Sieg nicht mehr nehmen lassen und fährt auf der nächsten Prüfung eine Bestzeit. Aber dann tritt wieder ein Reifenschaden auf. Doch Mikkelsen rettet seine Führung ins Ziel und feiert den verdienten ersten Sieg. Er ist der sechste Fahrer, der sich in der Saison 2011 in die Siegerlisten einschreiben kann. Zudem bricht er mit seinen 22 Jahren den Rekord von Thierry Neuville als jüngstem Sieger in der IRC-Serie.

Die Entscheidung in Schottland hält den Titelkampf weiter spannend: Mit Rang fünf verteidigt Škoda-Pilot Jan Kopecký vor dem Finale seine Tabellenführung. Doch Teamkollege Juho Hänninen ist ihm bis auf sechs Zähler nahegekommen. Mit Thierry Neuville, Andreas Mikkelsen, dem Schottland-Dritten Bryan Bouffier und Ex-WM-Pilot Freddy Loix haben weitere vier Piloten Titelchancen.

„Ich war einem Sieg in Ungarn und San Remo so nahe", jubelt Mikkelsen. „Doch wir haben beim Heimspiel des Teams von Škoda UK den besten Ort für unseren ersten Sieg gefunden. Ein fantastisches Wochenende! Das Ergebnis gibt uns eine Menge Schwung für das Finale auf Zypern."

„Die Bedingungen waren extrem schwierig. Wir wollten nichts riskieren"

Škoda-Pilot Jan Kopecký über Rang fünf in Schottland

Pinnwand Rallye Schottland

1 Enttäuscht – Per Gunnar Andersson ist Vierter, als er seinen Proton mit Elektronikdefekt parkt **2** Überraschung gelungen – Craig Breen fährt bei seinem zweiten IRC-Start im Ford auf Rang vier **3** Null Punkte – Guy Wilks fährt stark, fällt nach einem Ausritt zurück, startet eine Aufholjagd und scheidet nach einem Fehler auf der letzten Prüfung aus **4** Titelchancen bewahrt – Bryan Bouffier wird im Peugeot Dritter

Opfer der Regeln

Während nach dem spannenden Finale auf Zypern Škoda-Pilot Andreas Mikkelsen über den IRC-Titel jubelt, ist sein Markenkollege Jan Kopecký der ganz große Verlierer der Saison 2011

Jüngster IRC-Champion der Geschichte – Andreas Mikkelsen im Škoda Fabia

Mit dem zweiten Sieg in Folge krönt sich bei der Rallye Zypern der erst 22-jährige Andreas Mikkelsen zum jüngsten IRC-Champion der Geschichte. Der Junior, der erst bei der Rallye zuvor in Schottland seinen ersten Sieg gefeiert hat, profitiert von den Problemen der Konkurrenz: Peugeot-Pilot Thierry Neuville muss den ersten Tag mit einer defekten Lichtmaschine beenden. Nasser Al-Attiyah scheidet im Ford am letzten Tag an zweiter Stelle liegend mit einem Motorschaden aus. Titelverteidiger Juho Hänninen fliegt mit seinem Škoda Fabia bereits in der zweiten Kurve von der Strecke. „Ich war einfach zu schnell", kommentiert er. Freddy Loix hadert mit seiner fehlenden Zypern-Erfahrung und kann im Kampf um die Spitze nicht mithalten. Schlecht für ihn – denn die Punkte beim Finale zählen doppelt.

Am Ende rollt Mikkelsen als souveräner Sieger über die Zielrampe und feiert den Titel. „Ich kann es kaum glauben", jubelt der Norweger. Zwar hat Mikkelsen zum Saisonende eine reife Leistung gezeigt. Doch er profitiert vor allem von den Änderungen im Reglement: Er siegte in Schottland, wo die Punkte mit dem Faktor 1,5 multipliziert wurden, und beim Saisonfinale, das doppelt zählt. Zudem werden nur die besten sieben Ergebnisse gewertet – optimal für Mikkelsen, der 2011 drei Nullrunden auf dem Konto hat.

Der große Verlierer ist der Tscheche Jan Kopecký: Er rollt auf Zypern als Zweiter über die Zielrampe. Vor allem mit den zypriotischen Schotterpisten hat Kopecký seine Schwierigkeiten. „Ich komme aus einem

7 ŠKODA landen beim IRC-Saisonfinale auf Zypern unter den besten zehn. Darunter auch der deutsche Škoda-Pilot Mark Wallenwein, der nach einem zweifachen Reifenschaden immer noch den achten Rang belegt.

„Wir hatten einen Defekt am Motor. Ich bin sehr enttäuscht"

Ford-Pilot Nasser Al-Attiyah, der auf Zypern an zweiter Stelle liegend ausfällt

Pinnwand Rallye Zypern

Land ohne Schotterprüfungen und hatte Probleme, mich auf die Strecken einzustellen." Lange Zeit hat Kopecký die Meisterschaft souverän angeführt. Doch er wird Opfer des Reglements: Der Škoda-Werkspilot hat bei zehn der elf Rallyes gepunktet und zwei Siege gefeiert. Vor Berücksichtigung der Streichresultate hat der 29-Jährige sogar 22,5 Zähler mehr auf dem Konto als Mikkelsen. Doch durch die Gewichtung der beiden Rallyes am Saisonfinale und die Streichresultate fehlen ihm 1,5 Punkte zum Titelgewinn. Damit ist Kopecký nur Vizemeister – wie bereits 2009 und 2010. „Wir haben unser Bestes gegeben und keine Fehler gemacht. Doch am Ende wurden wir nur Zweite. Ich bin zutiefst enttäuscht", erklärt er bitter.

Die meisten Punkte, aber nur Zweiter – Jan Kopecký im Škoda Fabia S2000

1 Pech beim Finale – Thierry Neuville im Peugeot hat einen Reifenschaden und muss den ersten Tag mit einer defekten Lichtmaschine beenden **2** Sechster – Matthias Kahle feiert sein bestes IRC-Ergebnis **3** Bester Nicht-Škoda – Toshi Arai belegt im Subaru Impreza R4 Platz sieben **4** Erstmals auf dem Podium – Patrik Sandell wird im Škoda Fabia Dritter

150 **RALLYE-DM** Saison 2011

Familien-Unternehmen

Schon Großvater und Vater fuhren Rallye. Bruder Mark ist in der IRC-Serie unterwegs. Sie alle gratulieren Sandro Wallenwein zum ersten Titelgewinn in der Deutschen Rallye-Meisterschaft

Bereits bei der ADAC Rallye Deutschland krönt sich Sandro Wallenwein vorzeitig zum Champion

152 RALLYE-DM Saison 2011

Nach drei Vize-Meisterschaften in Folge hat es Sandro Wallenwein endlich geschafft: Der 37 Jahre alte Stuttgarter gewinnt zusammen mit seinem Copiloten Marcus Poschner im Subaru Impreza WRX die Deutsche Rallye-Meisterschaft 2011. Auf den Wertungsprüfungen beim WM-Gastspiel in den Weinbergen entlang der Mosel machen sie bereits vorzeitig ihr Meisterstück. „Auf dieses Ziel haben wir so lange hingearbeitet, ich kann es noch nicht wirklich glauben", jubelt Wallenwein.

Noch Wochen nach dem Titelgewinn ist der Stuttgarter überglücklich. Seiner Rallye-Familie gilt sein herzlicher Dank: „Wir sind alle Meister: Opa und Oma sicherten das Catering, Vater Thomas organisierte unsere Einsätze, mein Bruder Mark berät mich und nicht zuletzt unsere Service-Crew war der Garant für diesen Erfolg." Zur ADAC Rallye Deutschland reist sogar sein langjähriger Copilot Pauli Zeitlhofer aus Österreich an, um den möglichen Titelgewinn live mitzuerleben.

Für Sandro Wallenwein und seinen Beifahrer Marcus Poschner ist es eine Saison nach Maß: Schon beim Saisonauftakt bei der Wikinger-Rallye im hohen Norden setzen sie sich an die Tabellenspitze und geben sie bis zum Saisonende nicht mehr ab. Bei allen sieben Läufen sammeln sie Punkte, gewinnen vier Mal ihre Division.

Vize-Titel gesichert – Rallye-Urgestein Hermann Gaßner im Mitsubishi

„Wir hatten diesmal das Quäntchen Glück, das uns in den vergangenen Jahren fehlte", bilanziert Wallenwein glücklich.

Meisterjäger Hermann Gaßner hat einen schwachen Saisonstart. Er ist zusammen mit Karin Thannhäuser im Mitsubishi

37 TEILNEHMER haben sich für die Deutsche Rallye-Meisterschaft eingeschrieben. Einer von ihnen ist Marijan Griebel im Suzuki Swift Sport. Der 22 Jahre junge Nachwuchsfahrer gewinnt beim Saisonauftakt bei der Wikinger-Rallye seine Division und beendet die Saison als Tabellen-Zwölfter.

Lancer erst ab dem dritten Lauf in der Pfalz konkurrenzfähig. Dort verliert er schließlich nach einem spannenden Sekundenduell. Nach einem schweren Unfall bei der Rallye Baden-Württemberg sichern drei Siege in Folge zumindest die Vize-Meisterschaft für das Rallye-Duo aus Südbayern. „Glückwunsch an Sandro, der dieses Jahr von Anfang an schneller war als wir", erklärt der viermalige Deutsche Rallye-Meister. „Sandro war jetzt so oft Vizemeister, dass er den Titel redlich verdient hat."

Einen Trost gibt es immerhin für Hermann Gaßner, der bereits seit 1979 Rallye-Sport betreibt und 1995 zum ersten Mal Deutscher Meister wurde: „Wir haben in diesem Jahr zumindest die meisten Bestzeiten gefahren. Das motiviert jetzt schon für die Saison 2012."

Sieben Rallyes zählen 2011 zur Deutschen Meisterschaft. Saisonhöhepunkt ist die ADAC Rallye Deutschland, bei der die DRM-Piloten zwar im Feld von Sébastien Loeb und den anderen Stars fahren, aber in einer getrennten Wertung Punkte für die Deutsche Meisterschaft sammeln. Dabei zählen für die „Deutschen" der erste und zweite Tag jeweils als eigene Rallye – eine Regelung, die bei vielen Fahrern auf

Bester mit zwei angetriebenen Rädern – Carsten Mohe im Renault Mégane

"Glückwunsch an Sandro. Er war jetzt so oft Vize-Meister, dass er den Titel redlich verdient hat"
Mitsubishi-Pilot und Vizemeister Hermann Gaßner

Begeisterung stößt. „Ich hatte zwar vor der Rallye eine Vorstellung, was mich hier erwartet, aber die ist in allen Belangen deutlich übertroffen worden", erklärt Georg Berlandy, der in der DRM einen Gruppe-H-BMW steuert und am Saisonende die Division 7 für sich entscheidet. „Die Länge, der Anspruch der Prüfungen, das Umfeld – alles ist größer, schöner und eben weltmeisterlich", so Berlandy.

Wie im Vorjahr findet das Finale der DRM im Saarland statt. Auf den Vize-Titel können sich vor dem letzten Lauf noch drei Teams berechtigte Hoffnungen machen. Neben Hermann Gaßner auch Carsten Mohe und Beifahrerin Katrin Becker im neuen Renault Mégane RS sowie der 20-jährige Senkrechtstarter Sepp Wiegand mit seiner Copilotin Claudia Harloff im Ford Fiesta R2.

Zwischen Mohe und Wiegand geht es zudem um den erstmals ausgeschriebenen Titel des besten Piloten ohne Allrad-Antrieb. Ein Reifenschaden wirft Sepp Wiegand zurück. Er belegt am Ende hinter Vize-Meister Hermann Gaßner und dem 2WD-Champion Mohe sensationell den vierten

Mehr als nur ein Hobby – Timo Bernhard im Porsche 911 GT3

Tabellenrang sechs – Robert Pritzl und Karina Hepperle im Subaru Impreza

Gesamtrang in seiner DRM-Premieren-Saison.

„Das war ein perfekter Saisonabschluss – ich bin super zufrieden", strahlt auch der 39 Jahre alte Carsten Mohe, der sich mit dem 2WD-Titel nach dem Gewinn der Deutschen-Super 1600-Meisterschaft 2003 und dem Sieg in der Division 2 im Jahr 2009 bereits seinen dritten DRM-Titel sichert. „Danke an den DMSB, dass diese Wertung neu eingeführt worden ist und damit auch die Leistung der ‚Nicht-Allradler' gewürdigt wird", so der Kfz-Meister aus Crottendorf, der seit 17 Jahren Rallye-Sport betreibt.

Auch in der Division 4 wird spannender Sport geboten: Routinier Lars Mysliwietz muss sich im Citroën C2 R2 Max wieder einmal mit erfolgshungrigen Youngstern messen, setzt sich aber am Ende durch. Als wenn mit Benjamin Scheller (26 Jahre), Rafael Sulzinger (25), Benjamin Hübner (21), Jörg Broschart (22) und Patrick Pusch (23) nicht schon genügend Youngster am Start wären, mischt ab der ADAC Rallye Deutschland auch noch der 20-jährige Sepp Wiegand in der stark besetzten Division 4 mit. Der Sachse hat sich bis dahin mit einem Suzuki Swift einen spannenden Sekundenkampf in der Division 5 mit dem gleichaltrigen Markenkollegen Marijan Griebel geliefert. Da Wiegand bei der ADAC Rallye Deutschland gleichzeitig auch um Punkte in der WRC Academy, der Nachwuchsklasse innerhalb der Rallye-WM, kämpft, wechselt er vom Suzuki auf den dort vorgeschriebenen Ford Fiesta R2. Bei seiner WM-Premiere gewinnt er nicht nur souverän die ‚Mysli-dominierte' Division 4 in der Deutschen Meisterschaft, im Reigen der WM-Youngster fährt er auf Anhieb auf Rang sieben. Bei seinem zweiten Start in der WRC Academy in Frankreich wird es dann sogar der vierte Platz. Damit ist die durch einen Reifenschaden verpatzte Chance auf die Vize-Meisterschaft und den 2WD-Titel etwas leichter zu verschmerzen. „Egal wie, es ist ein toller Erfolg, in meiner ersten DRM-Saison auf den vierten Gesamtrang zu fahren und zumindest bis zum Finale noch Chancen auf die Vize-Meisterschaft zu haben", strahlt Wiegand.

Auch für Timo Bernhard ist es die erste Saison in der Deutschen Rallye-Meisterschaft. Der erfolgreiche Rundstreckenpilot pendelt zwischen seinen Einsätzen als Audi-Werkspilot in Le Mans und der ILMC-

Aufsteiger – Sepp Wiegand sorgt in seiner Premierensaison für Schlagzeilen

156 RALLYE-DM Saison 2011

Serie und den Rallye-Einsätzen in der Deutschen Meisterschaft. Der Le-Mans-Sieger von 2010, der mit einem privaten Porsche 911 GT3 antritt, erringt gleich beim ersten Einsatz bei der Wikinger-Rallye seine erste Bestzeit. Bei der ADAC Rallye Deutschland steht Bernhard sogar kurz vor seinem ersten DRM-Sieg, erhält dann aber wegen Abkürzens eine Strafzeit und wird Dritter. „Die andere Streckenführung war im Training nicht gesperrt, deshalb sind wir sie auch im Wettbewerb so gefahren –

Saison-Höhepunkt – Lars Mysliwietz im Citroën C2 R2 Max auf den anspruchsvollen Weinberg-Strecken der ADAC Rallye Deutschland

Pinnwand Rallye-DM

1 Schneller Junior – Raffael Sulzinger beendet die Saison im Ford Fiesta R2 als Tabellensiebter **2** Gaststarter – Uwe Nittel im Fricker-Mercedes **3** DRM-Neunte – Dirk Riebensahm und Kendra Stockmar-Reidenbach im Mitsubishi **4** Diesel-Champion – Alois Scheidhammer im Opel Astra GTC sammelt bei jeder DRM-Rallye fleißig Punkte

dafür wurden wir bestraft. Auf den letzten drei WPs des Tages sind wir die DRM-Bestzeit gefahren, das war am absoluten Limit. Wir konnten eine gute Show bieten und unser Potenzial aufzeigen. Die Panzerplatte erinnerte mich ein wenig an die Nordschleife – nur mit viel mehr Dreck", kommentiert der Rundstrecken-Profi.

Bernhard weiter: „Rallye-Sport ist mein Hobby, aber ein Hobby mit starken Ambitionen." Vor allem der Unterschied zur Rundstrecke fasziniert ihn: „Auf einer Rallye-Wertungsprüfung ist nicht alles kalkulierbar, da man auf verschiedenen Strecken unterwegs ist. Man muss immer noch einen Reserve-Puffer haben. Mein Ziel ist es, so dicht wie möglich an die Grenze dieses Puffers heranzukommen."

Alois Scheidhammer macht bei der Saarland-Rallye den Titel in der Division 6 perfekt. Der auch im HJS Diesel-Rallye-Masters eingeschriebene Opel-Astra-Pilot profitiert davon, dass er auch jene DRM-Läufe absolviert, die nicht zum HJS Diesel Rallye Masters zählen. „Eigentlich wollten wir ja im HJS-Masters um den Titel mitfahren", erklärt Beifahrer Willi Trautmannsberger. „Das hat irgendwie nicht funktioniert. Doch der Titel in der DRM-Division 6 entschädigt uns überreichlich."

Die ganze Welt des Motorsports in vier Jahrbüchern

je 24,90 €

Erhältlich im Buchhandel und unter www.racing1.de/shop

speedpool Kiosk — Auch für das iPad — Available on the App Store

Sammlerstücke für Kenner

Tausende Piloten, PS und Rennen. Unzählige Triumphe, Dramen und Emotionen. Das Motorsportjahr 2011 hatte viele Facetten zu bieten. Die traditionsreichen „Story"-Jahrbücher aus dem Speedpool Verlag lassen alle wichtigen Momente der Saison mit ausdrucksstarken Bildern und Texten Revue passieren. Gewohnt umfangreiche Statistiken machen die Rallye-, Sportwagen-, Formel- und Tourenwagen Story zu unverzichtbaren Nachschlagewerken in jeder Motorsport-Bibliothek.

speedpool

Bernhard-Nocht-Straße 99
20359 Hamburg

David schlägt Goliath

140 PS und wenig Erfahrung gegen einen Routinier mit 400 PS: In der Deutschen Rallye-Serie (DRS) schafft Neueinsteiger Robert Stöber die Sensation und gewinnt den Titel vor Maik Stölzel im Porsche 911 GT3

Vor dem rallyesprint.eu, dem Finale der Deutschen Rallye-Serie im hessischen Storndorf ist der Sekt im Team von Maik Stölzel schon kalt gestellt: Dem Porsche-Pilot ist die Meisterschaft kaum noch zu nehmen. „Wir waren in der DRS schon so oft dicht am Titel dran, manchmal fehlte nur ein Punkt. Hier beim Finale reicht uns diesmal ein fünfter Gesamtrang, das müsste zu schaffen sein", glaubt der 49 Jahre alte Rallye-Routinier aus Zwickau.

Als einzige Rallye-Serie in Deutschland erlaubt die DRS den Start von World Rally Cars. Das Reglement jedoch belohnt nicht nur die Ergebnisse im Gesamtklassement, sondern honoriert auch die Leistungen in den einzelnen Wertungsklassen mit mehr als drei Teilnehmern. Allein der Start bei einer Rallye wird mit zehn Zählern belohnt.

In seinem 25. Rallye-Jahr überlassen Maik Stölzel und Beifahrer Thomas Windisch kaum etwas dem Zufall. Doch ein Ausfall mit einer defekten Benzinpumpe kostet beim zweiten Lauf in Thüringen wichtige Punkte, lediglich die zehn Zähler für den Start kann Stölzel mitnehmen. Doch

Knapp geschlagen – Routinier Maik Stölzel und Thomas Windisch im Porsche 911 GT3

„Dass wir in der ersten Saison den Titel geholt haben – das ist einfach der Oberknaller"

DRS-Champion Robert Stöber

mit einem fünften und einem zweiten Gesamtrang bei der Wartburg-Rallye und der Niederbayern-Rallye bleiben Stölzel und Windisch in der Spitzengruppe. Um auf den tiefen Schotterstrecken der Lausitz-Rallye mit dem Porsche 911 GT3 keine Zeit zu verlieren, mietet sich Maik Stölzel für den Einsatz in der Lausitz einen Škoda Fabia WRC und wird Sechster. Damit reist er als Titelfavorit zum letzten Lauf nach Storndorf. Doch das Finale verläuft völlig anders als erhofft.

Denn beim schwach besetzten rallyesprint.eu liegen Maik Stölzel und Beifahrer Thomas Windisch nach dem ersten Abend in tiefster Dunkelheit abgeschlagen auf dem zehnten Rang. Nach einer Bestzeit auf der ersten Prüfung am Abschlusstag rollen sie mit einem Defekt aus: Beide Benzinpumpen überhitzen. Der Porsche 911 GT3 wird aus der Prüfung geschoben und repariert. Dabei profitiert Maik Stölzel von den geänderten Regeln beim Rallye-Sprint. Denn bei einer regulären Rallye wäre sein Einsatz nun beendet. Mit einer Strafzeit schafft es der Mann aus Zwickau mit

Am Ziel der Träume – Robert Stöber und Thomas Wölfel genießen ihren Titelgewinn

seinem Porsche am Ende noch auf den 14. Rang.

Wieder einmal reicht es nicht zum Titel: Mit nur vier Punkten Rückstand muss sich Maik Stölzel ein weiteres Mal geschlagen geben. Denn der Titel geht an Robert Stöber, einen Rallye-Rookie.

Stöber profitiert vom Reglement der DRS, das nicht nur die Erfolge im Gesamtklassement, sondern auch die Leistungen in der Klasse berücksichtigt. Der 27 Jahre alte Neueinsteiger sichert sich mit seinem 140-PS-Lupo beim Finale 30 Punkte, zieht damit in der Tabelle um vier Punkte an Stölzel mit seinem 400-PS-Porsche vorbei und gewinnt den Titel. Dabei hat Stöber auch eine Menge Glück: Beim Saisonfinale leidet er anfangs unter einem hängenden Gaspedal. Später bereitet das Getriebe massive Probleme. Seine Service-Crew klebt den Defekt notdürftig. Mit viel Glück erreicht der junge Franke, der bisher nur sporadisch Rallyes gefahren ist, das Ziel und krönt seine erste komplette Saison gleich mit einem Titelgewinn.

Vor dem Finale hat auch Veit König im Suzuki Swift Titelchancen. Doch ein Ausritt gegen einen Baum in der ersten Prüfung

Pinnwand DRS

1 Auf dem Podium – Mitsubishi-Pilot Mario Kunstmann beendet die Saison als Tabellendritter **2** Im Tiefflug – Veit König, der DRS-Vierte, mit seinem Suzuki Swift Sport **3** Blick ins Cockpit – Lars Meyer und Stefan Weigel landen mit ihrem Volkswagen Polo auf dem fünften Tabellenplatz **4** Platz in den Top Ten – Markus Hackenberg belegt mit Siegfried Schrankl im Honda Civic Type R den achten Rang

56

TEILNEHMER punkten 2011 in der DRS-Serie. Unter ihnen ist auch Sepp Wiegand, der es mit nur drei Starts im Volkswagen Lupo, Fiat Punto Diesel und Suzuki Swift bis auf den siebten Tabellenrang schafft.

Beste Dame – Tina Wiegand, große Schwester von Sepp Wiegand, belegt Tabellenrang 15

verhindert die Weiterfahrt. Fazit: Tabellenrang vier für den Fahrer aus Tschopau hinter dem Mitsubishi-Piloten Mario Kunstmann aus Grünhain-Beierfeld.

Für Aufsehen sorgt Sepp Wiegand. Der Neueinsteiger, der 2011 im ADAC Rallye-Masters, der Rallye-DM und WRC Academy mitmischt, ist auch in der DRS zu sehen: Dreimal startet Wiegand mit einem Suzuki Swift, Fiat Punto Diesel und einem Volkswagen Lupo. Dreimal gewinnt er seine Klasse. Und obwohl er weniger als die Hälfte der Veranstaltungen absolviert, beendet er die Saison als Tabellensiebter.

Tipps für die DRS kann sich Wiegand dabei von seiner Schwester holen: Tina Wiegand, 26 Jahre alt, bestreitet mit einem Volkswagen Lupo die komplette Saison und landet als beste Dame auf dem 15. Platz.

In der Saison 2010 war Porsche-Pilot Olaf Dobberkau der dominierende Mann in der DRS. Sein „Projekt Titelverteidigung" scheitert: Zwar holt der Porsche-Pilot bei der Sachsen-Rallye 36 Punkte. Doch dann muss er wegen einer Lizenzsperre ausgerechnet bei seinem Heimspiel in Thüringen pausieren. Nach zwei Ausfällen bei der Wartburg-Rallye und in Niederbayern beendet er seine Saison vorzeitig. Weitaus erfolgreicher ist „Dr. Drift" im Privatleben: Im Sommer heiratet er seine Lebensgefährtin und Beifahrerin Alexandra. Die Aufkleber „Alexandra Dobberkau" für die Seitenscheibe sind bereits gedruckt. Denn für 2012 plant das schnelle Duo aus Thüringen mit seinem Porsche ein Comeback.

Projekt Titelverteidigung vertagt – Olaf Dobberkau im Porsche 911 GT3

Zehn Jahre später

Im Jahr 2001 gewann Holger Knöbel den ADAC Rallye Junior Cup. Danach war er in verschiedenen nationalen Serien erfolgreich. Genau ein Jahrzehnt nach seinem ersten Titel siegt er im Subaru im ADAC Rallye Masters

163

ADAC RALLYE MASTERS — Saison 2011

Renault-Pilot Niklas Birr, Dritter im ADAC Rallye Masters 2011

„Das Masters bietet tolle Rallyes. Unsere Division war hart umkämpft, was immer Spannung garantierte"

Seit einem Jahrzehnt ist Holger Knöbel den Rallye-Fans aus verschiedenen nationalen Serien in Deutschland bekannt. Er feierte 2001 den Titelgewinn im ADAC Rallye Junior Cup. Danach glänzte der Karosseriebauer aus Rheda-Wiedenbrück mit Erfolgen in verschiedenen Markenpokalen. 2009 holte er den Titel mit einem Opel Astra GTC im HJS Rallye Masters.

Zu Saisonbeginn 2011 ist der Rallye-Pilot mit den für einen Sportler eher ungewöhnlichen Maßen kein Titel-Favorit: Knöbel startet erstmals mit einem Allrad-Auto, einem zehn Jahre alten Subaru Impreza WRX, den er jedoch in seiner eigenen Firma perfekt vorbereitet. Er muss den Saisonauftakt im Erzgebirge auslassen. Bei der Rallye Sulingen fährt der 35-Jährige seine ersten Kilometer mit dem ungewohnten Fahrzeug und wird Dritter. Bei der Litermont-Rallye fällt Knöbel aus. Mit drei Gesamtsiegen bei der Rallye Stemweder Berg, in Niedersachsen und beim ersten Finallauf an der Ostsee reist Knöbel plötzlich als Tabellenführer zum Finale bei der 3-Städte-Rallye.

155 Piloten sammeln in der Saison 2011 in der beliebten Breitensport-Serie des ADAC Punkte. Fünf Vorläufe zählen zur Meisterschaft sowie die zwei Finale bei der Ostsee-Rallye und der 3-Städte-Rallye. Vier der fünf Vorläufe fließen in die Wertung ein. Die beiden Finalläufe zählen nicht mehr doppelt, werden allerdings voll gewertet. Wer also um die Krone im ADAC Rallye Masters mitkämpfen will, sollte bei den zwei letzten Rallyes antreten. Sechs Fahrer haben vor dem Finale Chancen auf den Titel: Hinter Holger Knöbel liegen Sepp Wiegand im Suzuki Swift und der Berliner Niklas Birr im Renault Clio R3. Aber auch

Quer daher – Udo Schiffmann will im BMW nur ins Masters „reinschnuppern" und gewinnt die Division 2

die BMW-Piloten Udo Schiffmann und Henrick Hanser sowie Neueinsteiger Valentin Hummel können sich noch berechtigte Hoffnungen auf den Titel machen.

Bei der 3-Städte-Rallye profitiert Knöbel von Problemen der Favoriten: Hermann Gassner im Mitsubishi und der schnelle Tscheche Jan Slehofer im Subaru müssen frühzeitig mit technischen Defekten aufgeben. Der Hamburger Jan Becker ist nach

0 RALLYES hatte Valentin Hummel vor Saisonstart absolviert. Mit einer starken Debüt-Saison fährt er im BMW auf den fünften Platz im ADAC Rallye Masters und belegt im ADAC Rallye Junior Cup Rang zwei hinter Sepp Wiegand.

einem Unfall aus dem Rennen. Die Rallye in Südbayern endet mit einem Doppelsieg der Porsche 911 GT3-Teams Ruben Zeltner/ Helmar Hinneberg vor Timo Bernhard/ Klaus Wicha. Doch beide spielen in der Endabrechnung des ADAC Rallye Masters keine Rolle.

Mit dem dritten Gesamtrang sichern sich Holger Knöbel und Copilot Thomas Mönkemöller den Titel im ADAC Rallye

Selbst ist der Mann – Thomas Bareuther, 20-jähriger Kfz-Mechatroniker und Sechster im ADAC Rallye Masters, schraubt an seinem Suzuki Swift

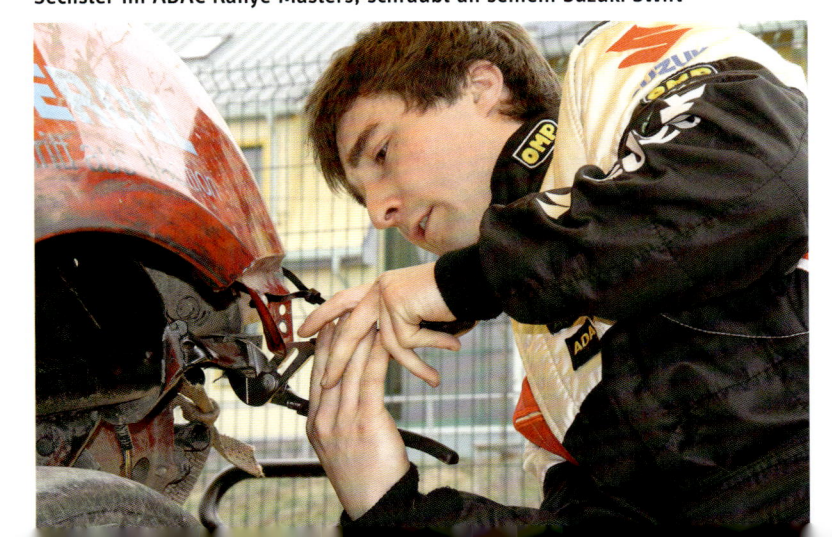

Sepp Wiegand holt Titel im ADAC Rallye Junior Cup

In seiner zweiten Rallye-Saison präsentiert sich der 20 Jahre alte Sepp Wiegand zusammen mit seiner Copilotin Claudia Harloff als Überflieger. Wiegand startet sechs Mal im ADAC Rallye Masters, gewinnt jedes Mal seine Division und holt am Saisonende den Titel im ADAC Rallye Junior Cup. Im Gesamtklassement des ADAC Rallye Masters belegt Wiegand, der bis Ende 2009 als Endurofahrer erfolgreich war, den zweiten Gesamtrang. Während der Saison 2011 bestreitet er bereits Läufe zur WRC Academy in der Rallye-WM. Rang zwei in der Junior-Wertung für Masters-Piloten, die nicht älter als 27 Jahre sind, belegt Neueinsteiger Valentin Hummel mit einem BMW 120d Coupé. Hummel, der Ende 2010 die ADAC Rallye Schule gewann und dort Beifahrerin Katja Geyer kennenlernte, bestreitet seine erste Rallye-Saison. Motorsport-Erfahrung hat er jedoch bereits durch Einsätze bei Bergrennen und auf der Rundstrecke. Auch er strebt ein Programm in der WRC Academy an. Der 21 Jahre alte Thomas Bareuther, im Vorjahr Vizemeister im ADAC Rallye Junior Cup, belegt 2011 mit seinem Suzuki Swift Rang drei vor Maurice Moufang und Marcel Wendt.

Überflieger – Sepp Wiegand gewinnt den ADAC Rallye Junior Cup

Masters 2011. Fast auf den Tag genau zehn Jahre nach seinem Sieg im ADAC Rallye Junior Cup 2001 kann er nun an gleicher Stelle auf der Zielrampe im Haslinger Hof seinen zweiten großen Triumph in einer Rallye-Serie des ADAC feiern. „Das ist einfach nur schön, ich bin dabei, diesen Erfolg zu genießen", strahlt Knöbel. „Nachdem wir den Auftaktlauf auslassen mussten und dann auch noch ausgefallen sind, haben wir nur noch von Lauf zu Lauf geschaut und die Saison einfach genossen."

Der Vize-Titel geht an den erst 20-jährigen Sepp Wiegand und Copilotin Claudia

Erfolg im Erzgebirge – Renault-Pilot Carsten Mohe feiert einen Gesamtsieg beim Heimspiel

Harloff im Suzuki Swift. Der sächsische Newcomer sichert sich in seiner ersten kompletten Rallye-Saison damit auch den Titel im ADAC Rallye Junior Cup. Sechs Divisionssiege bei sechs Starts zeugen von einer beeindruckenden Konstanz. Zweimal fährt Wiegand, der beim Auftakt im VW Lupo und anschließend im Suzuki Swift unterwegs ist, sogar unter die besten acht der Gesamtwertung und sichert sich damit wichtige Zusatzpunkte. „Der Titel im Junior Cup war unser Saisonziel, aber dass ich in dem kleinen Auto in der Masters-Wertung so weit nach vorne fahren kann, davon haben wir noch nicht einmal zu träumen gewagt. Besser hätte es nicht laufen können. Manchmal muss ich mich selbst zwicken, um zu realisieren, was in diesem Jahr so alles passiert ist." Der Rallye-Rookie Sepp Wiegand ist jedoch kein Motorsport-Neuling: Er konnte bereits Erfolge im Enduro-Sport auf zwei Rädern feiern, kennt die Wettkampf-Situation und ist nach Teilnahmen an 24-Stunden-Rennen auf der Enduro-Maschine auch körperlich topfit.

Niklas Birr und Nico Eichenauer belegen im Renault Clio R3 Access den dritten Platz in der Masters-Tabelle. Niklas Birr war 2000 und 2001 ebenfalls erfolgreich bei den ADAC-Junioren unterwegs. Mit einem Schlussspurt in Ostbayern sichert er sich noch den Divisionssieg. „Der dritte Platz im Masters ist die Krönung meiner bislang besten Saison", freut sich Birr bei der Siegerehrung. Birr und der nur einen Punkt vor ihm liegende Wiegand treffen sich in diesem Jahr nochmals: Nachwuchstalent Sepp Wiegand darf beim Finale der Rallye-Weltmeisterschaft in Wales für Volkswagen Motorsport einen Škoda Fabia S2000 pilotieren. Und Niklas Birr arbeitet dort als Mechaniker im WRC-Team von Volkswagen.

Der vierte Platz im ADAC Rallye Masters geht an den BMW-M3-Piloten Uwe Schiffmann und seinen Copiloten Michael Knaack. „Sieben Starts, sieben Zielankünfte, der Sieg in der Division 2 und der vierte Platz in der Masters-Endwertung, das ist doch ein geniales Ergebnis", freut sich Udo Schiffmann. Geplant war der Erfolg nicht: „Eigentlich wollten wir in diesem Jahr nur mal ins Masters hineinschnuppern, jetzt kommen wir im nächsten Jahr ganz sicher wieder."

Pinnwand ADAC Rallye Masters

1 Müller macht's – Olaf Müller gewinnt im BMW zweimal seine Division **2** Starker Däne – Johnny Pedersen belegt mit Jenny Gäbler im BMW M3 den neunten Tabellenrang **3** Spaß und Action – Kai-Dieter Kölle holt im Porsche 911 Carrera vier Mal Punkte und wird Elfter

Im schicken Audi TT – „Eric Karlsson" holt Punkte bei der Litermont-Rallye

Wiederholungs-Täter

Souveräne Leistung: Bereits vor dem Finale verteidigt der Opel-Pilot Björn Mohr seinen Titel im HJS Diesel Masters. Auch im sechsten Jahr ist die Diesel-Serie, die leisen und kostengünstigen Motorsport bietet, bei Teilnehmern und Rallye-Fans äußerst beliebt

Starke Rookies – Leo Wolf und Thomas Schöpf werden im Subaru Vizemeister

Klarer Durchmarsch für Björn Mohr und Beifahrer Oliver Becker im HJS Diesel Masters: Gleich zu Saisonbeginn verbucht das Duo im Opel Astra GTC vier Siege in Folge in der umweltfreundlichen und kostengünstigen Rallye-Serie, die insgesamt sieben Mal im Rahmenprogramm verschiedener Meisterschaften antritt. Lediglich bei der Niederbayern-Rallye müssen sie sich bei regnerischem Wetter mit Rang drei zufriedengeben.

„Wir könnten bereits Meister sein, doch wir haben uns am Nachmittag bei der Reifenwahl vergriffen", ärgert sich Björn Mohr. Auf den Prüfungen neun und zehn setzt er auf Trockenreifen, was ihm mehr als 30 Sekunden Zeitverlust und nach vier Siegen in Folge diesmal „nur" Rang drei beschert. Dafür schafft der 32 Jahre alte Mohr beim nächsten Einsatz im Saarland das Meisterstück: Mit seinem fünften Saisonsieg verteidigt er vorzeitig seinen Titel aus dem Vorjahr. Beim Saisonfinale erringt Mohr nur Rang vier. Anfangs liegt er in Führung, doch dann schaltet der Motor ins Notprogramm und der mühsam erkämpfte Vorsprung schmilzt dahin.

Auch in der sechsten Saison ist das HJS Diesel Masters, das mit sauberen und leisen Diesel-Fahrzeugen mit Partikelfiltern ausgetragen wird, äußerst beliebt. Nicht weniger als 15 Fahrer haben sich eingeschrieben. Mit Fiat, Opel, Seat, Škoda, Subaru und Volkswagen sind sechs Marken und verschiedene Antriebskonzepte vertreten. Vielfältigkeit und Chancengleichheit sind also Trumpf.

Die stärksten Gegner von Björn Mohr sind zwei starke Junioren: Leo Wolf, 20 Jahre alt, bestreitet zusammen mit seinem 19-jährigen Copiloten Thomas Schöpf seine erste komplette Rallye-Saison. Nach zwei

6

JAHRE ist das HJS Diesel Masters erfolgreich. Organisator Klaus Osterhaus kann sich über steigende Anmeldezahlen freuen. 2012 wird das Diesel-Masters bei sieben Rallyes zur DRM ausgetragen.

170 HJS DIESEL MASTERS — Saison 2011

„Wie ich mich als zweimaliger Meister fühle? Frag mich nächstes Jahr – dann sind es drei Titel"

Björn Mohr, Sieger des HJS Rallye Masters 2010 und 2011

dritten Plätzen und einem zweiten Rang gelingt ihm dann beim Heimspiel der Durchbruch: Mit einem Vorsprung von 11,3 Sekunden gewinnen die beiden Junioren die Rallye Niederbayern.

In einem spannenden Finale beim rallyesprint.eu im hessischen Storndorf belegen die beiden Rookies den zweiten Gesamtrang und sichern sich so die Vizemeisterschaft. „Toll, im ersten Jahr gleich Zweite zu werden", jubelt Leo Wolf im Ziel.

Des einen Freud' ist des anderen Leid: Routinier Alois Scheidhammer, der als Tabellenvierter in den letzten Lauf gestartet ist, erleidet zwei Turboschäden. Um so wenig Kilometer wie möglich mit seinem defekten Opel Astra zurückzulegen, fährt er aus allen Rundkursen beim Finale früher heraus, kassiert freiwillig Maximalzeiten, bleibt aber so als Siebter immerhin in Wertung. „Was kann ich dafür, dass mein Beifahrer sich ständig mit den Runden verzählt", frotzelt er augenzwinkernd in Richtung seines langjährigen Copiloten Willi Trautmannsberger.

Als Sieger beim Finale rollt der 20-jährige Marvin Jerlitschka zusammen mit Cousin Stefan über die Zielrampe. Ihr erster Sieg katapultiert die Neueinsteiger in der Tabelle auf den dritten Gesamtrang. Damit können sie sich nicht nur über ein Preisgeld freuen. „In Zusammenarbeit mit Gassner Motorsport veranstalten wir in Österreich ein spezielles Training auf Eis und Schnee", so die Belohnung von Cup-Initiator Klaus Osterhaus für die drei Erstplatzierten. Besonders für die beiden Junior-Teams eine perfekte Vorbereitung auf die Saison 2012.

Umsteiger – Daniel Schmidt wechselt vom Škoda Fabia auf einen Volkswagen Scirocco

Pinnwand HJS Diesel Masters

1 Nur Vierter – Alois Scheidhammer hat im Opel Chancen auf den Vize-Titel, hat aber beim Finale zwei Turboschäden **2** Konstant – Heinz-Otto Sagel wird im Seat viermal Vierter und ist Tabellen-Fünfter **3** Vettern-Wirtschaft – Marvin und Stefan Jerlitschka siegen beim Finale

HJS – Ihr Spezialist für

◾ Diesel-Partikelfilter

- ✔ Erstausrüsterqualität – das Original für's Original
- ✔ Garantie – 3 Jahre oder 80.000 km
- ✔ Wartungsfreier Betrieb – keine Elektronik, kein Additiv

◾ Austausch Diesel-Partikelfilter

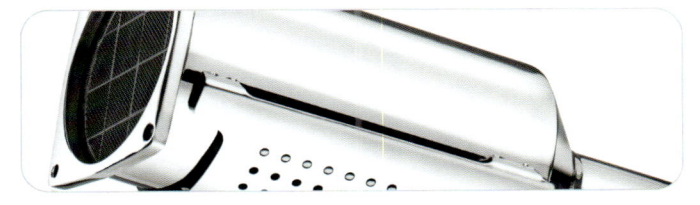

- ✔ Einfache Montage – durch gleiche Schnittstellen
- ✔ HJS Qualität – die preiswerte Alternative
- ✔ Neues Lieferprogramm – für viele Fahrzeuge lieferbar

◾ Katalysatoren

- ✔ Austausch-Katalysatoren – zu attraktiven Preisen
- ✔ Upgrade-Katalysatoren – für Diesel und Benziner (auf Euro 2 / D3)
- ✔ Vielzahl an EOBD-Katalysatoren – für Euro 3 / Euro 4 Fahrzeuge

◾ Montagetechnik

NEU Gummiteile in HJS EPDM Qualität

- ✔ Gummiteile – in HJS EPDM Qualität
- ✔ Rohrverbinder – für dauerhaft sicheren Halt
- ✔ Reparatursets – die kostengünstige Serien-Lösung

www.hjs.com

Sieger fahren sauber!

HJS Diesel Rallye Masters
ŠKODA · HANKOOK PERFORMANCE TIRES · RAVENOL · SANDTLER · BASTUCK · CityFilter

www.hjs-motorsport.de

Universalteile • Katalysatoren • Diesel-Partikelfilter

HJS Emission Technology

Abschiedsfest

Mit dem dritten Sieg in Folge verabschiedet sich das Werksteam von Volkswagen von der härtesten Wüsten-Rallye der Welt, der „Dakar". Ab 2013 startet Volkswagen in der Rallye-Weltmeisterschaft

Erfolg in der Wüste – Nasser Al-Attiyah und Timo Gottschalk siegen bei der Rallye Dakar

173

Der Sieg bei der Rallye Dakar macht den Volkswagen-Werkspiloten Nasser Al-Attiyah in seiner Heimat Katar zum Volkshelden. Die Vorentscheidung fällt auf der achten Etappe. Nasser Al-Attiyah und sein deutscher Beifahrer Timo Gottschalk sitzen bereits festgezurrt im „RT3" mit der Startnummer 302. Dem Duo wird ein altes, rostiges Hufeisen, aufgefunden am Wegesrand, ins Auto gereicht. Es soll zusätzliches Glück bringen.

„Ich wollte es auf dem halben Weg wieder aus dem Fenster werfen, denn so richtig Glück wollte es uns nicht bringen", berichtet Timo Gottschalk später. „Es war ein richtiger Schlagabtausch zwischen uns und Carlos Sainz. Ständig hat die Führung gewechselt. Dann kamen die Dünen, Nasser hat sich total wohlgefühlt und entsprechend Gas gegeben. Wir haben uns abgesetzt und Carlos bis ins Ziel nicht mehr gesehen." Al-Attiyah und Gottschalk übernehmen an diesem Tag die Gesamtführung. Das Hufeisen hat doch Glück gebracht. Denn Carlos Sainz und Lucas Cruz, das Siegerduo von 2010, verlässt an diesem Tag das Glück. Es ist eine kleine Düne, die eine Wende in der 2011er-„Dakar" bringt. Die beiden Spanier verbuddeln ihren Race Touareg, verlieren bis zum Ende der Etappe sechseinhalb Minuten. Aus 1.22 Vorsprung werden 5.14 Rückstand. Viel schlimmer als das: Sainz muss fortan das Risiko erhöhen.

Es ist zu diesem Zeitpunkt bereits erneut ein Volkswagen-interner Dreikampf: Nasser Al-Attiyah und Timo Gottschalk, Carlos Sainz und Lucas Cruz sowie mit Respektabstand Giniel de Villiers und

Timo Gottschalk, Beifahrer von Nasser Al-Attiyah über den Sieg bei der Rallye Dakar

„Ich bin stolz und glücklich über den Sieg. Dies war die härteste Rallye Dakar, die wir absolviert haben"

Quartier für eine Nacht – Biwak der Rallye Dakar. Das Zeltlager wird jeden Abend am Etappenziel aufgebaut und reist morgens weiter

Dirk von Zitzewitz. Stéphane Peterhansel und Copilot Jean-Paul Cottret im X-raid-BMW liegen hinter den drei Race Touareg abgeschlagen auf Platz vier. Dabei ist gerade Peterhansel zu Beginn der Rallye der härteste Volkswagen-Konkurrent. Die Zeitunterschiede zwischen dem BMW-Dreiliter-Reihensechszylinder des Teams aus Trebur-Astheim und den 2,5-Liter-Fünfzylindern aus Wolfsburg sind minimal. Bei den ersten fünf Etappen liegen dreimal Sainz und je einmal Al-Attiyah und Peterhansel vorn. Nach Etappe fünf trennen etwas mehr als zwei Minuten den Führenden Sainz im Volkswagen von Verfolger Peterhansel im X-raid-BMW. Doch Reifenschäden in Serie, geschuldet einer zu hart gewählten Grundkonfiguration des Fahrwerks, lassen den Franzosen weit zurückfallen. Auf Etappe sieben platzen dem „Dakar"-Seriensieger allein vier Pneus.

Peterhansel reizt es, Volkswagen mit den Mitteln eines Semi-Werksteams wie X-raid zu schlagen. Von dem Gedanken beseelt, die Story David gegen Goliath als „Dakar"-Remake zu schreiben, geht er viel Risiko ein. „Auf einem steinigen Stück hat

65.536

VERSCHIEDENE SET-UP-VARIANTEN stehen der Volkswagen-Ingenieuren bei der Abstimmung der Stoßdämpfer von Technologie-Partner ZF Sachs als sogenannte Kennfeld-Kombinationen zur Verfügung.

uns Stéphane überholt, geradezu stehengelassen", berichtet Timo Gottschalk von Etappe sieben. „Ich sagte zu Nasser: ‚Ruhig bleiben, den sehen wir gleich wieder.' So kam es auch – ein paar Kilometer weiter stand er und hat einen Reifen gewechselt."

X-raid-BMW setzt bei der Rallye Dakar allein sieben Fahrzeuge ein. Neben den weiterentwickelten X3 CC für Stéphane Peterhansel, den Russen Leonid Novitskiy, enger Vertrauter von Staatspräsident Dmitri Medwedew, und den Argentinier Orlando Terranova bringt Teamchef Sven Quandt weitere Fahrzeuge für den Brasilianer Riccardo Leal dos Santos, den Deutschen Stephan Schott, Gründer der Werkzeugmanufaktur KS Tools, und den Polen Krzysztof Hołowczyc an den Start. Publikums-Liebling ist der X-raid-Mini, der auf der Basis des X3 CC eine Countryman-Karosserie übergestülpt bekommt und in weniger als 90 Tagen aufgebaut wird. Kommando an Fahrer Guerlain Chicherit: ankommen, um jeden Preis. Stattdessen fällt der Franzose aus: Nach dem Ruhetag – Chicherit und sein Beifahrer Michel Périn rangieren auf dem neunten Platz – überschlägt sich Chicherit beim Roll-out.

Joan „Nani" Roma wechselt in einen vom Overdrive-Team eingesetzten Nissan.

Für ihn ist bei X-raid-BMW-Team kein Platz mehr. Die Mitsubishi Racing Lancer, die 2010 noch von JMB Stradale eingesetzt werden, zerstreuen sich: Einen fährt der Brasilianer Guilherme Spinelli, einen weiteren der Niederländer Tonnie van Deijne. Doch um den Gesamtsieg fahren weder Nissan noch Mitsubishi mit.

Es ist die zugewonnene Reife Nasser Al-Attiyahs, die 2011 die Entscheidung pro Katar bringt. Auf Schotter und Geröll lässt der 40-Jährige maximale Vorsicht walten, dort, wo Reifenschäden Minuten kosten und Harakiri-Fahrstil wenig einbringt. Er hat während der gesamten Rallye nur einen Reifenschaden – weniger als alle anderen Spitzenpiloten. Im tiefen Sand oder in hohen Dünen hingegen lässt der Araber seinen Race Touareg fliegen.

Auf der elften Etappe erhöht Carlos Sainz die Schlagzahl. Um auf der drittletzten Etappe den Rückstand von mittlerweile über zwölf Minuten zu verringern, muss er alles tun, um am vor ihm gestarteten Nasser Al-Attiyah vorbeizugehen. Bis auf

Zehnter bei der „Dakar" – Matthias Kahle und Thomas Schünemann im privaten Buggy

35 Sekunden ist er heran, da trifft er im Staub einen Stein. Es bricht ein Querlenker. Sainz wartet auf seinen Teamkollegen Mark Miller, der sich nach einem frühen Überschlag mit der Rolle des Chase-Car-Piloten begnügen muss und an Bord seines Race Touareg Ersatzteile gebunkert hat. Zu viert wechseln die Volkswagen-Piloten die Aufhängungsteile in Rekordzeit, halten Sainz damit in den Top Drei und sichern so den zweiten Dreifachsieg von Volkswagen ab.

Al-Attiyah ist der erste Araber, der die Rallye Dakar gewinnt. Träumen europäische Jungs von der Formel 1, so ist es für Al-Attiyah dieses Event, das alle Strahlkraft besitzt. Mit Al-Attiyah und Timo Gottschalk stehen die Sieger der vergangenen Jahre auf dem Podium: Giniel de Villiers und Dirk von Zitzewitz sowie Carlos Sainz und Lucas Cruz. Es ist der letzte Auftritt Volkswagens bei der Rallye Dakar. Im Mai 2011 geben die Wolfsburger ihren Ausstieg bekannt.

Auch der Titel im Marathon-Rallye-Weltcup geht nach Deutschland: Der Russe Leonid Novitskiy und sein deutscher Co Andy Schulz gewinnen zum zweiten Mal nach 2010 im X-raid-BMW.

Dauer-Rivale – Stéphane Peterhansel im BMW X3 CC

Pinnwand Marathon-Rallyes

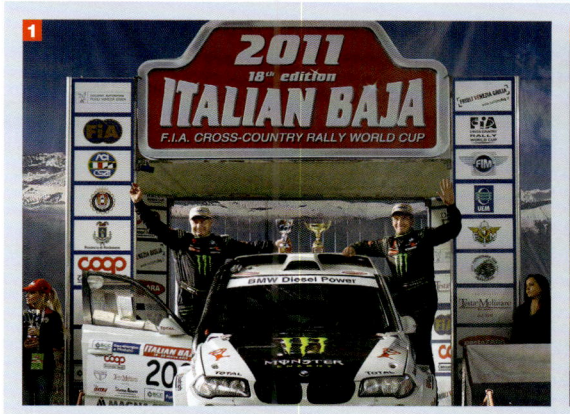

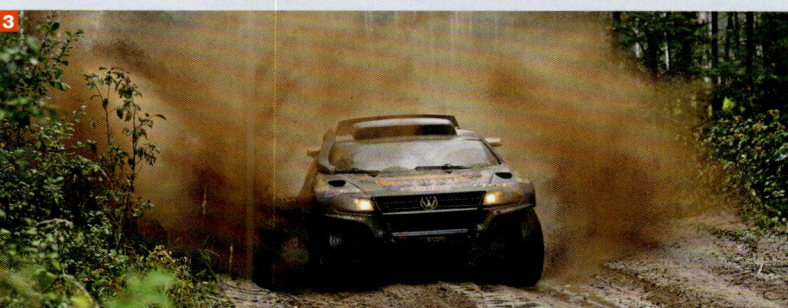

1 Titel verteidigt – Leonid Novitskiy und sein deutscher Copilot Andreas Schulz gewinnen den Marathon-Rallye-Weltcup **2** Mini-Premiere – Guerlain Chicherit scheidet bei der „Dakar" nach einem Test-Crash aus **3** Nur Dritter – Vorjahressieger Carlos Sainz verliert viel Zeit durch einen Aufhängungsschaden **4** Erfolg im BMW – Krzysztof Hołowczyc aus Polen siegt bei der Silk Way Rallye, die nicht zum Weltcup zählt

178 STATISTIK Rallye-WM

01 Rallye Schweden

1. Lauf zur Rallye-Weltmeisterschaft, 10.–13. Februar 2011

1. M. Hirvonen/J. Lehtinen (FIN/FIN)	Ford Fiesta RS WRC	WRC	3:23.56,6 Std.
2. M. Østberg/J. Andersson (N/S)	Ford Fiesta RS WRC	WRC	+ 6,5 Sek.
3. J. Latvala/M. Anttila (FIN/FIN)	Ford Fiesta RS WRC	WRC	+ 34,0 Sek.
4. S. Ogier/J. Ingrassia (F/F)	Citroën DS3 WRC	WRC	+ 47,7 Sek.
5. P. Solberg/C. Patterson (N/GB)	Citroën DS3 WRC	WRC	+ 1.31,2 Min.
6. S. Loeb/D. Elena (F/MC)	Citroën DS3 WRC	WRC	+ 2.30,3 Min.
7. P. Andersson/E. Axelsson (S/S)	Ford Fiesta RS WRC	WRC	+ 6.22,0 Min.
8. K. Räikkönen/K. Lindström (FIN/FIN)	Citroën DS3 WRC	WRC	+ 7.02,3 Min.
9. M. Wilson/S. Martin (GB/GB)	Ford Fiesta RS WRC	WRC	+ 10.11,5 Min.
10. K. Al Qassimi/M. Orr (UAE/GB)	Ford Fiesta RS WRC	WRC	+ 10.31,1 Min.
11. P. Sandell/S. Parmander (S/S)	Škoda Fabia S2000	2	+ 12.24,5 Min.
12. M. Prokop/J. Tománek (CZ/CZ)	Ford Fiesta S2000	2	+ 13.43,1 Min.
13. D. Kuipers/F. Miclotte (NL/B)	Ford Fiesta RS WRC	WRC	+ 13.57,7 Min.
14. K. Block/A. Gelsomino (USA/I)	Ford Fiesta RS WRC	WRC	+ 16.51,8 Min.
15. C. Breen/G. Roberts (IRL/GB)	Ford Fiesta S2000	2	+ 18.32,7 Min.
16. M. Semerád/M. Ernst (CZ/CZ)	Mitsubishi Lancer Evolution	3	+ 23.03,2 Min.
17. R. Göransson/A. Fredriksson (S/S)	Mitsubishi Lancer Evolution	3	+ 26.39,9 Min.
18. A. Laivola/K. Mustalahti (FIN/FIN)	Peugeot 207 S2000	2	+ 28.13,5 Min.
19. Y. Protasov/A. Aftanaziv (UA/UA)	Mitsubishi Lancer Evolution	3	+ 28.20,5 Min.
20. F. Åhlin/H.Jacobsson (S/S)	Ford Fiesta R2	6	+ 29.15,3 Min.
21. N. Fuchs/R. Garcia (PE/RA)	Mitsubishi Lancer Evolution	3	+ 29.47,3 Min.
22. V. Gorban/E. Leonov (UA/UA)	Mitsubishi Lancer Evolution	3	+ 29.52,7 Min.
23. R. Muhonen/J. Kanerva (FIN/FIN)	Mitsubishi Lancer Evolution	3	+ 32.02,1 Min.
24. S. Karyakin/N. Potapova (RUS/RUS)	Subaru Impreza WRX STI	3	+ 34.44,0 Min.
25. J. Salomaa/J. Ottman (FIN/FIN)	Mitsubishi Lancer Evolution	3	+ 40.45,7 Min.

Wichtige Ausfälle

WP7 H. Solberg/I. Minor (N/A)	Ford Fiesta RS WRC	WRC	Unfall

Weitere Infos

Führungspositionen WP1 Andersson, WP2–10 Østberg, WP11–22 Hirvonen
WP-Bestzeiten Loeb und Andersson, je 4; Østberg, Latvala, P. Solberg, Hirvonen und Ogier, je 3
Streckenlänge 2.059 km mit 22 WP über 350 km
Start und Ziel Karlstad (S)
Am Start 45 Teilnehmer
Im Ziel 34

Report Seite 36–41

02 Rallye Mexiko

2. Lauf zur Rallye-Weltmeisterschaft, 3.–6. März 2011

1. S. Loeb/D. Elena (F/MC)	Citroën DS3 WRC	WRC	3:53.17,0 Std.
2. M. Hirvonen/J. Lehtinen (FIN/FIN)	Ford Fiesta RS WRC	WRC	+ 1.38,4 Min.
3. J. Latvala/M. Anttila (FIN/FIN)	Ford Fiesta RS WRC	WRC	+ 2.23,9 Min.
4. P. Solberg/C. Patterson (N/GB)	Citroën DS3 WRC	WRC	+ 7.38,4 Min.
5. M. Østberg/J. Andersson (N/S)	Ford Fiesta RS WRC	WRC	+ 8.43,5 Min.
6. H. Solberg/I. Minor (N/A)	Ford Fiesta RS WRC	WRC	+ 11.10,0 Min.
7. M. Prokop/J. Tománek (CZ/CZ)	Ford Fiesta S2000	2	+ 13.35,0 Min.
8. J. Hänninen/M. Markkula (FIN/FIN)	Škoda Fabia S2000	2	+ 14.48,7 Min.
9. F. Villagra/J. Pérez Companc (RA/RA)	Ford Fiesta RS WRC	WRC	+ 48.17,2 Min.
10. O. Tänak/K. Sikk (EST/EST)	Ford Fiesta S2000	2	+ 53.42,8 Min.
11. B. Guerra/J. Marin (MEX/MEX)	Mitsubishi Lancer Evolution	3	+ 1:01.57,6 Std.
12. K. Block/A. Gelsomino (USA/I)	Ford Fiesta RS WRC	WRC	+ 1:04.04,7 Std.
13. F. Name/A. Zapata (MEX/MEX)	Mitsubishi Lancer Evolution	3	+ 1:06.21,2 Std.
14. J. Jourdain/M. Pimentel (MEX/MEX)	Mitsubishi Lancer Evolution	3	+ 1:07.54,7 Std.
15. K. Kruuda/M. Järveoja (EST/EST)	Škoda Fabia S2000	2	+ 1:13.00,4 Std.
16. J. Sarmiento/E. Tejada (MEX/MEX)	Peugeot 206 XS	6	+ 1:48.07,7 Std.
17. L. Orduña/A. Dominguez (MEX/MEX)	Peugeot 206 XS	6	+ 2:06.24,9 Std.

Wichtige Ausfälle

WP10 M. Wilson/S. Martin (GB/GB)	Ford Fiesta RS WRC	WRC	Elektrik
WP19 S. Ogier/J. Ingrassia (F/F)	Citroën DS3 WRC	WRC	Unfall

Weitere Infos

Führungspositionen WP1 P. Solberg, WP2–4 Ogier, WP5 Loeb, WP6–10 Ogier, WP11–14 Loeb, WP15–19 Ogier, WP20–22 Loeb
WP-Bestzeiten Loeb 9; P. Solberg und Ogier, je 5; Latvala, 2; Hirvonen 1
Streckenlänge 1.026 km mit 22 WP über 364 km
Start und Ziel Leon (MEX)
Am Start 24 Teilnehmer
Im Ziel 17

Report Seite 42–45

03 Rallye Portugal

3. Lauf zur Rallye-Weltmeisterschaft, 24.–27. März 2011

1. S. Ogier/J. Ingrassia (F/F)	Citroën DS3 WRC	WRC	4:10.53,4 Std.
2. S. Loeb/D. Elena (F/MC)	Citroën DS3 WRC	WRC	+ 31,8 Sek.
3. J. Latvala/M. Anttila (FIN/FIN)	Ford Fiesta RS WRC	WRC	+ 3.22,1 Min.
4. M. Hirvonen/J. Lehtinen (FIN/FIN)	Ford Fiesta RS WRC	WRC	+ 6.16,3 Min.
5. M. Wilson/S. Martin (GB/GB)	Ford Fiesta RS WRC	WRC	+ 7.48,5 Min.
6. P. Solberg/C. Patterson (N/GB)	Citroën DS3 WRC	WRC	+ 10.17,4 Min.
7. K. Räikkönen/K. Lindström (FIN/FIN)	Citroën DS3 WRC	WRC	+ 10.54,1 Min.
8. F. Villagra/J. Pérez Companc (RA/RA)	Ford Fiesta RS WRC	WRC	+ 11.38,8 Min.
9. H. Solberg/I. Minor (N/A)	Ford Fiesta RS WRC	WRC	+ 14.16,4 Min.
10. D. Kuipers/F. Miclotte (NL/B)	Ford Fiesta RS WRC	WRC	+ 17.54,6 Min.
11. H. Paddon/J. Kennard (NZ/NZ)	Subaru Impreza WRX STI	3	+ 22.40,0 Min.
12. B. Magalhães/P. Grave (P/P)	Peugeot 207 S2000	2	+ 24.02,0 Min.
13. K. Kruuda/M. Järveoja (EST/EST)	Škoda Fabia S2000	2	+ 26.23,5 Min.
14. K. Al Qassimi/M. Orr (UAE/GB)	Ford Fiesta RS WRC	WRC	+ 27.10,1 Min.
15. J. Ketomäki/K. Risberg (FIN/FIN)	Mitsubishi Lancer Evolution	3	+ 30.19,9 Min.
16. M. Semerád/M. Ernst (CZ/CZ)	Mitsubishi Lancer Evolution	3	+ 31.52,6 Min.
17. A. Villanueva/O. Sanchez (E/E)	Mitsubishi Lancer Evolution	3	+ 34.53,5 Min.
18. B. Guerra/B. Rozada (MEX/E)	Mitsubishi Lancer Evolution	3	+ 36.19,3 Min.
19. V. Gorban/S. Larens (UA/UA)	Mitsubishi Lancer Evolution	3	+ 36.23,3 Min.
20. O. Saliuk/P. Cherepin (UA/UA)	Mitsubishi Lancer Evolution	3	+ 37.17,5 Min.
21. P. Meireles/M. Castro (P/P)	Mitsubishi Lancer Evolution	3	+ 39.31,2 Min.
22. P. van Merksteijn/E. Chevaillier (NL/B)	Citroën DS3 WRC	WRC	+ 39.39,6 Min.
23. B. ten Brinke/D. Thierie (NL/B)	Škoda Fabia S2000	2	+ 41.11,8 Min.
24. M. Kościuszko/M. Szczepaniak (PL/PL)	Mitsubishi Lancer Evolution	3	+ 42.08,6 Min.
25. J. Martinez/M. Fuentes (E/E)	Mitsubishi Lancer Evolution	3	+ 42.24,8 Min.

Wichtige Ausfälle

WP0 K. Block/A. Gelsomino (USA/I)	Ford Fiesta RS WRC	WRC	Unfall
WP6 B. Sousa/A. Costa (P/P)	Ford Fiesta RS WRC	WRC	Unfall
WP16 D. Oliveira/C. Magalhães (BR/P)	Mini John Cooper Works S2000	2	Aufhängung

Weitere Infos

Führungspositionen WP1–3 Hirvonen, WP4–6 Ogier, WP7–9 Latvala, WP10–17 Ogier
WP-Bestzeiten P. Solberg, 6; Ogier, 5; Loeb und Latvala, je 3; Hirvonen 2
Streckenlänge 1.363 km mit 17 WP über 385 km
Start Lissabon (P)
Ziel Faro (P)
Am Start 70 Teilnehmer
Im Ziel 38

Report Seite 46–51

04 Rallye Jordanien

4. Lauf zur Rallye-Weltmeisterschaft, 14.–16. April 2011

1. S. Ogier/J. Ingrassia (F/F)	Citroën DS3 WRC	WRC	2:48.28,2 Std.
2. J. Latvala/M. Anttila (FIN/FIN)	Ford Fiesta RS WRC	WRC	+ 0,2 Sek.
3. S. Loeb/D. Elena (F/MC)	Citroën DS3 WRC	WRC	+ 27,7 Sek.
4. M. Hirvonen/J. Lehtinen (FIN/FIN)	Ford Fiesta RS WRC	WRC	+ 2.44,7 Min.
5. M. Wilson/S. Martin (GB/GB)	Ford Fiesta RS WRC	WRC	+ 5.44,9 Min.
6. K. Räikkönen/K. Lindström (FIN/FIN)	Citroën DS3 WRC	WRC	+ 6.14,9 Min.
7. F. Villagra/J. Pérez Companc (RA/RA)	Ford Fiesta RS WRC	WRC	+ 9.18,7 Min.
8. K. Al Qassimi/M. Orr (UAE/GB)	Ford Fiesta RS WRC	WRC	+ 9.43,7 Min.
9. D. Kuipers/F. Miclotte (NL/B)	Ford Fiesta RS WRC	WRC	+ 14.27,5 Min.
10. B. Sousa/A. Costa (P/P)	Ford Fiesta S2000	2	+ 15.05,5 Min.
11. K. Kruuda/M. Järveoja (EST/EST)	Škoda Fabia S2000	2	+ 15.27,2 Min.
12. H. Gaßner jr./K. Wüstenhagen (D/D)	Škoda Fabia S2000	2	+ 17.27,6 Min.
13. M. Østberg/J. Andersson (N/S)	Ford Fiesta RS WRC	WRC	+ 17.35,7 Min.
14. H. Solberg/I. Minor (N/A)	Ford Fiesta RS WRC	WRC	+ 22.01,7 Min.
15. N. Amiouni/C. Beyrouthy (RL/RL)	Mitsubishi Lancer Evolution	3	+ 30.08,2 Min.
16. R. Alketbi/K. Alkendi (RL/RL)	Škoda Fabia S2000	2	+ 32.14,7 Min.
17. A. Llovera/D. Vallejo (AND/E)	Fiat Abarth Grande Punto S2000	2	+ 32.39,0 Min.
18. E. Brynildsen/C. Menkerud (N/N)	Škoda Fabia S2000	2	+ 38.27,0 Min.
19. D. Oliveira/C. Magalhães (BR/P)	Mini John Cooper Works S2000	2	+ 38.29,1 Min.
20. M. Tantash/Z. Abu Zeid (JOR/JOR)	Mitsubishi Lancer Evolution	3	+ 50.29,7 Min.
21. M. Saleh/A. Gaziri (RL/RL)	Subaru Impreza WRX STI	3	+ 54.37,9 Min.
22. N. Al-Majali/N. Shnoudeh (JOR/JOR)	Mitsubishi Lancer Evolution	3	+ 1:07.56,1 Std.
23. M. Hatk/F. Hakki (JOR/JOR)	Fiat Stilo	5	+ 1:35.33,2 Std.

Wichtige Ausfälle

WP14 P. van Merksteijn/E. Chevaillier (NL/B)	Citroën DS3 WRC	WRC	Unfall
WP16 P. Solberg/C. Patterson (N/GB)	Citroën DS3 WRC	WRC	Unfall

Weitere Infos

Führungspositionen WP7 Loeb, WP8 Loeb und Ogier, WP9–18 Ogier, WP19 Latvala, WP20 Ogier
WP-Bestzeiten Latvala, 5; Ogier, Loeb und Hirvonen, je 3; P. Solberg, 1
Streckenlänge 614 km mit 14 WP über 259 km (WP1–6 abgesagt)
Start und Ziel Amman (JOR)
Am Start 29 Teilnehmer
Im Ziel 23

Report Seite 52–55

05 Rallye Sardinien

5. Lauf zur Rallye-Weltmeisterschaft, 5.–8. Mai 2011

#	Fahrer	Fahrzeug	Kl.	Zeit
1.	S. Loeb/D. Elena (F/MC)	Citroën DS3 WRC	WRC	+ 3:45.40,9 Std.
2.	M. Hirvonen/J. Lehtinen (FIN/FIN)	Ford Fiesta RS WRC	WRC	+ 11,2 Sek.
3.	P. Solberg/C. Patterson (N/GB)	Citroën DS3 WRC	WRC	+ 23,8 Sek.
4.	S. Ogier/J. Ingrassia (F/F)	Citroën DS3 WRC	WRC	+ 1.31,5 Min.
5.	M. Østberg/J. Andersson (N/S)	Ford Fiesta RS WRC	WRC	+ 2.42,6 Min.
6.	D. Sordo/Carlos del Barrio (E/E)	Mini John Cooper Works WRC	WRC	+ 3.27,6 Min.
7.	O. Tänak/K. Sikk (EST/EST)	Ford Fiesta S2000	2	+ 7.10,9 Min.
8.	J. Hänninen/M. Markkula (FIN/FIN)	Škoda Fabia S2000	2	+ 7.37,6 Min.
9.	M. Wilson/S. Martin (GB/GB)	Ford Fiesta RS WRC	WRC	+ 8.00,4 Min.
10.	M. Prokop/J. Tománek (CZ/CZ)	Ford Fiesta S2000	2	+ 11.28,2 Min.
11.	N. Al-Attiyah/G. Bernacchini (Q/I)	Ford Fiesta S2000	2	+ 12.33,8 Min.
12.	A. Araújo/M. Ramalho (P/P)	Mini John Cooper Works WRC	WRC	+ 13.09,7 Min.
13.	K. Al Qassimi/M. Orr (UAE/GB)	Ford Fiesta RS WRC	WRC	+ 13.41,9 Min.
14.	E. Novikov/S. Prevot (RUS/B)	Ford Fiesta RS WRC	WRC	+ 14.12,2 Min.
15.	P. Andersson/E. Axelsson (S/S)	Ford Fiesta RS WRC	WRC	+ 18.46,0 Min.
16.	H. Gaßner jr./K. Wüstenhagen (D/D)	Škoda Fabia S2000	2	+ 20.42,5 Min.
17.	F. Villagra/J. Pérez Companc (RA/RA)	Ford Fiesta RS WRC	WRC	+ 28.19,6 Min.
18.	J. Latvala/M. Anttila (FIN/FIN)	Ford Fiesta RS WRC	WRC	+ 33.46,9 Min.
19.	P. Flodin/G. Bergsten (S/S)	Mini John Cooper Works WRC	WRC	+ 35.17,7 Min.
20.	N. Kondrakhin/N. Arena (FIN/I)	Mitsubishi Lancer Evolution	3	+ 36.15,4 Min.
21.	K. Kruuda/M. Järveoja (EST/EST)	Škoda Fabia S2000	2	+ 37.04,7 Min.
22.	G. Linari/A. Cecchi (I/I)	Subaru Impreza WRX STI	3	+ 39.53,7 Min.
23.	F. Marrone/S. Colla (I/I)	Mitsubishi Lancer Evolution	3	+ 45.50,6 Min.
24.	F. Turán/G. Zsiros (H/H)	Ford Fiesta S2000	2	+ 49.28,9 Min.
25.	R. Kuipers/A. Hulzebos (NL/NL)	Ford Fiesta S2000	2	+ 50.15,7 Min.

Wichtige Ausfälle

WP	Fahrer	Fahrzeug	Kl.	Grund
WP6	H. Solberg/I. Minor (N/A)	Ford Fiesta RS WRC	WRC	Motor
WP9	K. Meeke/P. Nagle (GB/IRL)	Mini John Cooper Works WRC	WRC	Aufgabe
WP11	P. van Merksteijn/E. Chevaillier (NL/B)	Citroën DS3 WRC	WRC	Motor
WP16	D. Kuipers/F. Miclotte (NL/B)	Ford Fiesta RS WRC	WRC	Antrieb

Weitere Infos

Führungspositionen WP1 P. Solberg, WP2–3 Hirvonen, WP4–18 Loeb
WP-Bestzeiten Latvala, 7; Loeb und Hirvonen, je 4; P. Solberg, 3; Ogier, 2
Streckenlänge 1.247 km mit 19 WP über 364 km
Start und Ziel Olbia (I)
Am Start 63 Teilnehmer
Im Ziel 32

Report Seite 56–59

06 Rallye Argentinien

6. Lauf zur Rallye-Weltmeisterschaft, 26.–29. Mai 2011

#	Fahrer	Fahrzeug	Kl.	Zeit
1.	S. Loeb/D. Elena (F/MC)	Citroën DS3 WRC	WRC	4:03.56,9 Std.
2.	M. Hirvonen/J. Lehtinen (FIN/FIN)	Ford Fiesta RS WRC	WRC	+ 2,4 Sek.
3.	S. Ogier/J. Ingrassia (F/F)	Citroën DS3 WRC	WRC	+ 7,3 Sek.
4.	P. Solberg/C. Patterson (N/GB)	Citroën DS3 WRC	WRC	+ 32,6 Sek.
5.	M. Østberg/J. Andersson (N/S)	Ford Fiesta RS WRC	WRC	+ 5.16,8 Min.
6.	F. Villagra/J. Pérez Companc (RA/RA)	Ford Fiesta RS WRC	WRC	+ 6.48,5 Min.
7.	J. Latvala/M. Anttila (FIN/FIN)	Ford Fiesta RS WRC	WRC	+ 11.34,5 Min.
8.	M. Wilson/S. Martin (GB/GB)	Ford Fiesta RS WRC	WRC	+ 13.32,7 Min.
9.	H. Paddon/J. Kennard (NZ/NZ)	Subaru Impreza WRX STI	3	+ 25.43,8 Min.
10.	P. Flodin/M. Andersson (S/S)	Subaru Impreza WRX STI	3	+ 33.34,2 Min.
11.	D. Tagirov/A. Zavershinskaya (RUS/RUS)	Subaru Impreza WRX STI	3	+ 39.10,7 Min.
12.	N. Fuchs/F. Mussano (PE/RA)	Mitsubishi Lancer Evolution	3	+ 43.56,2 Min.
13.	R. Orlandini/J. Cilloniz (PE/PE)	Mitsubishi Lancer Evolution	3	+ 47.39,2 Min.
14.	M. Semerad/M. Ernst (CZ/CZ)	Mitsubishi Lancer Evolution	3	+ 47.59,2 Min.
15.	B. Guerra/B. Rozada (MEX/E)	Mitsubishi Lancer Evolution	3	+ 49.00,2 Min.
16.	E. Campos/C. Winkler (RA/RA)	Mitsubishi Lancer Evolution	3	+ 50.20,6 Min.
17.	G. Linari/N. Arena (I/I)	Subaru Impreza WRX STI	3	+ 52.55,8 Min.
18.	K. Block/A. Gelsomino (USA/I)	Ford Fiesta RS WRC	WRC	+ 53.19,9 Min.
19.	Y. Protasov/A. Aftanaziv (UA/UA)	Mitsubishi Lancer Evolution	3	+ 53.28,6 Min.
20.	M. Kościuszko/M. Szczepaniak (PL/PL)	Mitsubishi Lancer Evolution	3	+ 54.07,8 Min.
21.	H. Hunt/R. Durant (GB/GB)	Citroën DS3 R3	5	+ 1:01.17,4 Std.
22.	G. Suarez/M. Mercadal (RA/RA)	Subaru Impreza WRX STI	3	+ 1:29.43,0 Std.
23.	P. Pelaez/L. Catalfamo (RA/RA)	Peugeot 206 XS	9	+ 1:44.02,9 Std.
24.	C. Cuevas/A. Cuevas (RA/RA)	Citroën C4 VTS	5	+ 2:15.51,6 Std.
25.	M. Durante/J. Casajus (RA/RA)	Renault Clio	9	+ 2:24.16,0 Std.

Wichtige Ausfälle

WP	Fahrer	Fahrzeug	Kl.	Grund
WP5	P. van Merksteijn/E. Chevaillier (NL/B)	Citroën DS3 WRC	WRC	Motor
WP7	D. Oliveira/C. Magalhães (BR/P)	Mini John Cooper Works WRC	WRC	Unfall

Weitere Infos

Führungspositionen WP1 P. Loeb, WP2–12 Latvala, WP13–18 Ogier, WP19 Loeb
WP-Bestzeiten Loeb, 8; Latvala, 5; P. Solberg und Ogier, je 3
Streckenlänge 1.457 km mit 19 WP über 380 km
Start und Ziel Villa Carlos Paz (RA)
Am Start 33 Teilnehmer
Im Ziel 27

Report Seite 60–64

07 Rallye Akropolis

7. Lauf zur Rallye-Weltmeisterschaft, 16.–19. Juni 2011

#	Fahrer	Fahrzeug	Kl.	Zeit
1.	S. Ogier/J. Ingrassia (F/F)	Citroën DS3 WRC	WRC	4:04.44,3 Std.
2.	S. Loeb/D. Elena (F/MC)	Citroën DS3 WRC	WRC	+ 10,5 Sek.
3.	M. Hirvonen/J. Lehtinen (FIN/FIN)	Ford Fiesta RS WRC	WRC	+ 13,5 Sek.
4.	P. Solberg/C. Patterson (N/GB)	Citroën DS3 WRC	WRC	+ 38,8 Sek.
5.	H. Solberg/I. Minor (N/A)	Ford Fiesta RS WRC	WRC	+ 5.24,7 Min.
6.	M. Wilson/S. Martin (GB/GB)	Ford Fiesta RS WRC	WRC	+ 6.54,7 Min.
7.	J. Räikkönen/K. Lindström (FIN/FIN)	Citroën DS3 WRC	WRC	+ 8.29,4 Min.
8.	J. Hänninen/M. Markkula (FIN/FIN)	Škoda Fabia S2000	2	+ 11.34,7 Min.
9.	J. Latvala/M. Anttila (FIN/FIN)	Ford Fiesta RS WRC	WRC	+ 13.08,8 Min.
10.	D. Kuipers/F. Miclotte (NL/B)	Ford Fiesta RS WRC	WRC	+ 15.10,1 Min.
11.	B. Sousa/A. Costa (P/P)	Ford Fiesta S2000	2	+ 16.29,3 Min.
12.	M. Østberg/J. Andersson (N/S)	Ford Fiesta RS WRC	WRC	+ 17.17,4 Min.
13.	T. Turán/G. Zsiros (H/H)	Ford Fiesta S2000	2	+ 17.52,0 Min.
14.	H. Gaßner jr./K. Wüstenhagen (D/D)	Škoda Fabia S2000	2	+ 18.43,4 Min.
15.	M. Prokop/J. Tománek (CZ/CZ)	Ford Fiesta S2000	2	+ 20.33,1 Min.
16.	N. Al-Attiyah/G. Bernacchini (Q/I)	Ford Fiesta S2000	2	+ 21.39,6 Min.
17.	R. Kuipers/A. Hulzebos (NL/NL)	Ford Fiesta RS WRC	WRC	+ 31.12,4 Min.
18.	E. Brynildsen/C. Menkerud (N/N)	Škoda Fabia S2000	2	+ 32.57,2 Min.
19.	L. Athanassoulas/N. Zakheos (GR/GR)	Ford Fiesta RS WRC	WRC	+ 35.24,4 Min.
20.	E. Novikov/D. Giraudet (RUS/F)	Ford Fiesta RS WRC	WRC	+ 41.47,4 Min.
21.	N. Kondrakhin/N. Arena (FIN/I)	Mitsubishi Lancer Evolution	3	+ 42.02,3 Min.
22.	D. Psillos/K. Kontos (GR/GR)	Mitsubishi Lancer Evolution	3	+ 42.53,4 Min.
23.	K. Kruuda/M. Järveoja (EST/EST)	Škoda Fabia S2000	2	+ 1:01.37,8 Std.
24.	A. Llovera/D. Vallejo (AND/E)	Fiat Abarth Grande Punto S2000	2	+ 1:06.06,2 Std.
25.	P. Konstantakos/T. Siderakis (GR/GR)	Mitsubishi Lancer Evolution	3	+ 1:07.54,3 Std.

Wichtige Ausfälle

WP	Fahrer	Fahrzeug	Kl.	Grund
WP2	P. van Merksteijn/E. Chevaillier (NL/B)	Citroën DS3 WRC	WRC	Unfall
WP4	P. van Merksteijn sr./E. Mombaerts (NL/B)	Citroën DS3 WRC	WRC	Unfall
WP9	A. Araújo/M. Ramalho (P/P)	Mini John Cooper Works WRC	WRC	Aufgabe
WP13	D. Oliveira/C. Magalhães (BR/P)	Mini John Cooper Works WRC	WRC	Unfall
WP16	F. Villagra/M. Diaz (RA/RA)	Ford Fiesta RS WRC	WRC	Benzindruck

Weitere Infos

Führungspositionen WP1–9 P. Solberg, WP10–12 Ogier, WP13 Loeb, WP14 Ogier, WP15 Loeb, WP16–18 Ogier
WP-Bestzeiten Ogier, 6; Latvala, 5; Loeb und P. Solberg, 3; Hirvonen, 1
Streckenlänge 1.217 km mit 18 WP über 348 km
Start und Ziel Loutraki (GR)
Am Start 41 Teilnehmer
Im Ziel 35

Report Seite 66–69

08 Rallye Finnland

8. Lauf zur Rallye-Weltmeisterschaft, 28.–30. Juli 2011

#	Fahrer	Fahrzeug	Kl.	Zeit
1.	S. Loeb/D. Elena (F/MC)	Citroën DS3 WRC	WRC	+ 2:39.37,0 Std.
2.	J. Latvala/M. Anttila (FIN/FIN)	Ford Fiesta RS WRC	WRC	+ 8,1 Sek.
3.	S. Ogier/J. Ingrassia (F/F)	Citroën DS3 WRC	WRC	+ 12,8 Sek.
4.	M. Hirvonen/J. Lehtinen (FIN/FIN)	Ford Fiesta RS WRC	WRC	+ 1.09,1 Min.
5.	P. Solberg/C. Patterson (N/GB)	Citroën DS3 WRC	WRC	+ 1.16,2 Min.
6.	M. Østberg/J. Andersson (N/S)	Ford Fiesta RS WRC	WRC	+ 1.27,8 Min.
7.	H. Solberg/I. Minor (N/A)	Ford Fiesta RS WRC	WRC	+ 3.25,5 Min.
8.	M. Wilson/S. Martin (GB/GB)	Ford Fiesta RS WRC	WRC	+ 3.53,2 Min.
9.	J. Räikkönen/K. Lindström (FIN/FIN)	Citroën DS3 WRC	WRC	+ 3.59,8 Min.
10.	J. Hänninen/M. Markkula (FIN/FIN)	Škoda Fabia S2000	2	+ 5.13,7 Min.
11.	D. Kuipers/F. Miclotte (NL/B)	Ford Fiesta RS WRC	WRC	+ 7.41,3 Min.
12.	M. Prokop/J. Tománek (CZ/CZ)	Ford Fiesta S2000	2	+ 7.51,4 Min.
13.	O. Tänak/K. Sikk (EST/EST)	Ford Fiesta S2000	2	+ 8.52,0 Min.
14.	K. Al Qassimi/M. Orr (UAE/GB)	Ford Fiesta RS WRC	WRC	+ 9.47,8 Min.
15.	P. Andersson/E. Axelsson (S/S)	Subaru Impreza R4	2	+ 9.54,7 Min.
16.	H. Gaßner jr./K. Wüstenhagen (D/D)	Škoda Fabia S2000	2	+ 11.06,3 Min.
17.	F. Turán/G. Zsiros (H/H)	Ford Fiesta S2000	2	+ 11.24,9 Min.
18.	A. Neiksans/P. Dzirkals (LV/LV)	Mitsubishi Lancer Evolution	3	+ 12.00,9 Min.
19.	H. Paddon/J. Kennard (NZ/NZ)	Subaru Impreza WRX STI	3	+ 12.20,2 Min.
20.	A. Araújo/M. Ramalho (P/P)	Mini John Cooper Works WRC	WRC	+ 12.53,0 Min.
21.	J. Nikara/P. Nikara (FIN/FIN)	Mitsubishi Lancer Evolution	3	+ 13.00,4 Min.
22.	P. Flodin/G. Bergsten (S/S)	Subaru Impreza WRX STI	3	+ 13.27,9 Min.
23.	J. Ketomäki/K. Risberg (FIN/FIN)	Mitsubishi Lancer Evolution	3	+ 13.33,4 Min.
24.	B. Sousa/P. Babo (P/P)	Ford Fiesta S2000	2	+ 13.53,1 Min.
25.	M. Kościuszko/M. Szczepaniak (PL/PL)	Mitsubishi Lancer Evolution	3	+ 14.32,8 Min.

Wichtige Ausfälle

WP	Fahrer	Fahrzeug	Kl.	Grund
WP1	M. Rantanen/M. Lukka (FIN/FIN)	Mini John Cooper Works WRC	WRC	Unfall
WP7	E. Novikov/D. Giraudet (RUS/F)	Ford Fiesta RS WRC	WRC	Kurbelwelle
WP7	J. Ketomaa/M. Stenberg (FIN/FIN)	Ford Fiesta RS WRC	WRC	Unfall
WP19	K. Meeke/P. Nagle (GB/IRL)	Mini John Cooper Works WRC	WRC	Unfall
WP21	D. Sordo/C. del Barrio (E/E)	Mini John Cooper Works WRC	WRC	Überhitzung

Weitere Infos

Führungspositionen WP1 Ketomaa, WP2–8 Loeb, WP9–10 Ogier, WP11–22 Loeb
WP-Bestzeiten Hirvonen, 13; Loeb, 5; Latvala, 2; Ogier und Ketomaa, je 1
Streckenlänge 1.355 km mit 22 WP über 314 km
Start und Ziel Jyväskylä (FIN)
Am Start 118 Teilnehmer
Im Ziel 66

Report Seite 70–73

180 STATISTIK Rallye-WM

09 Rallye Deutschland

9. Lauf zur Rallye-Weltmeisterschaft, 18.–21. August 2011

#	Fahrer	Fahrzeug	Klasse	Zeit/Rückstand
1.	S. Ogier/J. Ingrassia (F/F)	Citroën DS3 WRC	WRC	3:32.15,9 Std.
2.	S. Loeb/D. Elena (F/MC)	Citroën DS3 WRC	WRC	+ 39,8 Sek.
3.	D. Sordo/Carlos del Barrio (E/E)	Mini John Cooper Works WRC	WRC	+ 1.55,6 Min.
4.	M. Hirvonen/J. Lehtinen (FIN/FIN)	Ford Fiesta RS WRC	WRC	+ 2.43,7 Min.
5.	P. Solberg/C. Patterson (N/GB)	Citroën DS3 WRC	WRC	+ 3.48,0 Min.
6.	K. Räikkönen/K. Lindström (FIN/FIN)	Citroën DS3 WRC	WRC	+ 7.24,6 Min.
7.	H. Solberg/I. Minor (N/A)	Ford Fiesta RS WRC		+ 7.45,9 Min.
8.	A. Araújo/M. Ramalho (P/P)	Mini John Cooper Works WRC		+ 9.29,8 Min.
9.	P. van Merksteijn/E. Mombaerts (NL/B)	Citroën DS3 WRC	WRC	+ 10.01,6 Min.
10.	M. Kuipers/F. Miclotte (NL/B)	Ford Fiesta RS WRC		+ 10.09,0 Min.
11.	M. Wilson/S. Martin (GB/GB)	Ford Fiesta RS WRC	WRC	+ 11.31,7 Min.
12.	O. Tänak/K. Sikk (EST/EST)	Ford Fiesta S2000	2	+ 13.48,9 Min.
13.	H. Weijs jr./B. Degandt (NL/B)	Škoda Fabia S2000	2	+ 14.43,4 Min.
14.	J. Latvala/M. Anttila (FIN/FIN)	Ford Fiesta RS WRC	WRC	+ 17.20,4 Min.
15.	C. Riedemann/M. Wenzel (D/D)	Škoda Fabia S2000	2	+ 18.09,1 Min.
16.	N. Al-Attiyah/G. Bernacchini (Q/I)	Ford Fiesta S2000	2	+ 19.27,5 Min.
17.	K. Block/A. Gelsomino (USA/I)	Ford Fiesta RS WRC		+ 19.45,6 Min.
18.	P. Campana/S. de Castelli (F/F)	Mini John Cooper Works WRC		+ 20.26,3 Min.
19.	F. Turán/G. Zsiros (H/H)	Ford Fiesta S2000	2	+ 21.52,2 Min.
20.	J. Hänninen/M. Markkula (FIN/FIN)	Škoda Fabia S2000	2	+ 25.26,0 Min.
21.	H. Gaßner/K. Thannhäuser (D/D)	Mitsubishi Lancer Evolution	3	+ 27.40,5 Min.
22.	K. Kruuda/M. Järveoja (EST/EST)	Škoda Fabia S2000	2	+ 28.40,7 Min.
23.	A. Burkart/A. Kachel (D/D)	Ford Fiesta RS WRC	WRC	+ 29.20,0 Min.
24.	M. Burri/S. Rey (CH/CH)	Citroën DS3 R3T	5	+ 33.01,9 Min.
25.	C. Mohe/D. Becker (D/D)	Renault Mégane RS	3	+ 35.50,2 Min.

Wichtige Ausfälle

WP14	R. Kuipers/R. Buysmans (NL/B)	Ford Fiesta RS WRC	WRC	Aufgabe
WP15	M. Østberg/J. Andersson (N/S)	Ford Fiesta RS WRC	WRC	Unfall
WP17	D. Oliveira/C. Magalhães (BR/P)	Mini John Cooper Works WRC	WRC	Unfall
WP17	K. Meeke/P. Nagle (GB/IRL)	Mini John Cooper Works WRC	WRC	Lichtmaschine

Weitere Infos

Führungspositionen WP1 Latvala, WP2 Ogier, WP3–13 Loeb, WP14–19 Ogier
WP-Bestzeiten Loeb, 9; Ogier, 6; Latvala, 3; Hirvonen, 1
Streckenlänge 1.245 km mit 19 WP über 359 km
Start und Ziel Trier (D)
Am Start 80 Teilnehmer
Im Ziel 48

Report Seite 74–80

10 Rallye Australien

10. Lauf zur Rallye-Weltmeisterschaft, 8.–11. September 2011

#	Fahrer	Fahrzeug	Klasse	Zeit/Rückstand
1.	M. Hirvonen/J. Lehtinen (FIN/FIN)	Ford Fiesta RS WRC	WRC	+ 3:35.59,0 Std.
2.	J. Latvala/M. Anttila (FIN/FIN)	Ford Fiesta RS WRC	WRC	+ 14,7 Sek.
3.	P. Solberg/C. Patterson (N/GB)	Citroën DS3 WRC	WRC	+ 44,8 Sek.
4.	M. Wilson/S. Martin (GB/GB)	Ford Fiesta RS WRC	WRC	+ 8.45,2 Min.
5.	K. Al Qassimi/M. Orr (UAE/GB)	Ford Fiesta RS WRC	WRC	+ 12.33,3 Min.
6.	H. Paddon/R. Kennard (NZ/NZ)	Subaru Impreza WRX STI	3	+ 17.29,3 Min.
7.	M. Kościuszko/M. Szczepaniak (PL/PL)	Mitsubishi Lancer Evolution	3	+ 19.01,3 Min.
8.	O. Saliuk/P. Cherepin (UA/UA)	Mitsubishi Lancer Evolution	3	+ 21.08,5 Min.
9.	B. Guerra/B. Rozada (MEX/E)	Mitsubishi Lancer Evolution	3	+ 22.48,9 Min.
10.	S. Loeb/D. Elena (F/MC)	Citroën DS3 WRC	WRC	+ 30.02,9 Min.
11.	S. Ogier/J. Ingrassia (F/F)	Citroën DS3 WRC	WRC	+ 30.19,4 Min.
12.	V. Gorban/A. Nikolayev (UA/UA)	Mitsubishi Lancer Evolution	3	+ 30.22,1 Min.
13.	P. van Merksteijn/E. Mombaerts (NL/B)	Citroën DS3 WRC	WRC	+ 32.21,0 Min.
14.	H. Solberg/I. Minor (N/A)	Ford Fiesta RS WRC		+ 32.23,7 Min.
15.	J. Spencer/J. Goasdoue (AUS/AUS)	Mitsubishi Lancer Evolution	3	+ 34.36,1 Min.
16.	G. Linari/N. Arena (I/I)	Subaru Impreza WRX STI	3	+ 38.50,2 Min.
17.	B. Reeves/R. Smyth (AUS/AUS)	Subaru Impreza WRX STI	3	+ 41.20,2 Min.
18.	N. Quinn/D. Green (AUS/AUS)	Mitsubishi Lancer Evolution	3	+ 41.54,6 Min.
19.	K. Block/A. Gelsomino (USA/I)	Ford Fiesta RS WRC	WRC	+ 42.01,9 Min.
20.	M. Hunt/T. Durant (GB/GB)	Citroën DS3 R3T	5	+ 49.41,9 Min.
21.	B. Al-Jabri/S. McAuley (UAE/GB)	Subaru Impreza WRX STI	3	+ 53.42,2 Min.
22.	R. Vlad/D. Nicoli (AUS/AUS)	Ford Fiesta ST	8	+ 1:01.12,6 Std.
23.	A. Coppin/T. Batten (AUS/AUS)	Ford Fiesta ST	8	+ 1:03.34,1 Std.
24.	M. Al Shamsi/K. Duffy (UAE/IRL)	Subaru Impreza WRX STI		+ 1:41.06,8 Std.

Wichtige Ausfälle

WP21	E. Novikov/D. Giraudet (RUS/F)	Ford Fiesta RS WRC	WRC	Unfall
WP21	D. Oliveira/C. Magalhães (BR/P)	Mini John Cooper Works WRC	WRC	Unfall

Weitere Infos

Führungspositionen WP1–2 Ogier, WP3 Loeb, WP4–5 Ogier, WP6–10 Hirvonen, WP11–24 Latvala, WP 25–26 Hirvonen
WP-Bestzeiten Latvala, 9; Loeb, 6; Ogier und Hirvonen, je 5; P. Solberg, 1
Streckenlänge 1.252 km mit 26 WP über 398 km
Start und Ziel Coffs Harbour (AUS)
Am Start 29 Teilnehmer
Im Ziel 24

Report Seite 82–87

11 Rallye Frankreich

11. Lauf zur Rallye-Weltmeisterschaft, 29. September–3. Oktober 2011

#	Fahrer	Fahrzeug	Klasse	Zeit/Rückstand
1.	S. Ogier/J. Ingrassia (F/F)	Citroën DS3 WRC	WRC	3:06.20,4 Std.
2.	D. Sordo/Carlos del Barrio (E/E)	Mini John Cooper Works WRC	WRC	+ 6,3 Sek.
3.	M. Hirvonen/J. Lehtinen (FIN/FIN)	Ford Fiesta RS WRC	WRC	+ 3.26,6 Min.
4.	J. Latvala/M. Anttila (FIN/FIN)	Ford Fiesta RS WRC	WRC	+ 3.30,3 Min.
5.	D. Kuipers/F. Miclotte (NL/B)	Ford Fiesta RS WRC	WRC	+ 6.42,0 Min.
6.	H. Solberg/I. Minor (N/A)	Ford Fiesta RS WRC		+ 7.08,3 Min.
7.	M. Østberg/J. Andersson (N/S)	Ford Fiesta RS WRC	WRC	+ 7.58,3 Min.
8.	K. Block/A. Gelsomino (USA/I)	Ford Fiesta RS WRC		+ 8.25,5 Min.
9.	P. Campana/S. de Castelli (F/F)	Mini John Cooper Works WRC		+ 8.38,7 Min.
10.	M. Wilson/S. Martin (GB/GB)	Ford Fiesta RS WRC	WRC	+ 10.00,8 Min.
11.	O. Tänak/K. Sikk (EST/EST)	Ford Fiesta S2000	2	+ 11.31,7 Min.
12.	K. Al Qassimi/M. Orr (UAE/GB)	Ford Fiesta RS WRC		+ 12.28,2 Min.
13.	E. Brynildsen/T. Alanne (N/FIN)	Škoda Fabia S2000	2	+ 14.05,4 Min.
14.	M. Prokop/J. Tománek (CZ/CZ)	Ford Fiesta S2000	2	+ 14.12,4 Min.
15.	B. Sousa/P. Babo (P/P)	Ford Fiesta S2000	2	+ 16.06,6 Min.
16.	E. Evans/A. Edwards (GB/GB)	Ford Fiesta R2	6	+ 26.20,4 Min.
17.	M. Burri/S. Rey (CH/CH)	Citroën DS3 R3T	5	+ 26.21,3 Min.
18.	Y. Clairay/T. Roux (F/F)	Renault Clio RS R3	5	+ 27.11,6 Min.
19.	M. McCormack/D. Moynihan (GB/IRL)	Citroën DS3 R3T	5	+ 28.24,5 Min.
20.	J. Schmitt/C. Antoine (F/F)	Citroën C2 R2	5	+ 34.02,5 Min.
21.	T. Colney/E. Pacifico (F/F)	Renault Clio RS R3	5	+ 35.51,2 Min.
22.	E. Meyer/S. Nollet (F/F)	Subaru Impreza WRX STI	3	+ 35.55,2 Min.
23.	E. Novikov/D. Giraudet (RUS/F)	Ford Fiesta RS WRC	WRC	+ 39.25,8 Min.
24.	S. Gobalet/D. Mordji (CH/CH)	Ford Fiesta R2	6	+ 39.30,0 Min.
25.	S. Droxler/S. Racing (CH/CH)	Ford Fiesta R2		+ 41.12,0 Min.

Wichtige Ausfälle

WP2	S. Loeb/D. Elena (F/MC)	Citroën DS3 WRC	WRC	Motor
WP2	K. Räikkönen/K. Lindström (FIN/FIN)	Citroën DS3 WRC	WRC	Unfall
WP5	P. van Merksteijn/E. Mombaerts (NL/B)	Citroën DS3 WRC	WRC	Unfall
WP14	D. Oliveira/C. Magalhães (BR/P)	Mini John Coopers Works WRC	WRC	Unfall
WP23	P. Solberg/C. Patterson (N/GB)	Citroën DS3 WRC	WRC	Wertungsausschluss

Weitere Infos

Führungspositionen WP1–2 Loeb, WP3–6 Ogier, WP7 P. Solberg, WP8–9 Sordo, WP10 P. Solberg, WP11 Ogier, WP12 Sordo, WP13–23 Ogier
WP-Bestzeiten Ogier, 10; Latvala, 7; Sordo und P. Solberg, je 4; Loeb, 1
Streckenlänge 1.289 km mit 23 WP über 337 km
Start und Ziel Straßburg (F)
Am Start 64 Teilnehmer
Im Ziel 34

Report Seite 88–91

12 Rallye Spanien

12. Lauf zur Rallye-Weltmeisterschaft, 20.–23. Oktober 2011

#	Fahrer	Fahrzeug	Klasse	Zeit/Rückstand
1.	S. Loeb/D. Elena (F/MC)	Citroën DS3 WRC	WRC	4:05.39,3 Std.
2.	M. Hirvonen/J. Lehtinen (FIN/FIN)	Ford Fiesta RS WRC	WRC	+ 2.06,9 Min.
3.	J. Latvala/M. Anttila (FIN/FIN)	Ford Fiesta RS WRC	WRC	+ 2.32,4 Min.
4.	D. Sordo/Carlos del Barrio (E/E)	Mini John Cooper Works WRC	WRC	+ 3.24,1 Min.
5.	K. Meeke/P. Nagle (GB/IRL)	Mini John Cooper Works WRC	WRC	+ 5.15,0 Min.
6.	M. Østberg/J. Andersson (N/S)	Ford Fiesta RS WRC	WRC	+ 5.43,2 Min.
7.	E. Novikov/D. Giraudet (RUS/F)	Ford Fiesta RS WRC	WRC	+ 9.31,8 Min.
8.	H. Solberg/I. Minor (N/A)	Ford Fiesta RS WRC		+ 9.40,1 Min.
9.	D. Kuipers/F. Miclotte (NL/B)	Ford Fiesta RS WRC		+ 11.13,8 Min.
10.	J. Hänninen/M. Markkula (FIN/FIN)	Škoda Fabia S2000	2	+ 13.49,2 Min.
11.	N. Al-Attiyah/G. Bernacchini (Q/I)	Ford Fiesta S2000	2	+ 14.04,1 Min.
12.	K. Al Qassimi/M. Orr (UAE/GB)	Ford Fiesta RS WRC	WRC	+ 14.39,0 Min.
13.	M. Prokop/J. Tománek (CZ/CZ)	Ford Fiesta S2000	2	+ 14.46,9 Min.
14.	Y. Lemes/R. Peñate (E/E)	Škoda Fabia S2000	2	+ 15.11,3 Min.
15.	C. Breen/G. Roberts (IRL/GB)	Ford Fiesta S2000	2	+ 16.09,4 Min.
16.	F. Villagra/D. Curletto (RA/RA)	Ford Fiesta RS WRC	WRC	+ 17.36,6 Min.
17.	P. van Merksteijn/E. Mombaerts (NL/B)	Citroën DS3 WRC	WRC	+ 18.45,7 Min.
18.	H. Gaßner jr./T. Gottschalk (D/D)	Škoda Fabia S2000	2	+ 18.45,7 Min.
19.	A. Burkart/A. Kachel (D/D)	Ford Fiesta S2000	2	+ 19.56,4 Min.
20.	C. Riedemann/M. Wenzel (D/D)	Škoda Fabia S2000	2	+ 20.20,0 Min.
21.	P. Flodin/B. Bergsten (S/S)	Subaru Impreza WRX STI	3	+ 24.01,4 Min.
22.	M. Kościuszko/M. Szczepaniak (PL/PL)	Mitsubishi Lancer Evolution	3	+ 24.03,4 Min.
23.	J. Maurin/O. Ural (F/F)	Ford Fiesta S2000	2	+ 29.24,4 Min.
24.	B. Guerra/B. Rozada (MEX/E)	Mitsubishi Lancer Evolution	3	+ 33.46,0 Min.
25.	D. Oliveira/F. Mussano (BR/RA)	Mini John Cooper Works WRC	WRC	+ 36.50,0 Min.

Wichtige Ausfälle

WP1	P. Solberg/C. Patterson (N/GB)	Citroën DS3 WRC	WRC	Unfall
WP2	K. Räikkönen/K. Lindström (FIN/FIN)	Citroën DS3 WRC	WRC	Benzinleck
WP12	K. Block/A. Gelsomino (USA/I)	Ford Fiesta RS WRC	WRC	Unfall
WP16	S. Ogier/J. Ingrassia (F/F)	Citroën DS3 WRC	WRC	Motor
WP16	M. Wilson/S. Martin (GB/GB)	Ford Fiesta RS WRC	WRC	Aufhängung

Weitere Infos

Führungspositionen WP1–3 Loeb, WP4–5 Latvala, WP6–18 Loeb
WP-Bestzeiten Latvala, 6; Loeb, 5; Ogier, 4; Hirvonen, Sordo und Meeke, je 1
Streckenlänge 1.589 km mit 18 WP über 406 km
Start und Ziel Salou (E)
Am Start 58 Teilnehmer
Im Ziel 44

Report Seite 92–95

Rallye Großbritannien

13. Lauf zur Rallye-Weltmeisterschaft, 10.–13. November 2011			
3. J. Latvala/M. Anttila (FIN/FIN)	Ford Fiesta RS WRC	WRC	3:27.03,5 Std.
6. M. Østberg/J. Andersson (N/S)	Ford Fiesta RS WRC	WRC	+ 3.42,9 Min.
8. H. Solberg/I. Minor (N/A)	Ford Fiesta RS WRC	WRC	+ 7.05,1 Min.
5. K. Meeke/P. Nagle (GB/IRL)	Mini John Cooper Works WRC	WRC	+ 7.12,3 Min.
5. M. Wilson/S. Martin (GB/GB)	Ford Fiesta RS WRC	WRC	+ 8.57,3 Min.
6. O. Tänak/K. Kikk (EST/EST)	Ford Fiesta RS WRC	WRC	+ 9.27,1 Min.
7. E. Novikov/D. Giraudet (RUS/F)	Ford Fiesta RS WRC	WRC	+ 9.47,7 Min.
8. D. Kuipers/F. Miclotte (NL/B)	Ford Fiesta RS WRC	WRC	+ 10.12,7 Min.
9. K. Block/A. Gelsomino (USA/I)	Ford Fiesta RS WRC	WRC	+ 16.01,2 Min.
10. A. Araújo/M. Ramalho (P/P)	Mini John Cooper Works WRC	WRC	+ 17.01,6 Min.
11. S. Ogier/J. Ingrassia (F/F)	Citroën DS3 WRC	WRC	+ 17.47,8 Min.
12. K. Abbring/L. Vanneste (NL/B)	Škoda Fabia S2000	2	+ 17.57,3 Min.
13. H. Paddon/J. Kennard (NZ/NZ)	Subaru Impreza R4	2	+ 18.51,6 Min.
14. P. Flodin/T. Alanne (S/FIN)	Subaru Impreza WRX STI	3	+ 22.28,7 Min.
15. M. Semerád/M. Ernst (CZ/CZ)	Mitsubishi Lancer Evolution	3	+ 28.12,5 Min.
16. M. Kościuszko/M. Szczepaniak (PL/PL)	Mitsubishi Lancer Evolution	3	+ 34.43,4 Min.
17. N. Fuchs/R. Garcia (PE/RA)	Mitsubishi Lancer Evolution	3	+ 35.15,2 Min.
18. D. Tagirov/A. Zavershinskaya (RUS/RUS)	Subaru Impreza WRX STI	3	+ 36.18,5 Min.
19. M. Al Shamsi/K. Duffy (UAE/IRL)	Subaru Impreza WRX STI	3	+ 36.49,9 Min.
20. D. Sordo/Carlos del Barrio (E/E)	Mini John Cooper Works WRC	WRC	+ 38.10,5 Min.
21. L. Bertelli/L. Granai (I/I)	Mitsubishi Lancer Evolution	3	+ 38.17,5 Min.
22. M. Prokop/J. Tománek (CZ/CZ)	Ford Fiesta RS WRC	WRC	+ 39.43,2 Min.
23. J. Maccrone/S. Loudon (GB/GB)	Ford Fiesta R2	6	+ 41.04,6 Min.
24. O. Kikiresko/S. Larens (UE/EST)	Mitsubishi Lancer Evolution	3	+ 44.30,3 Min.
25. H. Hunt/R. Durant (GB/GB)	Citroën DS3 R3T	5	+ 46.55,3 Min.

Wichtige Ausfälle			
WP7 M. Hirvonen/J. Lehtinen (FIN/FIN)	Ford Fiesta RS WRC	WRC	Kühlung
WP12 P. Solberg/C. Patterson (N/GB)	Citroën DS3 WRC	WRC	Benzinleitung
WP13 K. Räikkönen/K. Lindström (FIN/FIN)	Citroën DS3 WRC	WRC	Unfall
WP19 S. Loeb/D. Elena (F/MC)	Citroën DS3 WRC	WRC	Unfall

Weitere Infos
Führungspositionen WP1–2 Latvala, WP3–5 Loeb, WP6 Hirvonen, WP7–14 Loeb, WP15–23 Latvala
WP-Bestzeiten Latvala,11; Loeb, 5; Ogier und Hirvonen, je 3; Meeke, 1
Streckenlänge 1.883 km mit 23 WP über 358 km
Start und Ziel Cardiff (GB)
Am Start 74 Teilnehmer
Im Ziel 41

Report Seite 96–100

Zahlen und Daten 2011

Die Sprinter (Bestzeiten)	
J. Latvala	68
S. Loeb	66
S. Ogier	56
M. Hirvonen	37
P. Solberg	30
D. Sordo	5
P. Andersson	4
M. Østberg	3
K. Meeke	2
J. Ketomaa	1

Führungspositionen	
S. Loeb	89
S. Ogier	78
J. Latvala	42
M. Hirvonen	25
P. Solberg	13
M. Østberg	9
S. Sordo	3
J. Ketomaa	1
P. Andersson	1

Siege auf der Power-Stage	
S. Ogier	4
S. Loeb	3
M. Hirvonen	3
J. Latvala	1
P. Solberg	1
K. Meeke	1

182 STATISTIK Rallye-WM

2011 Endstände
Rallye-Weltmeister 2011 Fahrer Sébastien Loeb · Marke Citroën

Fahrerwertung

	Punkte	Schweden	Mexiko	Portugal	Jordanien	Sardinien	Argentinien	Akropolis	Finnland	Deutschland	Australien	Frankreich	Spanien	Großbritannien
1. S. Loeb	222	10	27	21	16	26	26	20	25	21	4	-	26	-
2. M. Hirvonen	214	25	21	12	14	21	20	16	15	12	25	15	18	-
3. S. Ogier	196	15	-	26	28	12	15	28	16	27	-	26	-	3
4. J. Latvala	172	16	15	17	18	2	6	2	20	-	20	15	15	26
5. P. Solberg	110	-	13	8	-	15	15	12	10	11	16	-	-	-
6. M. Østberg	88	18	10	-	-	10	10	-	8	-	-	6	8	18
7. M. Wilson	63	2	-	10	10	2	4	8	4	-	12	1	-	10
8. D. Sordo	59	-	-	-	-	8	-	-	-	15	-	20	14	2
9. H. Solberg	59	-	8	2	-	-	-	10	6	6	-	8	4	15
10. K. Räikkönen	34	4	-	6	8	-	-	6	2	8	-	-	-	-
11. K. Meeke	25	-	-	-	-	-	-	-	-	-	-	-	13	12
12. D. Kuipers	21	-	-	1	2	-	1	-	1	-	-	10	2	4
13. F. Villagra	20	-	2	4	6	-	8	-	-	-	-	-	-	-
14. K. Al Qassimi	15	1	-	-	4	-	-	-	-	-	10	-	-	-
15. O. Tänak	15	-	1	-	-	6	-	-	-	-	-	-	-	8
16. J. Hänninen	14	-	4	-	-	4	-	4	1	-	-	-	1	-
17. E. Novikov	12	-	-	-	-	-	-	-	-	-	-	-	6	6
18. H. Paddon	10	-	-	-	-	-	2	-	-	-	8	-	-	-
19. M. Prokop	7	-	6	-	-	1	-	-	-	-	-	-	-	-
20. P. Andersson	6	6	-	-	-	-	-	-	-	-	-	-	-	-
21. M. Kościuszko	6	-	-	-	-	-	-	-	-	-	6	-	-	-
22. K. Block	6	-	-	-	-	-	-	-	-	-	-	-	4	2
23. A. Araújo	5	-	-	-	-	-	-	-	-	4	-	-	-	1
24. O. Saliuk	4	-	-	-	-	-	-	-	-	-	4	-	-	-
25. P. van Merksteijn jr.	2	-	-	-	-	-	-	-	2	-	-	-	-	-
26. B. Guerra	2	-	-	-	-	-	-	-	-	-	2	-	-	-
27. P. Campana	2	-	-	-	-	-	-	-	-	-	-	2	-	-
28. B. Sousa	1	-	-	-	1	-	-	-	-	-	-	-	-	-
29. P. Flodin	1	-	-	-	-	-	1	-	-	-	-	-	-	-

Markenwertung

	Punkte	Schweden	Mexiko	Portugal	Jordanien	Sardinien	Argentinien	Akropolis	Finnland	Deutschland	Australien	Frankreich	Spanien	Großbritannien
1. Citroen Total WRT	403	22	25	43	40	37	40	43	40	43	14	25	25	6
2. Ford Abu Dhabi WRT	376	40	33	27	30	20	24	21	30	17	43	33	33	25
3. M-Sport Stobart Ford WRT	178	18	18	4	3	18	14	12	14	4	12	16	12	33
4. Petter Solberg WRT	98	-	12	10	-	15	12	12	10	12	15	-	-	-
5. FERM Power Tools WRT	54	4	-	2	4	-	-	4	2	6	-	12	10	10
6. Team Abu Dhabi	54	6	-	1	6	6	-	-	1	-	10	4	8	12
7. Munchi's Ford WRT	38	-	6	6	8	4	8	-	-	-	-	6	-	-
8. Monster WRT	27	2	4	-	-	-	2	-	-	1	2	8	-	8
9. Van Merksteijn Motorsport	16	-	-	-	-	-	-	-	-	8	-	4	-	4
10. Brazil WRT	7	-	-	-	-	-	1	-	-	-	-	2	4	-

Ewige Besten-Listen

Die erfolgreichsten Fahrer

1. Sébastien Loeb (F)	67 Siege
2. Marcus Grönholm (FIN)	30 Siege
3. Carlos Sainz (E)	26 Siege
4. Colin McRae (GB)	25 Siege
5. Tommi Mäkinen (FIN)	24 Siege
6. Juha Kankkunen (FIN)	23 Siege
7. Markku Alén (FIN)	20 Siege
Didier Auriol (F)	20 Siege
9. Hannu Mikkola (FIN)	18 Siege
10. Miki Biasion (I)	17 Siege
11. Björn Waldegård (S)	16 Siege
12. Mikko Hirvonen (FIN)	14 Siege
Walter Röhrl (D)	14 Siege
14. Petter Solberg (N)	13 Siege
15. Timo Salonen (FIN)	11 Siege
Stig Blomqvist (S)	11 Siege
17. Richard Burns (GB)	10 Siege
Ari Vatanen (FIN)	10 Siege
19. Bernard Darniche (F)	7 Siege
Sandro Munari (I)	7 Siege
Sébastien Ogier (F)	7 Siege
Gilles Panizzi (F)	7 Siege
23. Kenneth Eriksson (S)	6 Siege
24. Jari-Matti Latvala (FIN)	5 Siege
Markko Märtin (EST)	5 Siege
Shekhar Mehta (EAK)	5 Siege
Jean-Pierre Nicolas (F)	5 Siege
Jean-Luc Thérier (F)	5 Siege
29. François Delecour (F)	4 Siege
Timo Mäkinen (FIN)	4 Siege
Michèle Mouton (F)	4 Siege
32. Jean-Claude Andruet (F)	3 Siege
Jean Ragnotti (F)	3 Siege
Henri Toivonen (FIN)	3 Siege

Die erfolgreichsten Marken

1. Citroën	80 Siege
2. Ford	79 Siege
3. Lancia	74 Siege
4. Peugeot	48 Siege
5. Subaru	47 Siege
6. Toyota	43 Siege
7. Mitsubishi	34 Siege
8. Audi	24 Siege
9. Fiat	21 Siege
10. Renault	12 Siege
11. Nissan/Datsun	9 Siege
12. Opel	6 Siege
13. Saab	4 Siege
14. Mazda	3 Siege
15. BMW	2 Siege
Mercedes-Benz	2 Siege
Porsche	2 Siege
Talbot	2 Siege
19. Volkswagen	1 Sieg

Die Sieger-Nationen

Finnland	165
Frankreich	141
Schweden	43
Großbritannien	36
Italien	30
Spanien	27
Deutschland	17
Norwegen	10
Kenia	8
Estland	5
Österreich	2
Japan	2
Belgien	1
Kanada	1
Portugal	1
Argentinien	1

Alle Weltmeister

Fahrer

1973	Jean-Luc Therier (F) *	Renault Alpine
1974	Sandro Munari (I) *	Lancia Stratos
1975	Hannu Mikkola (FIN) *	Fiat Spyder/Toyota Corolla
1976	Sandro Munari (I) *	Lancia Stratos
1977	Björn Waldegaard (S) *	Ford Escort RS 1800
1978	Markku Alen (FIN) *	Fiat 131 Abarth
1979	Björn Waldegaard (S)	Ford Escort/Mercedes 450 SLC
1980	Walter Röhrl (D)	Fiat 131 Abarth
1981	Ari Vatanen (FIN)	Ford Escort RS 1800
1982	Walter Röhrl (D)	Opel Ascona 400
1983	Hannu Mikkola (FIN)	Audi quattro
1984	Stig Blomqvist (S)	Audi quattro/sport quattro
1985	Timo Salonen (FIN)	Peugeot 205 Turbo 16
1986	Juha Kankkunen (FIN)	Peugeot 205 Turbo 16
1987	Juha Kankkunen (FIN)	Lancia Delta HF 4WD
1988	Miki Biasion (I)	Lancia Delta HF integrale
1989	Miki Biasion (I)	Lancia Delta HF integrale
1990	Carlos Sainz (E)	Toyota Celica Turbo 4WD
1991	Juha Kankkunen (FIN)	Lancia Delta HF integrale
1992	Carlos Sainz (E)	Toyota Celica Turbo 4WD
1993	Juha Kankkunen (FIN)	Toyota Celica Turbo 4WD
1994	Didier Auriol (F)	Toyota Celica Turbo 4WD
1995	Colin McRae (GB)	Subaru Impreza 555
1996	Tommi Mäkinen (FIN)	Mitsubishi Lancer Evolution III
1997	Tommi Mäkinen (FIN)	Mitsubishi Lancer Evolution IV
1998	Tommi Mäkinen (FIN)	Mitsubishi Lancer Evolution V
1999	Tommi Mäkinen (FIN)	Mitsubishi Lancer Evolution VI
2000	Marcus Grönholm (FIN)	Peugeot 206 WRC
2001	Richard Burns (GB)	Subaru Impreza WRC
2002	Marcus Grönholm (FIN)	Peugeot 206 WRC
2003	Petter Solberg (N)	Subaru Impreza WRC
2004	Sébastien Loeb (F)	Citroën Xsara WRC
2005	Sébastien Loeb (F)	Citroën Xsara WRC
2006	Sébastien Loeb (F)	Citroën Xsara WRC
2007	Sébastien Loeb (F)	Citroën C4 WRC
2008	Sébastien Loeb (F)	Citroën C4 WRC
2009	Sébastien Loeb (F)	Citroën C4 WRC
2010	Sébastien Loeb (F)	Citroën C4 WRC
2011	Sébastien Loeb (F)	Citroën DS3 WRC

Marken

1973	Renault Alpine
1974	Lancia
1975	Lancia
1976	Lancia
1977	Fiat
1978	Fiat
1979	Ford
1980	Fiat
1981	Talbot
1982	Audi
1983	Lancia
1984	Audi
1985	Peugeot
1986	Peugeot
1987	Lancia
1988	Lancia
1989	Lancia
1990	Lancia
1991	Lancia
1992	Lancia
1993	Toyota
1994	Toyota
1995	Subaru
1996	Subaru
1997	Subaru
1998	Mitsubishi
1999	Toyota
2000	Peugeot
2001	Peugeot
2002	Peugeot
2003	Citroën
2004	Citroën
2005	Citroën
2006	Ford
2007	Ford
2008	Citroën
2009	Citroën
2010	Citroën
2011	Citroën

* inoffizieller Titelträger, da die Fahrer-Weltmeisterschaft erst 1979 eingeführt wurde.

Super-2000-Weltmeisterschaft

1. Lauf, Rallye (MEX), 3.–6. März 2011
1. N. Al-Attiyah/G. Bernacchini (Q/I) — Ford Fiesta S2000 — 2 — 4:06.38,5 Std.
2. M. Prokop/J. Tománek (CZ/CZ) — Ford Fiesta S2000 — 2 — + 13,5 Sek.
3. J. Hänninen/M. Markkula (FIN/FIN) — Škoda Fabia S2000 — 2 — + 1.27,2 Min.
4. O. Tänak/K. Sikk (EST/EST) — Ford Fiesta S2000 — 2 — + 40.21,3 Min.
5. K. Kruuda/M. Järveoja (EST/EST) — Škoda Fabia S2000 — 2 — + 59.38,9 Min.

2. Lauf, Rallye Jordanien (JOR), 14.–16. April 2011
1. B. Sousa/A. Costa (P/P) — Ford Fiesta S2000 — 2 — 3:03.33,7 Std.
2. K. Kruuda/M. Järveoja (EST/EST) — Škoda Fabia S2000 — 2 — + 21,7 Sek.
3. H. Gaßner jr./K. Wüstenhagen (D/D) — Škoda Fabia S2000 — 2 — + 2.22,1 Min.
4. A. Llovera/D. Vallejo (AND/E) — Fiat Abarth Grande Punto S2000 — 2 — + 17.33,5 Min.
5. E. Brynildsen/C. Menkerud (N/N) — Škoda Fabia S2000 — 2 — + 23.21,5 Min.

3. Lauf, Rallye Sardinien (I), 5.–8. Mai 2011
1. O. Tänak/K. Sikk (EST/EST) — Ford Fiesta S2000 — 2 — 3:52.51,8 Std.
2. J. Hänninen/M. Markkula (FIN/FIN) — Škoda Fabia S2000 — 2 — + 27,6 Sek.
3. M. Prokop/J. Tománek (CZ/CZ) — Ford Fiesta S2000 — 2 — + 4.17,3 Min.
4. N. Al-Attiyah/G. Bernacchini (Q/I) — Ford Fiesta S2000 — 2 — + 5.22,9 Min.
5. H. Gaßner jr./K. Wüstenhagen (D/D) — Škoda Fabia S2000 — 2 — + 13.31,6 Min.
6. K. Kruuda/M. Järveoja (EST/EST) — Škoda Fabia S2000 — 2 — + 29.53,8 Min.
7. F. Turán/G. Zsiros (H/H) — Ford Fiesta S2000 — 2 — + 42.18,0 Min.

4. Lauf, Rallye Akropolis (GR), 16.–19. Juni 2011
1. J. Hänninen/M. Markkula (FIN/FIN) — Škoda Fabia S2000 — 2 — 4:16.19,0 Std.
2. B. Sousa/A. Costa (P/P) — Ford Fiesta S2000 — 2 — + 4.54,6 Min.
3. F. Turán/G. Zsiros (H/H) — Ford Fiesta S2000 — 2 — + 6.17,3 Min.
4. H. Gaßner jr./K. Wüstenhagen (D/D) — Škoda Fabia S2000 — 2 — + 7.08,7 Min.
5. M. Prokop/J. Tománek (CZ/CZ) — Ford Fiesta S2000 — 2 — + 8.58,4 Min.
6. N. Al-Attiyah/G. Bernacchini (Q/I) — Ford Fiesta S2000 — 2 — + 10.04,9 Min.
7. E. Brynildsen/C. Menkerud (N/N) — Škoda Fabia S2000 — 2 — + 21.22,5 Min.
8. K. Kruuda/M. Järveoja (EST/EST) — Škoda Fabia S2000 — 2 — + 50.03,1 Min.
9. A. Llovera/D. Vallejo (AND/E) — Fiat Abarth Grande Punto S2000 — 2 — + 54.31,5 Min.

5. Lauf, Rallye Finnland (FIN), 28.–30. Juli 2011
1. J. Hänninen/M. Markkula (FIN/FIN) — Škoda Fabia S2000 — 2 — 2:44.50,7 Std.
2. M. Prokop/J. Tománek (CZ/CZ) — Ford Fiesta S2000 — 2 — + 2.37,7 Min.
3. O. Tänak/K. Sikk (EST/EST) — Ford Fiesta S2000 — 2 — + 3.38,3 Min.
4. H. Gaßner jr./K. Wüstenhagen (D/D) — Škoda Fabia S2000 — 2 — + 5.52,6 Min.
5. F. Turán/G. Zsiros (H/H) — Ford Fiesta S2000 — 2 — + 6.11,2 Min.
6. B. Sousa/P. Babo (P/P) — Ford Fiesta S2000 — 2 — + 8.39,4 Min.
7. K. Kruuda/M. Järveoja (EST/EST) — Škoda Fabia S2000 — 2 — + 10.41,1 Min.
8. J. Salo/M. Salminen (FIN/FIN) — Mitsubishi Lancer R4 — 2 — + 17.36,1 Min.

6. Lauf, ADAC Rallye Deutschland (D), 18.–21. August 2011
1. O. Tänak/K. Sikk (EST/EST) — Ford Fiesta S2000 — 2 — 3:46.04,8 Std.
2. N. Al-Attiyah/G. Bernacchini (Q/I) — Ford Fiesta S2000 — 2 — + 5.38,6 Min.
3. F. Turán/G. Zsiros (H/H) — Ford Fiesta S2000 — 2 — + 8.03,3 Min.
4. J. Hänninen/M. Markkula (FIN/FIN) — Škoda Fabia S2000 — 2 — + 11.37,1 Min.
5. K. Kruuda/M. Järveoja (EST/EST) — Škoda Fabia S2000 — 2 — + 14.51,8 Min.
6. M. Prokop/J. Tománek (CZ/CZ) — Ford Fiesta S2000 — 2 — + 26.46,1 Min.
7. H. Gaßner jr./K. Wüstenhagen (D/D) — Škoda Fabia S2000 — 2 — + 32.59,4 Min.
8. B. Sousa/P. Babo (P/P) — Ford Fiesta S2000 — 2 — + 34.51,9 Min.
9. F. Herbold/M. Kölbach (D/D) — Ford Fiesta S2000 — 2 — + 40.55,7 Min.

7. Lauf, Rallye Frankreich (F), 29. September–2. Oktober 2011
1. O. Tänak/K. Sikk (EST/EST) — Ford Fiesta S2000 — 2 — 3.17.52,1 Std.
2. E. Brynildsen/T. Alanne (N/FIN) — Škoda Fabia S2000 — 2 — + 2.33,7 Min.
3. M. Prokop/J. Tománek (CZ/CZ) — Ford Fiesta S2000 — 2 — + 2.40,7 Min.
4. B. Sousa/P. Babo (P/P) — Ford Fiesta S2000 — 2 — + 4.34,9 Min.
5. J. Hänninen/M. Markkula (FIN/FIN) — Škoda Fabia S2000 — 2 — + 31.29,5 Min.
6. J. Maurin/O. Ural (F/F) — Ford Fiesta S2000 — 2 — + 31.34,0 Min.

8. Lauf, Rallye Spanien (E), 20.–23. Oktober 2011
1. J. Hänninen/M. Markkula (FIN/FIN) — Škoda Fabia S2000 — 2 — 4:19.28,5 Std.
2. N. Al-Attiyah/G. Bernacchini (Q/I) — Ford Fiesta S2000 — 2 — + 14,9 Sek.
3. M. Prokop/J. Tománek (CZ/CZ) — Ford Fiesta S2000 — 2 — + 57,7 Sek.
4. C. Breen/G. Roberts (IRL/GB) — Ford Fiesta R2 — 6 — + 2.20,2 Min.
5. H. Gaßner jr./T. Gottschalk (D/D) — Škoda Fabia S2000 — 2 — + 5.02,1 Min.
6. O. Tänak/K. Sikk (EST/EST) — Ford Fiesta S2000 — 2 — + 30.12,7 Min.
7. K. Kruuda/M. Järveoja (EST/EST) — Škoda Fabia S2000 — 2 — + 31.01,4 Min.
8. A. Llovera/D. Vallejo (AND/E) — Fiat Abarth Grande Punto S2000 — 2 — + 52.39,1 Min.

Endstand SWRC

	Punkte	Mexiko	Jordanien	Sardinien	Akropolis	Finnland	Deutschland	Frankreich	Spanien
1. J. Hänninen	133	18	-	18	25	25	12	10	25
2. O. Tänak	113	15	-	25	-	15	25	25	8
3. M. Prokop	106	25	-	15	10	18	8	15	15
4. B. Sousa	67	-	25	-	18	8	4	12	-
5. H. Gaßner jr.	65	-	15	10	12	12	6	-	10
6. K. Kruuda	64	12	18	8	4	6	10	-	6
7. N. Al-Attiyah	56	-	-	12	8	-	18	-	18
8. E. Brynildsen	34	-	10	-	6	-	-	18	-
9. A. Llovera	18	-	12	-	2	-	-	-	4
10. C. Breen	12	-	-	-	-	-	-	-	12
11. J. Maurin	8	-	-	-	-	-	-	8	-
12. J. Salo	4	-	-	-	-	4	-	-	-
13. F. Herbold	2	-	-	-	-	2	-	-	-
14. F. Turan	0	-	-	-	-	-	-	-	-

Produktionswagen-Weltmeisterschaft

1. Lauf, Rallye Schweden (S), 10.–13. Februar 2011
1. M. Semerád/M. Ernst (CZ/CZ) — Mitsubishi Lancer Evolution — 3 — 3:46.59,8 Std.
2. Y. Protasov/A. Aftanaziv (UA/UA) — Mitsubishi Lancer Evolution — 3 — + 5.17,3 Min.
3. N. Fuchs/R. Garcia (PE/PE) — Mitsubishi Lancer Evolution — 3 — + 6.44,1 Min.
4. V. Gorban/E. Leonov (UA/UA) — Mitsubishi Lancer Evolution — 3 — + 6.49,5 Min.
5. G. Linari/A. Cecchi (I/I) — Subaru Impreza WRX STI — 3 — + 27.45,5 Min.
6. D. Tagirov/A. Zavershinskaya (RUS/RUS) — Subaru Impreza WRX STI — 3 — + 34.53,6 Min.
7. O. Saliuk/P. Cherepin (UA/UA) — Mitsubishi Lancer Evolution — 3 — + 35.52,7 Min.
8. M. Al Shamsi/K. Al Kendi (UAE/UAE) — Subaru Impreza WRX STI — 3 — + 42.52,8 Min.

2. Lauf, Rallye Portugal (P), 24.–27. März 2011
1. H. Paddon/J. Kennard (NZ/NZ) — Subaru Impreza WRX STI — 3 — 4:33.33,4 Std.
2. J. Ketomäki/K. Risberg (FIN/FIN) — Mitsubishi Lancer Evolution — 3 — + 7.39,9 Min.
3. M. Semerád/M. Ernst (CZ/CZ) — Mitsubishi Lancer Evolution — 3 — + 9.12,6 Min.
4. B. Guerra/B. Rozada (MEX/E) — Mitsubishi Lancer Evolution — 3 — + 13.39,3 Min.
5. V. Gorban/S. Larens (UA/UA) — Mitsubishi Lancer Evolution — 3 — + 13.43,3 Min.
6. O. Saliuk/P. Cherepin (UA/UA) — Mitsubishi Lancer Evolution — 3 — + 14.37,5 Min.
7. M. Kościuszko/M. Szczepaniak (PL/PL) — Mitsubishi Lancer Evolution — 3 — + 19.28,6 Min.
8. M. Al Shamsi/K. Duffy (UAE/IRL) — Subaru Impreza WRX STI — 3 — + 20.43,9 Min.
9. B. Al-Jabri/S. McAuley (UAE/GB) — Subaru Impreza WRX STI — 3 — + 28.25,3 Min.
10. F. Flodin/G. Bergsten (S/S) — Subaru Impreza WRX STI — 3 — + 29.23,7 Min.
11. O. Kikireshko/G. Chernega (UA/UA) — Mitsubishi Lancer Evolution — 3 — + 32.45,4 Min.
12. D. Tagirov/A. Zavershinskaya (RUS/RUS) — Subaru Impreza WRX STI — 3 — + 35.27,6 Min.
13. H. Hunt/S. McPhee (GB/GB) — Citroën DS3 R3T — 5 — + 41.33,5 Min.

3. Lauf, Rallye Argentinien (RA), 26.–29. Mai 2011
1. H. Paddon/J. Kennard (NZ/NZ) — Subaru Impreza WRX STI — 3 — 4:29.40,7 Std.
2. P. Flodin/M. Andersson (S/S) — Subaru Impreza WRX STI — 3 — + 7.50,3 Min.
3. D. Tagirov/A. Zavershinskaya (RUS/RUS) — Subaru Impreza WRX STI — 3 — + 13.26,9 Min.
4. N. Fuchs/F. Mussano (PE/RA) — Mitsubishi Lancer Evolution — 3 — + 18.12,4 Min.
5. M. Semerád/M. Ernst (CZ/CZ) — Mitsubishi Lancer Evolution — 3 — + 22.15,8 Min.
6. B. Guerra/B. Rozada (MEX/E) — Mitsubishi Lancer Evolution — 3 — + 23.16,4 Min.
7. E. Campos/C. Winkler (RA/RA) — Mitsubishi Lancer Evolution — 3 — + 24.36,8 Min.
8. G. Linari/N. Arena (I/I) — Subaru Impreza WRX STI — 3 — + 27.12,0 Min.
9. Y. Protasov/A. Aftanaziv (UA/UA) — Mitsubishi Lancer Evolution — 3 — + 27.44,8 Min.
10. M. Kościuszko/M. Szczepaniak (PL/PL) — Mitsubishi Lancer Evolution — 3 — + 28.24,0 Min.
11. H. Hunt/R. Durant (GB/GB) — Citroën DS3 R3T — 5 — + 35.33,6 Min.

4. Lauf, Rallye Finnland (FIN), 28.–30. Juli 2011
1. H. Paddon/J. Kennard (NZ/NZ) — Subaru Impreza WRX STI — 3 — 2:51.57,2 Std.
2. J. Nikara/P. Nikara (FIN/FIN) — Mitsubishi Lancer Evolution — 3 — + 40,2 Sek.
3. P. Flodin/G. Bergsten (S/S) — Subaru Impreza WRX STI — 3 — + 1.07,7 Min.
4. J. Ketomäki/K. Risberg (FIN/FIN) — Mitsubishi Lancer Evolution — 3 — + 1.13,2 Min.
5. M. Kościuszko/M. Szczepaniak (PL/PL) — Mitsubishi Lancer Evolution — 3 — + 2.12,6 Min.
6. M. Pajunen/J. Salo (FIN/FIN) — Renault Clio R3 — 5 — + 2.50,7 Min.
7. V. Gorban/V. Chernega (UA/UA) — Mitsubishi Lancer Evolution — 3 — + 13.08,8 Min.
8. O. Kikireshko/S. Larens (UA/EE) — Mitsubishi Lancer Evolution — 3 — + 22.05,8 Min.
9. D. Tagirov/A. Zavershinskaya (RUS/RUS) — Subaru Impreza WRX STI — 3 — + 22.34,2 Min.

5. Lauf, Rallye Australien (AUS), 8.–11. September 2011
1. H. Paddon/J. Kennard (NZ/NZ) — Subaru Impreza WRX STI — 3 — 3:53.28,3 Std.
2. M. Kościuszko/M. Szczepaniak (PL/PL) — Mitsubishi Lancer Evolution — 3 — + 1.32,0 Min.
3. O. Saliuk/P. Cherepin (UA/UA) — Mitsubishi Lancer Evolution — 3 — + 3.39,2 Min.
4. B. Guerra/B. Rozada (MEX/E) — Mitsubishi Lancer Evolution — 3 — + 5.19,6 Min.
5. V. Gorban/A. Nikolayev (UA/UA) — Mitsubishi Lancer Evolution — 3 — + 12.52,8 Min.
6. G. Linari/N. Arena (I/I) — Subaru Impreza WRX STI — 3 — + 21.20,9 Min.
7. B. Reeves/R. Smyth (AUS/AUS) — Subaru Impreza WRX STI — 3 — + 23.50,9 Min.
8. N. Quinn/D. Green (AUS/AUS) — Mitsubishi Lancer Evolution — 3 — + 24.35,3 Min.
9. H. Hunt/R. Durant (GB/GB) — Citroën DS3 R3T — 5 — + 32.12,6 Min.
10. B. Al-Jabri/S. McAuley (UAE/GB) — Subaru Impreza WRX STI — 3 — + 36.12,9 Min.
11. M. Al Shamsi/K. Duffy (UAE/IRL) — Subaru Impreza WRX STI — 3 — + 1:23.37,5 Std.

6. Lauf, Rallye Spanien (E), 20.–23. Oktober 2011
1. P. Flodin/G. Bergsten (S/S) — Subaru Impreza WRX STI — 3 — 4:29.40,7 Std.
2. M. Kościuszko/M. Szczepaniak (PL/PL) — Mitsubishi Lancer Evolution — 3 — + 2,0 Sek.
3. B. Guerra/B. Rozada (MEX/E) — Mitsubishi Lancer Evolution — 3 — + 9.45,5 Min.
4. B. Al-Jabri/S. McAuley (UAE/GB) — Subaru Impreza WRX STI — 3 — + 21.06,6 Min.
5. O. Saliuk/P. Cherepin (UA/UA) — Mitsubishi Lancer Evolution — 3 — + 23.07,3 Min.
6. N. Fuchs/C. Carrera (PE/E) — Mitsubishi Lancer Evolution — 3 — + 24.17,7 Min.
7. V. Gorban/A. Nikolayev (UA/UA) — Mitsubishi Lancer Evolution — 3 — + 26.07,7 Min.
8. H. Paddon/J. Kennard (NZ/NZ) — Subaru Impreza WRX STI — 3 — + 31.23,4 Min.
9. A. Kikireshko/S. Larens (UA/EST) — Mitsubishi Lancer Evolution — 3 — + 37.06,5 Min.
10. M. Semerád/M. Ernst (CZ/CZ) — Mitsubishi Lancer Evolution — 3 — + 37.23,6 Min.
11. C. Llinas/J. Torra (E/E) — Mitsubishi Lancer Evolution — 3 — + 38.27,1 Min.
12. M. Al Shamsi/K. Duffy (UAE/IRL) — Subaru Impreza WRX STI — 3 — + 40.23,1 Min.

STATISTIK — Rallye-WM

7. Lauf, Wales Rallye Großbritannien (GB), 10.–13. November 2011

1. P. Flodin/T. Alanne (S/FIN)	Subaru Impreza WRX STI	3	3:49.32,2 Std.
2. M. Kościuszko/M. Szczepaniak (PL/PL)	Mitsubishi Lancer Evolution	3	+ 12.14,7 Min.
3. N. Fuchs/C. Carrera (PE/E)	Mitsubishi Lancer Evolution	3	+ 12.46,5 Min.
4. D. Tagirov/A. Zavershinskaya (RUS/RUS)	Subaru Impreza WRX STI	3	+ 13.49,8 Min.
5. M. Al Shamsi/K. Duffy (UAE/IRL)	Subaru Impreza WRX STI	3	+ 14.21,2 Min.
6. A. Kikireshko/S. Larens (UA/EST)	Mitsubishi Lancer Evolution	3	+ 22.01,6 Min.
7. H. Hunt/R. Durant (GB/GB)	Citroën DS3 R3T	5	+ 24.26,6 Min.
8. O. Saliuk/P. Cherepin (UA/UA)	Mitsubishi Lancer Evolution	3	+ 25.36,3 Min.
9. V. Gorban/A. Nikolayev (UA/UA)	Mitsubishi Lancer Evolution	3	+ 43.22,2 Min.

Endstand PWRC

	Punkte	Schweden	Portugal	Argentinien	Finnland	Australien	Spanien	Großbritannien
1. H. Paddon	104	-	25	25	25	25	4	-
2. P. Flodin	84	-	1	18	15	-	25	25
3. M. Kościuszko	71	-	6	1	10	18	18	18
4. M. Semerád	51	25	15	10	-	-	1	-
5. N. Fuchs	50	15	-	12	-	-	8	15
6. B. Guerra	47	-	12	8	-	12	15	-
7. V. Gorban	46	12	10	-	6	10	6	2
8. O. Saliuk	43	6	8	-	-	15	10	4
9. D. Tagirov	37	8	-	15	2	-	-	12
10. G. Linari	22	10	-	4	-	8	-	-
11. J. Nikara	18	-	-	-	18	-	-	-
M. Al Shamsi	18	4	4	-	-	-	-	10
13. B. Al Jabri	15	-	2	-	-	1	12	-
14. O. Kikireshko	14	-	-	-	4	-	2	8
15. M. Pajunen	8	-	-	-	8	-	-	-
H. Hunt	8	-	-	-	-	2	-	6
17. E. Campos	6	-	-	6	-	-	-	-
B. Reeves	6	-	-	-	-	6	-	-
19. N. Quinn	4	-	-	-	4	-	-	-

WRC Academy

1. Lauf, Rallye Portugal (P), 24.–27. März 2011

1. E. Kaur/M. Laidvee (EST/EST)	Ford Fiesta R2	6	3:30.13,8 Std.
2. V. Henriksson/J. Ardell (EST/EST)	Ford Fiesta R2	6	+ 16,4 Sek.
3. C. Riedemann/M. Wenzel (D/D)	Ford Fiesta R2	6	+ 3.31,2 Min.
4. B. Reeves/R. Smyth (AUS/AUS)	Ford Fiesta R2	6	+ 4.43,4 Min.
5. A. Fisher/D. Barritt (GB/GB)	Ford Fiesta R2	6	+ 5.55,6 Min.
6. M. Baldoni/F. Mussano (RA/RA)	Ford Fiesta R2	6	+ 6.41,4 Min.
7. A. Grugnola/R. Mometti (I/I)	Ford Fiesta R2	6	+ 12.26,0 Min.
8. M. Taylor/R. Smart (AUS/AUS)	Ford Fiesta R2	6	+ 12.51,9 Min.
9. M. Brunello/M. Ferrara (I/I)	Ford Fiesta R2	6	+ 21.29,4 Min.
10. T. van der Marel/E. Berkhof (NL/NL)	Ford Fiesta R2	6	+ 40.51,8 Min.

2. Lauf, Rallye Sardinien (I), 5.–8. Mai 2011

1. E. Kaur/E. Lepikson (EST/EST)	Ford Fiesta R2	6	3:29.39,4 Std.
2. M. Baldoni/F. Mussano (RA/RA)	Ford Fiesta R2	6	+ 1.42,1 Min.
3. F. Åhlin/B. Nilsson (S/S)	Ford Fiesta R2	6	+ 2.42,3 Min.
4. J. Černý/P. Kohout (CZ/CZ)	Ford Fiesta R2	6	+ 16.42,9 Min.
5. B. Reeves/R. Smyth (AUS/AUS)	Ford Fiesta R2	6	+ 17.23,1 Min.
6. A. Crugnola/M. Ferrara (I/I)	Ford Fiesta R2	6	+ 17.33,9 Min.
7. M. Niinemäe/T. Kasesalu (EST/EST)	Ford Fiesta R2	6	+ 32.05,2 Min.
8. C. Breen/G. Roberts (IRL/GB)	Ford Fiesta R2	6	+ 32.54,2 Min.

3. Lauf, Rallye Finnland (FIN), 28.–30. Juli 2011

1. E. Kaur/E. Lepikson (EST/EST)	Ford Fiesta R2	6	2:41.24,7 Std.
2. C. Breen/G. Roberts (IRL/GB)	Ford Fiesta R2	6	+ 2,6 Sek.
3. T. van der Marel/E. Berkhof (NL/NL)	Ford Fiesta R2	6	+ 4.36,1 Min.
4. B. Reeves/R. Smyth (AUS/AUS)	Ford Fiesta R2	6	+ 5.53,2 Min.
5. J. Černý/P. Kohout (CZ/CZ)	Ford Fiesta R2	6	+ 5.58,5 Min.
6. Y. Lemes/R. Peñate (E/E)	Ford Fiesta R2	6	+ 6.56,6 Min.
7. C. Riedemann/M. Wenzel (D/D)	Ford Fiesta R2	6	+ 6.57,3 Min.
8. M. Niinemäe/T. Kasesalu (EST/EST)	Ford Fiesta R2	6	+ 7.33,8 Min.
9. M. Taylor/S. Marshall (AUS/GB)	Ford Fiesta R2	6	+ 11.50,7 Min.
10. J. Suarez/C. Carrera (E/E)	Ford Fiesta R2	6	+ 13.56,6 Min.
11. S. Karyakin/A. Vlasyuk (RUS/RUS)	Ford Fiesta R2	6	+ 57.59,8 Min.

4. Lauf, ADAC Rallye Deutschland (D), 18.–21. August 2011

1. C. Breen/G. Roberts (IRL/GB)	Ford Fiesta R2	6	3:07.54,0 Std.
2. Y. Lemes/R. Peñate (E/E)	Ford Fiesta R2	6	+ 15,1 Sek.
3. A. Crugnola/M. Ferrara (I/I)	Ford Fiesta R2	6	+ 1.43,2 Min.
4. J. Suarez/C. Carrera (E/E)	Ford Fiesta R2	6	+ 1.58,2 Min.
5. J. Černý/P. Kohout (CZ/CZ)	Ford Fiesta R2	6	+ 2.26,0 Min.
6. F. Åhlin/M. Abrahamsen (S/N)	Ford Fiesta R2	6	+ 3.08,5 Min.
7. S. Wiegand/C. Harloff (D/D)	Ford Fiesta R2	6	+ 3.55,8 Min.
8. E. Kaur/E. Lepikson (EST/EST)	Ford Fiesta R2	6	+ 4.27,7 Min.
9. A. Fisher/D. Barritt (GB/GB)	Ford Fiesta R2	6	+ 6.10,3 Min.
10. T. van der Marel/E. Berkhof (NL/NL)	Ford Fiesta R2	6	+ 6.33,8 Min.
11. M. Niinemäe/M. Laidvee (EST/EST)	Ford Fiesta R2	6	+ 8.58,6 Min.
12. S. Karyakin/A. Vlasyuk (RUS/RUS)	Ford Fiesta R2	6	+ 11.39,0 Min.
13. B. Reeves/R. Smyth (AUS/AUS)	Ford Fiesta R2	6	+ 11.46,0 Min.
14. M. Taylor/S. Marshall (AUS/GB)	Ford Fiesta R2	6	+ 21.41,6 Min.

5. Lauf, Rallye Frankreich (F), 29. September–2. Oktober 2011

1. A. Fisher/D. Barritt (GB/GB)	Ford Fiesta R2	6	3:06.01,5 Std.
2. J. Suarez/C. Carrera (E/E)	Ford Fiesta R2	6	+ 40,5 Sek.
3. Y. Lemes/R. Peñate (E/E)	Ford Fiesta R2	6	+ 4.27,7 Min.
4. S. Wiegand/T. Gottschalk (D/D)	Ford Fiesta R2	6	+ 6.21,7 Min.
5. M. Taylor/S. Marshall (AUS/GB)	Ford Fiesta R2	6	+ 18.04,5 Min.
6. T. van der Marel/E. Berkhof (NL/NL)	Ford Fiesta R2	6	+ 30.37,8 Min.
7. M. Niinemäe/M. Laidvee (EST/EST)	Ford Fiesta R2	6	+ 32.47,5 Min.
8. F. Åhlin/S. Ottosson (S/S)	Ford Fiesta R2	6	+ 36.33,2 Min.

6. Lauf, Wales Rallye Großbritannien (GB), 10.–13. November 2011

1. C. Breen/G. Roberts (IRL/GB)	Ford Fiesta R2	6	3:06.00,7 Std
2. E. Kaur/E. Lepikson (EST/EST)	Ford Fiesta R2	6	+ 4.36,1 Min.
3. A. Fisher/D. Barritt (GB/GB)	Ford Fiesta R2	6	+ 7.04,0 Min.
4. C. Riedemann/M. Wenzel (D/D)	Ford Fiesta R2	6	+ 8.51,1 Min.
5. M. Taylor/S. Marshall (AUS/GB)	Ford Fiesta R2	6	+ 10.54,3 Min.
6. S. Karyakin/A. Vlasyuk (RUS/RUS)	Ford Fiesta R2	6	+ 13.26,2 Min.
7. V. Hummel/K. Geyer (D/D)	Ford Fiesta R2	6	+ 16.53,5 Min.
8. A. Crugnola/M. Ferrara (I/I)	Ford Fiesta R2	6	+ 19.03,1 Min.
9. Y. Lemes/R. Peñate (E/E)	Ford Fiesta R2	6	+ 19.08,8 Min.
10. M. Niinemäe/T. Valter (EST/EST)	Ford Fiesta R2	6	+ 24.05,2 Min.
11. J. Suarez/C. Carrera (E/E)	Ford Fiesta R2	6	+ 24.54,9 Min.
12. A. Haigh-Smith/J. Aldridge (GB/GB)	Ford Fiesta R2	6	+ 25.07,1 Min.
13. F. Åhlin/S. Ottosson (S/S)	Ford Fiesta R2	6	+ 27.29,4 Min.
14. B. Reeves/R. Smyth (AUS/AUS)	Ford Fiesta R2	6	+ 44.10,3 Min.
15. C. Duplessis/K. Atkinson (USA/IRL)	Ford Fiesta R2	6	+ 45.23,0 Min.

Endstand WRC Academy

	Punkte	Portugal	Sardinien	Finnland	Deutschland	Frankreich	Großbritannien
1. C. Breen	111	5	8	23	30	6	39
2. E. Kaur	111	28	30	30	4	-	19
3. A. Fisher	62	12	-	4	2	28	16
4. Y. Lemes	58	1	-	9	25	21	2
5. B. Reeves	37	12	12	12	-	-	1
6. A. Crugnola	35	6	10	-	15	-	4
7. J. Černý	33	-	12	10	11	-	-
8. C. Riedemann	33	15	-	6	-	-	12
9. J. Suarez	32	-	-	1	12	19	-
10. F. Ahlin	29	1	15	-	8	4	-
11. M. Taylor	27	4	-	2	-	10	11
12. T. Van der Marel	25	1	-	15	1	8	-
13. M. Niinemäe	17	-	6	4	-	6	1
14. S. Karyakin	8	-	-	-	-	-	8
15. M. Baldoni	1	8	18	-	-25	-	-
16. V. Henrikkson	-5	19	1	-	-	-	-
17. M. Brunello	-23	2	-	-25	-	-	-
18. C. Ward	-25	-	-	-25	-	-	-

Intercontinental Rallye Challenge (IRC)

1. Lauf, Rallye Monte Carlo (MC), 18.–22. Januar 2011
1. B. Bouffier/X. Panseri (F/F)	Peugeot 207 S2000	2	3:32.55,6 Std.
2. F. Loix/F. Miclotte (B/B)	Škoda Fabia S2000	2	+ 32,5 Sek.
3. G. Wilks/P. Pugh (GB/GB)	Peugeot 207 S2000	2	+ 1.19,7 Min.
4. S. Sarrazin/J. Renucci (F/F)	Peugeot 207 S2000	2	+ 1.21,9 Min.
5. F. Delecour/D. Savignoni (F/F)	Peugeot 207 S2000	2	+ 1.22,4 Min.
6. J. Hänninen/M. Markkula (FIN/FIN)	Škoda Fabia S2000	2	+ 1.29,3 Min.
7. N. Vouilloz/B. Veillas (F/F)	Škoda Fabia S2000	2	+ 4.47,8 Min.
8. J. Kopecký/P. Starý (CZ/CZ)	Škoda Fabia S2000	2	+ 7.45,9 Min.
9. G. Basso/M. Dotta (I/I)	Peugeot 207 S2000	2	+ 8.46,0 Min.
10. T. Gardemeister/T. Tuominen (FIN/FIN)	Peugeot 207 S2000	2	+ 9.09,0 Min.

2. Lauf, Rallye Kanarische Inseln (E), 14.–16. April 2011
1. J. Hänninen/M. Markkula (FIN/FIN)	Škoda Fabia S2000	2	1:40.38,1 Std.
2. J. Kopecký/P. Starý (CZ/CZ)	Škoda Fabia S2000	2	+ 1,5 Sek.
3. T. Neuville/N. Gilsoul (B/B)	Peugeot 207 S2000	2	+ 8,2 Sek.
4. F. Loix/F. Miclotte (B/B)	Škoda Fabia S2000	2	+ 16,7 Sek.
5. G. Wilks/P. Pugh (GB/GB)	Peugeot 207 S2000	2	+ 48,3 Sek.
6. A. Mikkelsen/O. Floene (N/N)	Škoda Fabia S2000	2	+ 55,6 Sek.
7. B. Bouffier/X. Panseri (F/F)	Peugeot 207 S2000	2	+ 1.00,6 Min.
8. B. Magalhães/P. Grave (P/P)	Peugeot 207 S2000	2	+ 1.49,8 Min.
9. G. Basso/M. Dotta (I/I)	Proton Satria Neo S2000	2	+ 2.37,8 Min.
10. T. Gardemeister/T. Tuominen (FIN/FIN)	Škoda Fabia S2000	2	+ 2.38,2 Min.

3. Lauf, Rallye Korsika (F), 12.–14. Mai 2011
1. T. Neuville/N. Gilsoul (B/B)	Peugeot 207 S2000	2	3:20.51,0 Std.
2. J. Kopecký/P. Starý (CZ/CZ)	Škoda Fabia S2000	2	+ 15,5 Sek.
3. F. Loix/F. Miclotte (B/B)	Škoda Fabia S2000	2	+ 1.02,6 Min.
4. P. Campana/S. de Castelli (F/F)	Peugeot 207 S2000	2	+ 3.59,1 Min.
5. B. Magalhães/P. Grave (P/P)	Peugeot 207 S2000	2	+ 4.28,2 Min.
6. A. Mikkelsen/O. Floene (N/N)	Škoda Fabia S2000	2	+ 4.30,1 Min.
7. J. Maurin/O. Ural (F/F)	Ford Fiesta S2000	2	+ 4.33,3 Min.
8. T. Gardemeister/T. Tuominen (FIN/FIN)	Škoda Fabia S2000	2	+ 6.43,3 Min.
9. P. Sandell/S. Parmander (S/S)	Škoda Fabia S2000	2	+ 8.28,8 Min.
10. J. Leandri/P. Leonardi (F/F)	Peugeot 207 S2000	2	+ 9.41,5 Min.

4. Lauf, Yalta (UA), 2.–4. Juni 2011
1. J. Hänninen/M. Markkula (FIN/FIN)	Škoda Fabia S2000	2	2:45.04,0 Std.
2. B. Bouffier/X. Panseri (F/F)	Peugeot 207 S2000	2	+ 11,7 Sek.
3. J. Kopecký/P. Starý (CZ/CZ)	Škoda Fabia S2000	2	+ 38,7 Sek.
4. A. Mikkelsen/O. Floene (N/N)	Škoda Fabia S2000	2	+ 57,3 Sek.
5. G. Wilks/P. Pugh (GB/GB)	Peugeot 207 S2000	2	+ 4.00,4 Min.
6. T. Neuville/N. Gilsoul (B/B)	Peugeot 207 S2000	2	+ 5.01,5 Min.
7. T. Gardemeister/T. Tuominen (FIN/FIN)	Škoda Fabia S2000	2	+ 7.59,3 Min.
8. K. Kruuda/M. Järveoja (EST/EST)	Škoda Fabia S2000	2	+ 10.01,3 Min.
9. P. Sandell/S. Parmander (S/S)	Škoda Fabia S2000	2	+ 18.08,9 Min.
10. J. Raoux/L. Magat (F/F)	Renault Clio R3	5	+ 22.02,9 Min.

5. Lauf, Ypern (B), 23.–25. Juni 2011
1. F. Loix/F. Miclotte (B/B)	Škoda Fabia S2000	2	2.40.03,9 Std.
2. H. Weijs jr./B. Degandt (NL/B)	Škoda Fabia S2000	2	+ 3.56,8 Min.
3. M. Solowow/M. Baran (PL/PL)	Ford Fiesta S2000	2	+ 6.06,8 Min.
4. G. Wilks/P. Pugh (GB/GB)	Peugeot 207 S2000	2	+ 6.33,8 Min.
5. K. Kruuda/M. Järveoja (EST/EST)	Škoda Fabia S2000	2	+ 6.40,6 Min.
6. T. Gardemeister/T. Tuominen (FIN/FIN)	Škoda Fabia S2000	2	+ 6.57,3 Min.
7. L. Rossetti/M. Chiarcossi (I/I)	Fiat Abarth Grande Punto S2000	2	+ 7.25,0 Min.
8. B. ten Brinke/D. Thierie (NL/B)	Škoda Fabia S2000	2	+ 7.37,3 Min.
9. R. Barrable/D. Connolly (IRL/IRL)	Škoda Fabia S2000	2	+ 7.53,8 Min.
10. J. Maurin/O. Ural (F/F)	Ford Fiesta S2000	2	+ 9.38,0 Min.

6. Lauf, Azoren (P), 14.–16. Juli 2011
1. J. Hänninen/M. Markkula (FIN/FIN)	Škoda Fabia S2000	2	2:19.03,8 Std.
2. A. Mikkelsen/O. Floene (N/N)	Škoda Fabia S2000	2	+ 42,3 Sek.
3. J. Kopecký/P. Starý (CZ/CZ)	Škoda Fabia S2000	2	+ 1.46,0 Min.
4. B. Bouffier/X. Panseri (F/F)	Peugeot 207 S2000	2	+ 3.36,2 Min.
5. P. Sandell/S. Parmander (S/S)	Škoda Fabia S2000	2	+ 4.33,1 Min.
6. R. Moura/S. Eiró (P/P)	Mitsubishi Lancer Evolution	3	+ 6.07,0 Min.
7. V. Lopes/H. Magalhães (P/P)	Subaru Impreza WRX STI	3	+ 9.52,1 Min.
8. V. Pascoal/L. Ramalho (P/P)	Mitsubishi Lancer Evolution	3	+ 12.47,3 Min.
9. S. Silva/N. Cordeiro (P/P)	Subaru Impreza WRX STI	3	+ 14.00,3 Min.
10. P. Maciel/F. Gouveira (P/P)	Citroën Saxo Cup	6	+ 18.10,7 Min.

7. Lauf, Barum (CZ), 26.–28. August 2011
1. J. Kopecký/P. Starý (CZ/CZ)	Škoda Fabia S2000	2	2:15.51,7 Std.
2. F. Loix/F. Miclotte (B/B)	Škoda Fabia S2000	2	+ 1,2 Sek.
3. J. Hänninen/M. Markkula (FIN/FIN)	Škoda Fabia S2000	2	+ 37,4 Sek.
4. T. Neuville/N. Gilsoul (B/B)	Peugeot 207 S2000	2	+ 1.59,5 Min.
5. A. Mikkelsen/O. Floene (N/N)	Škoda Fabia S2000	2	+ 2.05,7 Min.
6. T. Gardemeister/T. Tuominen (FIN/FIN)	Škoda Fabia S2000	2	+ 3.43,2 Min.
7. C. Breen/G. Roberts (IRL/GB)	Ford Fiesta S2000	2	+ 3.47,4 Min.
8. R. Kresta/P. Gross (CZ/CZ)	Škoda Fabia S2000	2	+ 4.21,5 Min.
9. P. Andersson/E. Axelsson (S/S)	Proton Satria Neo S2000	2	+ 4.41,0 Min.
10. K. Kruuda/M. Järveoja (EST/EST)	Škoda Fabia S2000	2	+ 4.54,4 Min.

8. Lauf, Ungarn (H), 9.–11. September 2011
1. J. Kopecký/P. Starý (CZ/CZ)	Škoda Fabia S2000	2	2:00.06,7 Std.
2. T. Neuville/N. Gilsoul (B/B)	Peugeot 207 S2000	2	+ 0,8 Sek.
3. F. Loix/F. Miclotte (B/B)	Škoda Fabia S2000	2	+ 1.00,0 Min.
4. B. Bouffier/X. Panseri (F/F)	Peugeot 207 S2000	2	+ 1.35,6 Min.
5. H. Gaßner jr./T. Gottschalk (D/D)	Škoda Fabia S2000	2	+ 2.32,5 Min.
6. „ASI"/P. Zsuzsa (H/H)	Mitsubishi Lancer Evolution	3	+ 2.38,2 Min.
7. T. Gardemeister/T. Tuominen (FIN/FIN)	Škoda Fabia S2000	2	+ 3.05,6 Min.
8. R. Bútor/I. Gacigál (H/SVK)	Peugeot 207 S2000	2	+ 3.16,8 Min.
9. B. Magalhães/P. Grave (P/P)	Peugeot 207 S2000	2	+ 3.51,7 Min.
10. B. Harrach/A. Schindlbacher (A/A)	Mitsubishi Lancer Evolution	2	+ 4.14,0 Min.

9. Lauf, San Remo (I), 22.–24. September 2011
1. T. Neuville/N. Gilsoul (B/B)	Peugeot 207 S2000	2	2:19.57,8 Std.
2. A. Mikkelsen/O. Floene (N/N)	Škoda Fabia S2000	2	+ 1,5 Sek.
3. B. Bouffier/X. Panseri (F/F)	Peugeot 207 S2000	2	+ 16,0 Sek.
4. J. Kopecký/P. Starý (CZ/CZ)	Škoda Fabia S2000	2	+ 1.09,1 Min.
5. B. Magalhães/P. Grave (P/P)	Peugeot 207 S2000	2	+ 1.26,0 Min.
6. A. Perico/F. Carrara (I/I)	Peugeot 207 S2000	2	+ 3.47,8 Min.
7. U. Scandola/G. d'Amore (I/I)	Ford Fiesta S2000	2	+ 4.05,9 Min.
8. P. Campana/S. de Castelli (F/F)	Peugeot 207 S2000	2	+ 4.28,0 Min.
9. T. Gardemeister/T. Tuominen (FIN/FIN)	Škoda Fabia S2000	2	+ 5.24,1 Min.
10. G. Basso/M. Dotta (I/I)	Proton Satria Neo S2000	2	+ 7.26,9 Min.

10. Lauf, Schottland (GB), 7.–9. Oktober 2011
1. A. Mikkelsen/O. Floene (N/N)	Škoda Fabia S2000	2	1:55.17,2 Std.
2. J. Hänninen/M. Markkula (FIN/FIN)	Škoda Fabia S2000	2	+ 26,4 Sek.
3. B. Bouffier/X. Panseri (F/F)	Peugeot 207 S2000	2	+ 1.35,3 Min.
4. C. Breen/G. Roberts (IRL/GB)	Ford Fiesta S2000	2	+ 2.05,1 Min.
5. J. Kopecký/P. Starý (CZ/CZ)	Škoda Fabia S2000	2	+ 2.11,7 Min.
6. T. Neuville/N. Gilsoul (B/B)	Peugeot 207 S2000	2	+ 3.10,4 Min.
7. T. Gardemeister/T. Tuominen (FIN/FIN)	Škoda Fabia S2000	2	+ 3.11,5 Min.
8. A. Fisher/D. Barritt (GB/GB)	Ford Fiesta S2000	2	+ 4.59,9 Min.
9. T. Arai/D. Moscatt (J/AUS)	Subaru Impreza R4	2	+ 8.17,6 Min.
10. M. Kahle/M. Göbel (D/D)	Škoda Fabia S2000	2	+ 9.36,1 Min.

11. Lauf, Zypern (CY), 3.–5. November 2011
1. A. Mikkelsen/O. Floene (N/N)	Škoda Fabia S2000	2	2:25.18,5 Std.
2. J. Kopecký/P. Dresler (CZ/CZ)	Škoda Fabia S2000	2	+ 1.40,5 Min.
3. P. Sandell/S. Parmander (S/S)	Škoda Fabia S2000	2	+ 2.54,8 Min.
4. K. Kruuda/M. Järveoja (EST/EST)	Škoda Fabia S2000	2	+ 4.33,0 Min.
5. F. Loix/F. Miclotte (B/B)	Škoda Fabia S2000	2	+ 5.35,4 Min.
6. M. Kahle/M. Göbel (D/D)	Škoda Fabia S2000	2	+ 7.48,9 Min.
7. T. Arai/D. Moscatt (J/AUS)	Subaru Impreza R4	2	+ 8.16,2 Min.
8. M. Wallenwein/S. Kopczyk (D/D)	Škoda Fabia S2000	2	+ 13.06,7 Min.
9. J. Raoux/L. Magat (F/F)	Renault Clio	5	+ 14.36,4 Min.
10. D. Loucaides/S. Laos (CY/CY)	Peugeot 207 S2000	2	+ 15.07,8 Min.

Endstand IRC Fahrerwertung

	Punkte	Beste 7	Monte Carlo	Kanarische Inseln	Korsika	Yalta	Ypern	Azoren	Barum	Ungarn	San Remo	Schottland	Zypern
1. A. Mikkelsen	161,5	153,5	-	8	8	12	-	18	10	-	18	37,5	50
2. J. Kopecký	183	152	4	18	18	15	-	15	25	25	12	15	36
3. J. Hänninen	125	125	8	25	-	25	-	25	15	-	-	27	-
4. F. Loix	123	123	18	12	15	-	25	-	18	15	-	-	20
5. T. Neuville	115	115	-	15	25	8	-	-	12	18	25	12	-
6. B. Bouffier	110,5	110,5	25	6	-	18	-	12	-	12	15	22,5	-
7. G. Wilks	47	47	15	10	-	10	12	-	-	-	-	-	-
8. T. Gardemeister	45	43	1	1	4	6	8	-	8	6	2	9	-
9. K. Kruuda	39	39	-	-	-	4	10	-	1	-	-	-	24
10. B. Magalhães	26	26	-	4	10	-	-	-	-	2	10	-	-
11. C. Breen	24	24	-	-	-	-	-	-	6	-	-	18	-
12. H. Weijs	18	18	-	-	-	-	18	-	-	-	-	-	-
13. M. Kahle	17,5	17,5	-	-	-	-	-	-	-	-	-	1,5	16
14. P. Campana	16	16	-	-	12	-	-	-	-	-	4	-	-
15. M. Solowow	15	15	-	-	-	-	15	-	-	-	-	-	-
T. Arai	15	15	-	-	-	-	-	-	-	-	-	3	12
17. P. Sandell	14	14	-	-	2	2	-	10	-	-	-	-	-
18. S. Sarrazin	12	12	12	-	-	-	-	-	-	-	-	-	-
19. H. Gaßner jr.	10	10	-	-	-	-	-	-	-	10	-	-	-
F. Delecour	10	10	10	-	-	-	-	-	-	-	-	-	-
21. M. Wallenwein	8	8	-	-	-	-	-	-	-	-	-	-	8
A. Perico	8	8	-	-	-	-	-	-	-	-	8	-	-
G. Aschenbrenner	8	8	-	-	-	-	-	-	-	8	-	-	-
R. Moura	8	8	-	-	-	-	-	8	-	-	-	-	-
25. J. Maurin	7	7	-	-	6	-	1	-	-	-	-	-	-
26. A. Fisher	6	6	-	-	-	-	-	-	-	-	-	6	-
U. Scandola	6	6	-	-	-	-	-	-	-	-	6	-	-
V. Lopes	6	6	-	-	-	-	-	6	-	-	-	-	-
N. Vouilloz	6	6	6	-	-	-	-	-	-	-	-	-	-
L. Rossetti	6	6	-	-	-	-	6	-	-	-	-	-	-
31. G. Basso	5	5	2	2	-	-	-	-	-	-	1	-	-
32. D. Loucaides	4	4	-	-	-	-	-	-	-	-	-	-	4
R. Butor	4	4	-	-	-	-	-	-	-	4	-	-	-
R. Kresta	4	4	-	-	-	-	-	-	4	-	-	-	-
V. Pascoal	4	4	-	-	-	-	-	4	-	-	-	-	-
R. ten Brinke	4	4	-	-	-	-	4	-	-	-	-	-	-
37. C. Timotheu	2	2	-	-	-	-	-	-	-	-	-	-	2
P. Andersson	2	2	-	-	-	-	-	-	2	-	-	-	-
S. Silva	2	2	-	-	-	-	-	2	-	-	-	-	-
R. Barrable	2	2	-	-	-	-	-	2	-	-	-	-	-
41. B. Harrach	1	1	-	-	-	-	-	-	-	-	1	-	-
J. Leandri	1	1	-	-	1	-	-	-	-	-	-	-	-
J. Puskadi	1	1	-	-	-	1	-	-	-	-	-	-	-
F. Nutahara	1	1	-	-	-	-	-	1	-	-	-	-	-

Endstand IRC Markenwertung

	Punkte	Beste 7	Monte Carlo	Kanarische Inseln	Korsika	Yalta	Ypern	Azoren	Barum	Ungarn	San Remo	Schottland	Zypern
1. Škoda	495,5	362,5	30	43	33	40	43	43	43	40	30	64,5	86
2. Peugeot	315,5	241,5	40	27	37	30	16	19	15	30	40	37,5	24
3. Subaru	124	117	14	4	14	1	-	16	2	-	6	15	42
4. M-Sport	110	107	10	3	10	4	23	-	20	-	10	30	-
5. Ralliart	110,5	104	6	-	-	10	8	20	5	18	6	1,5	36
6. Honda	46	46	-	8	4	16	-	-	-	3	-	3	12
7. Proton	41	41	-	16	-	-	1	-	16	-	3	-	-
8. Abarth	15	15	1	-	3	-	10	-	-	1	-	-	-

Deutsche Rallye-Meisterschaft

1. Lauf, ADAC Wikinger-Rallye (D), 25.–26. März 2011
1. F. Herbold/M. Kölbach (D/D)	Ford Fiesta S2000	D1	1:18.58,4 Std.
2. B. Madsen/J. Anker (DK/DK)	Peugeot 207 S2000	D1	+ 2.04,0 Min.
3. C. Jensen/S. Tøndborg (DK/DK)	Peugeot 207 S2000	D1	+ 2.20,2 Min.
4. S. Wallenwein/M. Poschner (D/D)	Subaru Impreza WRX STI	D2	+ 2.47,3 Min.
5. H. Gaßner/S. Schrankl (D/D)	Mitsubishi Lancer Evolution	D2	+ 4.14,9 Min.
6. M. Christensen/O. Fredriksen (DK/DK)	Subaru Impreza STI	D2	+ 5.21,4 Min.
7. P. Corazza/R. Bauer (D/D)	Mitsubishi Lancer Evolution	D2	+ 6.01,1 Min.
8. D. Riebensahm/K. Stockmar-Reidenbach (D/D)	Mitsubishi Lancer Evolution	D2	+ 6.05,7 Min.
9. L. Mysliwietz/O. Schumacher (D/D)	Citroën C2 R2 Max	D4	+ 6.46,8 Min.
10. T. Bernhard/M. Glasen (D/D)	Porsche 911 GT3	D1	+ 7.44,4 Min.

2. Lauf, ADAC Hessen-Rallye Vogelsberg (D), 15.–16. April 2011
1. F. Herbold/M. Kölbach (D/D)	Ford Fiesta S2000	D1	1.24.52,0 Std.
2. S. Wallenwein/M. Poschner (D/D)	Subaru Impreza WRX STI	D2	+ 2.12,0 Min.
3. J. Schuhej/S. Reith (D/D)	Mitsubishi Lancer Evolution	D7	+ 3.31,5 Min.
4. R. Zeltner/H. Hinneberg (D/D)	Porsche 911 GT3	D1	+ 3.45,2 Min.
5. H. Gaßner/S. Schrankl (D/D)	Mitsubishi Lancer Evolution	D2	+ 3.59,4 Min.
6. O. Dobberkau/A. König (D/D)	Porsche 911 GT3	D1	+ 4.09,2 Min.
7. C. Mohe/K. Becker (D/D)	Renault Mégane RS	D2	+ 6.00,1 Min.
8. B. Pritzl/K. Hepperle (D/D)	Subaru Impreza WRX STI	D2	+ 6.18,4 Min.
9. D. Riebensahm/K. Stockmar-Reidenbach (D/D)	Mitsubishi Lancer Evolution	D2	+ 6.51,5 Min.
10. L. Mysliwietz/O. Schumacher (D/D)	Citroën C2 R2 Max	D4	+ 8.13,2 Min.

3. Lauf, ADAC Pfalz-Westrich-Rallye (D), 6.–7. Mai 2011
1. S. Wallenwein/M. Poschner (D/D)	Subaru Impreza WRX STI	D2	1:25.43,3 Std.
2. H. Gaßner/K. Thannhäuser (D/D)	Mitsubishi Lancer Evolution	D2	+ 4,0 Sek.
3. R. Pritzl/K. Hepperle (D/D)	Subaru Impreza WRX STI	D2	+ 3.15,7 Min.
4. P. Gengler/K. Gengler (LUX/LUX)	Subaru Impreza	D7	+ 3.31,0 Min.
5. D. Riebensahm/K. Stockmar-Reidenbach (D/D)	Mitsubishi Lancer Evolution	D2	+ 3.50,5 Min.
6. C. Mohe/K. Becker (D/D)	Renault Mégane RS	D2	+ 4.36,5 Min.
7. C. Streicher/C. Bellantuono (LUX/LUX)	Mitsubishi Lancer Evolution	D2	+ 5.19,2 Min.
8. G. Berlandy/P. Schaaf (D/D)	BMW M3	D7	+ 5.27,4 Min.
9. H. Brocker/I. Brocker (D/D)	Ford Escort Cosworth	D7	+ 6.10,5 Min.
10. U. Hunziker/M. Lugon (CH/CH)	Subaru Impreza WRX STI	D2	+ 7.22,6 Min.

4. Lauf, ADAC Rallye Baden-Württemberg (D), 22.–23. Juli 2011
1. S. Wallenwein/M. Poschner (D/D)	Subaru Impreza WRX STI	D2	53.43,6 Min.
2. T. Bernhard/K. Wicha (D/D)	Porsche 911 GT3	D1	+ 2,0 Sek.
3. G. Berlandy/P. Schaaf (D/D)	BMW M3	D7	+ 1.08,2 Min.
4. C. Mohe/K. Becker (D/D)	Renault Mégane RS	D2	+ 1.34,4 Min.
5. R. Pritzl/K. Hepperle (D/D)	Subaru Impreza WRX STI	D2	+ 1.38,3 Min.
6. D. Riebensahm/K. Stockmar-Reidenbach (D/D)	Mitsubishi Lancer Evolution	D2	+ 1.45,0 Min.
7. W. Günther/S. Heiler-Kling (D/D)	Subaru Impreza WRX STI	D7	+ 1.57,3 Min.
8. „E. Karlsson"/T. Juchmess (D/D)	Audi TT quattro	D7	+ 2.08,4 Min.
9. F. Köhler/P. Hägerle (D/D)	BMW M3	D7	+ 2.09,6 Min.
10. S. Zimmer/S. Lanners (LUX/LUX)	Mitsubishi Lancer Evolution	D2	+ 2.27,8 Min.

5. Lauf, ADAC Rallye Deutschland (D), Tag 1, 19. August 2011
1. H. Gaßner/K. Thannhäuser (D/D)	Mitsubishi Lancer Evolution	D2	1:28.51,1 Std.
2. S. Wallenwein/M. Poschner (D/D)	Subaru Impreza WRX STI	D2	+ 40,2 Sek.
3. T. Bernhard/K. Wicha (D/D)	Porsche 911 GT3	D1	+ 2.07,2 Min.
4. S. Wiegand/C. Harloff (D/D)	Ford Fiesta R2	D4	+ 2.56,3 Min.
5. P. Pusch/M. Maulitz (D/D)	Citroën C2 R2	D4	+ 3.51,7 Min.
6. L. Mysliwietz/O. Schumacher (D/D)	Citroën C2 R2 Max	D4	+ 4.07,5 Min.
7. „E. Karlsson"/T. Juchmess (D/D)	Audi TT quattro	D7	+ 4.47,9 Min.
8. C. Mohe/K. Becker (D/D)	Renault Mégane RS	D2	+ 5.20,1 Min.
9. B. Scheller/B. Röhm (D/D)	Citroën C2 R2	D4	+ 5.29,0 Min.
10. R. Sulzinger/P. Spannbauer (D/D)	Ford Fiesta R2	D4	+ 6.15,8 Min.

6. Lauf, ADAC Rallye Deutschland (D), Tag 2, 20. August 2011
1. H. Gaßner/K. Thannhäuser (D/D)	Mitsubishi Lancer Evolution	D2	1:36.50,3 Std.
2. S. Wallenwein/M. Poschner (D/D)	Subaru Impreza WRX STI	D2	+ 59,7 Sek.
3. T. Bernhard/K. Wicha (D/D)	Porsche 911 GT3	D1	+ 1.56,2 Min.
4. C. Mohe/K. Becker (D/D)	Renault Mégane RS	D2	+ 2.16,8 Min.
5. G. Berlandy/P. Schaaf (D/D)	BMW M3	D7	+ 2.50,6 Min.
6. S. Wiegand/C. Harloff (D/D)	Ford Fiesta R2	D4	+ 3.12,1 Min.
7. H. Rotter/V. Schmidt (D/D)	Opel Corsa D OPC	D4	+ 3.15,9 Min.
8. R. Pritzl/K. Hepperle (D/D)	Subaru Impreza WRX STI	D2	+ 4.50,5 Min.
9. L. Mysliwietz/O. Schumacher (D/D)	Citroën C2 R2 Max	D4	+ 4.51,0 Min.
10. D. Riebensahm/K. Stockmar-Reidenbach (D/D)	Mitsubishi Lancer Evolution	D2	+ 7.45,2 Min.

7. Lauf, ADAC Saarland-Rallye (D), 24.–25. September 2011
1. H. Gaßner/K. Thannhäuser (D/D)	Mitsubishi Lancer Evolution	D2	1:31.34,3 Std.
2. S. Wallenwein/M. Poschner (D/D)	Subaru Impreza WRX STI	D2	+ 1.27,1 Min.
3. C. Mohe/K. Becker (D/D)	Renault Mégane RS	D2	+ 3.23,1 Min.
4. L. Mysliwietz/O. Schumacher (D/D)	Citroën C2 R2 Max	D4	+ 5.24,9 Min.
5. R. Pritzl/K. Hepperle (D/D)	Subaru Impreza WRX STI	D2	+ 5.59,1 Min.
6. U. Hunziker/M. Lugon (CH/CH)	Subaru Impreza WRX STI	D2	+ 6.41,8 Min.
7. S. Wiegand/C. Harloff (D/D)	Ford Fiesta R2	D4	+ 9.16,1 Min.
8. U. Gropp/H. Loth (D/D)	Citroën C2 R2 Max	D4	+ 10.05,9 Min.
9. H. Schewe/M. Brack (D/D)	Porsche 911 Turbo	D10	+ 10.44,3 Min.
10. B. Mohr/O. Becker (D/D)	Opel Astra GTC	D6	+ 10.51,6 Min.

Endstand Deutsche Rallye-Meisterschaft

	Punkte	Wikinger	Hessen	Pfalz	Baden-Württemberg	Deutschland 1	Deutschland 2	Saarland
1. S. Wallenwein	185	29	32	35	35	27	37	27
2. H. Gaßner	179	23	24	27	-	35	35	35
3. C. Mohe	162	-	19	28	30	26	29	30
4. S. Wiegand	140	15	20	22	20	29	28	21
5. L. Mysliwietz	136	24	24	-	20	19	20	29
6. R. Pritzl	110	-	16	22	24	12	16	20
7. R. Sulzinger	89	18	18	18	14	12	-	11
8. A. Scheidhammer	79	12	12	20	10	12	11	12
9. D. Riebensahm	77	13	13	19	20	-	12	-
P. Pusch	77	8	11	25	-	23	10	-
11. T. Bernhard	75	13	-	-	22	20	20	-
12. M. Griebel	71	20	15	-	15	6	-	15
13. B. Mohr	69	15	15	-	15	-	-	24
14. R. Haulsen	56	-	12	12	10	4	8	10
15. B. Scheller	45	6	-	-	10	15	14	-
16. M. Abendroth	40	20	20	-	-	-	-	-
17. H. Sagel	38	4	-	-	8	8,5	7,5	10
18. W. Ihle	36	-	-	-	-	18	18	-
L. Wolf	36	10	10	-	12	-	-	4
20. U. Gropp	31	-	6	-	8	-	-	17
21. J. Broschart	30	10	14	6	-	-	-	-
22. M. Jerlitschka	28	3	8	-	-	-	-	17
23. H. Rotter	19	-	-	-	-	-	19	-
24. D. Schmidt	18	6	6	-	6	-	-	-
25. T. Nebel	14	6	-	8	-	-	-	-
26. K. Keil	8	8	-	-	-	-	-	-
M. Hösel	8	1	4	-	3	-	-	-
28. S. Mangelsen	4	-	2	-	2	-	-	-
29. B. Hübner	3	3	-	-	-	-	-	-
F. Wacha	3	-	3	-	-	-	-	-
31. T. Hölzlhammer	2	2	-	-	-	-	-	-

Deutsche Rallye Serie (DRS)

1. Lauf, AVD-Sachsen-Rallye (D), 12.–14. Mai 2011
1. F. Herbold/M. Kölbach (D/D) — Ford Fiesta S2000 — 1:20.41,3 Std.
2. M. Kahle/P. Göbel (D/D) — Škoda Fabia S2000 — + 51,9 Sek.
3. O. Dobberkau/A. König (D/D) — Porsche 911 GT3 — + 3.06,9 Min.
4. P. Corazza/R. Bauer (D/D) — Mitsubishi Lancer Evolution — + 3.13,9 Min.
5. M. Stölzel/T. Windisch (D/D) — Porsche 911 GT3 — + 3.43,8 Min.
6. C. Mohe/K. Becker (D/D) — Renault Mégane RS — + 4.34,5 Min.
7. M. Wallenwein/S. Kopczyk (D/D) — Škoda Fabia S2000 — + 4.50,6 Min.
8. M. Fröhlich/S. Fröhlich (D/D) — Mitsubishi Lancer Evolution — + 6.09,3 Min.
9. R. Schumann/T. Krajewski (D/D) — BMW M3 — + 10.15,3 Min.
10. M. Muschiol/J. Gäbler (D/D) — Renault Clio Ragnotti — + 10.18,0 Min.

2. Lauf, S-DMV Thüringen-Rallye (D), 2.–4. Juni 2011
1. R. Zeltner/P. Zeltner (D/D) — Porsche 911 GT3 — 1:18.07,0 Std.
2. A. Werner/R. Edelmann (D/D) — Audi quattro — + 57,7 Sek.
3. J. Slehofer/R. Moukova (CZ/CZ) — Subaru Impreza — + 3.16,9 Min.
4. P. Hünniger/R. Sebesta (D/D) — Subaru Impreza — + 4.41,6 Min.
5. H. Rotter/F. Christian (D/D) — Opel Corsa OPC — + 4.59,6 Min.
6. J. Pertlicek/P. Picka (CZ/CZ) — Mitsubishi Lancer Evolution — + 6.10,1 Min.
7. J. Geist/S. Glatzel (D/D) — BMW M3 — + 7.40,8 Min.
8. B. Michel/B. Hartbauer (D/D) — Opel Astra GSI — + 7.48,6 Min.
9. D. Tomek/M. Zeman (CZ/CZ) — Renault Clio R3 Maxi — + 7.55,7 Min.
10. A. Nörenberg/M. Steinfadt (D/D) — BMW M3 — + 8.01,1 Min.

3. Lauf, ADAC Rallye Wartburg (D), 5.–7. August 2011
1. M. Kahle/C. Doerr (D/D) — Škoda Octavia WRC — 1:11.14,0 Std.
2. P. Corazza/R. Bauer (D/D) — Mitsubishi Lancer Evolution — + 1.22,8 Min.
3. A. Burkart/A. Kachel (D/D) — Ford Fiesta S2000 — + 1.28,2 Min.
4. T. Bernhard/K. Wicha (D/D) — Porsche 911 GT3 — + 1.43,3 Min.
5. M. Stölzel/T. Windisch (D/D) — Porsche 911 GT3 — + 2.57,8 Min.
6. M. Hesse/U. Kunze (D/D) — Mitsubishi Lancer Evolution — + 3.45,6 Min.
7. „Eric Karlsson"/S. Fritzenmeier (D/D) — Audi TT quattro — + 4.28,5 Min.
8. M. Häring/S. Schork (D/D) — Opel Manta B — + 4.39,1 Min.
9. S. Wiegand/C. Harloff (D/D) — Ford Fiesta R2 — + 5.59,7 Min.
10. L. Anders/J. Roth (D/D) — Mitsubishi Lancer Evolution — + 6.37,6 Min.

4. Lauf, AvD Niederbayern-Rallye (D), 26.–27. August 2011
1. R. Zeltner/P. Zeltner (D/D) — Porsche 911 GT3 — 1:03.36,1 Std.
2. M. Stölzel/T. Windisch (D/D) — Porsche 911 GT3 — + 3.26,7 Min.
3. A. Werner/R. Edelmann (D/D) — Audi quattro — + 3.57,9 Min.
4. M. Kalteis/G. Lang (A/A) — Mitsubishi Lancer Evolution — + 4.01,4 Min.
5. „E. Karlsson"/T. Juchmes (D/D) — Audi TT quattro — + 4.28,8 Min.
6. R. Pritzl/K. Hepperle (D/D) — Subaru Impreza WRX STI — + 4.41,4 Min.
7. J. Geist/G. Fischer (D/D) — BMW M3 — + 5.11,1 Min.
8. C. Schleimer/T. Fuchs (D/D) — Opel Astra — + 5.25,2 Min.
9. F. Köhler/P. Hägerle (D/D) — BMW M3 — + 5.49,8 Min.
10. S. Gruber/R. Nothdurfter (A/A) — Ford Escort Cosworth — + 5.56,9 Min.

5. Lauf, ADMV Lausitz-Rallye (D), 30. September–1. Oktober 2011
1. R. Zeltner/C. Doerr (D/D) — Skoda Octavia WRC — 1:09.00,9 Std.
2. M. Kahle/P. Göbel (D/D) — Skoda Fabia S2000 — + 5,0 Sek.
3. M. Wallenwein/S. Kopczyk (D/D) — Skoda Fabia S2000 — + 1.08,6 Min.
4. M. Rzeznik/P. Mazur (PL/PL) — Mitsubishi Lancer Evolution — + 2.14,3 Min.
5. B. de Jong/T. Hillen (NL/NL) — Mitsubishi Lancer WRC — + 2.51,7 Min.
6. M. Stölzel/T. Windisch (D/D) — Skoda Fabia WRC — + 2.58,6 Min.
7. J. Jansson/T. Henryson (S/S) — Subaru Impreza WRX STI — + 3.41,5 Min.
8. J. Sipilä/P. Haataja (FIN/FIN) — Mitsubishi Lancer Evolution — + 4.38,8 Min.
9. J. Tosovsky/J. Král (CZ/CZ) — Mitsubishi Lancer Evolution — + 4.55,9 Min.
10. A. Zupanc/B. Kacin (SLO/SLO) — Mitsubishi Lancer Evolution — + 5.39,3 Min.

6. Lauf, rallyesprint.eu (D), 28.–29. Oktober 2011
1. M. Hesse/U. Kunze (D/D) — Mitsubishi Lancer Evolution — 1:06.47,7 Std.
2. M. Koch/S. Assmann (D/D) — Opel Kadett C 16V — + 1.55,0 Min.
3. J. Schuhej/S. Reith (D/D) — Mitsubishi Lancer Evolution — + 2.40,0 Min.
4. R. Ramonat/S. Schmidt (D/D) — Mitsubishi Lancer Evolution — + 3.28,8 Min.
5. R. Schumann/T. Krajewski (D/D) — Mitsubishi Lancer Evolution — + 3.42,1 Min.
6. M. Mahr-Graulich/N. Hartung (D/D) — Mitsubishi Lancer Evolution — + 4.07,9 Min.
7. J. Depping/I. Schaarschmidt (D/D) — Mitsubishi Lancer Evolution — + 4.15,2 Min.
8. B. Scheller/S. Suhr (D/D) — Citroën C2 R2 Max — + 4.32,1 Min.
9. R. Hahn/S. Schork (D/D) — Mitsubishi Lancer Evolution — + 4.48,2 Min.
10. F. Oliveri/L. Schnorr (D/D) — Opel Astra Gsi 16V — + 5.46,2 Min.

Endstand Deutsche Rallye Serie

	Punkte	Sachsen	Thüringen	Wartburg	Niederbayern	Lausitz	rallyesprint.eu
1. R. Stöber	150	25	30	25	30	10	30
2. M. Stölzel	146	29	10	29	33	25	20
3. M. Kunstmann	127	30	20	10	30	12	25
4. V. König	120	22	18	30	10	30	10
5. L. Meyer	107	30	-	30	22	-	25
6. H. Sagel	92	20	20	16	20	-	16
7. S. Wiegand	90	30	-	30	-	-	30
8. M. Hackenberg	90	18	30	10	10	-	22
9. R. Gröbner	89,5	17,5	25	22	-	-	-
10. T. Weigert	86	20	10	22	14	10	10
11. S. Zimmermann	82	10	22	30	20	-	-
12. L. Uhlmann	75	-	10	18	25	-	22
13. A. Werner	71	-	33	10	28	-	-
14. B. Mohr	70	30	-	-	22	-	18
15. T. Wiegand	70	20	14	20	-	-	16
16. R. Schumann	69	30	10	-	-	-	29
17. A. Scheidhammer	64	10	-	-	10	30	14
18. C. Bauer	64	16	20	18	-	10	-
19. M. Peter	62	-	30	22	-	-	10
20. L. Wolf	62	10	-	-	30	-	22
D. Schmidt	60	25	-	25	-	-	10
22. M. Jerlitschka	59	18	-	-	16	-	25
23. O. Dobberkau	56	36	-	10	10	-	-
24. D. Dinkel	55	10	25	10	10	-	-
A. Schramm	55	10	10	10	-	25	-
26. M. Raschke	51	25	10	-	-	-	16
27. T. Hölzlhammer	50	22	-	-	18	-	10
28. D. Voigt	47	22	25	-	-	-	-
29. M. Muschiol	45	25	10	10	-	-	-
30. B. Knüpfer	40	10	-	30	-	-	-
31. M. Moufang	38	-	-	20	18	-	-
32. T. Rogoß	36	16	-	-	-	-	20
33. T. Amling	32	-	10	22	-	-	-
H. Voigtmann	32	22	10	-	-	-	-
35. M. Förster	31	31	-	-	-	-	-
36. J. Horlbeck	30	30	-	-	-	-	-
D. Knüpfer	30	30	-	-	-	-	-
38. L. Hausmann	29	-	13	16	-	-	-
39. C. Haas	28	10	18	-	-	-	-
M. Hösel	28	14	-	-	14	-	-
41. T. Edelmann	25	25	-	-	-	-	-
H. Scholz	25	-	25	-	-	-	-
43. S. Böhm	20	-	-	-	20	-	-
S. Müller	20	10	-	-	-	10	-
A. Suchan	20	10	10	-	-	-	-
46. S. Mangelsen	13	13	-	-	-	-	-
47. H. Borowski	12	12	-	-	-	-	-
48. K. Ahola	10	10	-	-	-	-	-
49. M. Bischoff	10	-	-	10	-	-	-
T. Böhm	10	10	-	-	-	-	-
A. Daßler	10	10	-	-	-	-	-
D. Galle	10	10	-	-	-	-	-
B. Hübner	10	10	-	-	-	-	-
K. Keil	10	10	-	-	-	-	-
J. Trültzsch	10	10	-	-	-	-	-
F. Wacha	10	10	-	-	-	-	-

ADAC Rallye Masters

1. Lauf, ADMV Rallye Erzgebirge (D), 8.–9. April 2011

1.	C. Mohe/K. Becker (D/D)	Renault Mégane R. S.	D2	1:04.03,4 Std.
2.	J. Pertlicek/P. Picka (CZ/CZ)	Mitsubishi Lancer Evolution	D4	+ 2.21,3 Min.
3.	N. Birr/N. Eichenauer (D/D)	Renault Clio R3	D3	+ 3.25,8 Min.
4.	P. Corazza/R. Bauer (D/D)	Mitsubishi Lancer Evolution	D4	+ 3.40,2 Min.
5.	K. Milde/M. Mai (D/D)	Mitsubishi Lancer Evolution	D4	+ 4.22,9 Min.
6.	S. Wiegand/C. Harloff (D/D)	Volkswagen Lupo	D5	+ 4.58,3 Min.
7.	M. Kunstmann/H. Langer (D/D)	Mitsubishi Lancer Evolution	D4	+ 5.31,7 Min.
8.	H. Voigtmann/U. Flechsig (D/D)	Mitsubishi Lancer Evolution	D4	+ 5.35,8 Min.
9.	J. Nielsen/E. Worm (DK/DK)	Opel Corsa Maxi	D5	+ 6.39,8 Min.
10.	R. Schumann/T. Krajewski (D/D)	BMW M3	D5	+ 7.28,6 Min.

2. Lauf, ADAC Pegasus Rallye Sulinger Land (D), 29.–30. April 2011

1.	J. van den Heuvel/M. Kolman (NL/NL)	Mitsubishi Lancer Evolution	D4	1:25.21,2 Std.
2.	I. Kragh/M. Petersen (DK/DK)	Peugeot 207 S2000	D1	+ 1.52,9 Min.
3.	H. Knöbel/J. Limbach (D/D)	Subaru Impreza WRX STI	D4	+ 3.25,3 Min.
4.	J. Pedersen/J. Gäbler (DK/D)	BMW M3	D2	+ 5.45,6 Min.
5.	O. Müller/H. Grünhagen (D/D)	BMW 320i	D3	+ 5.49,2 Min.
6.	H. Hanser/A. Rödiger (D/D)	BMW 318i	D5	+ 6.09,7 Min.
7.	C. Riedemann/O. Bobrink (D/D)	Renault Twingo R2	D5	+ 6.18,2 Min.
8.	N. Birr/N. Eichenauer (D/D)	Renault Clio R3	D3	+ 6.43,9 Min.
9.	K. Kölle/B. Hutzfeldt (D/D)	Porsche 911 Carrera	D2	+ 7.39,0 Min.
10.	U. Schiffmann/M. Knaack (D/D)	BMW M3	D2	+ 8.10,0 Min.

3. Lauf, ADAC Litermont-Rallye (D), 27.–28. Mai 2011

1.	D. Reiland/C. Reiland (D/D)	Mitsubishi Lancer Evolution	D1	1:09.12,3 Std.
2.	M. Abendroth/P. Huber (D/D)	Mitsubishi Lancer Evolution	D4	+ 44,8 Sek.
3.	C. Streicher/C. Bellantuono (LUX/LUX)	Mitsubishi Lancer Evolution	D4	+ 52,5 Sek.
4.	H. Brocker/I. Brocker (D/D)	Ford Escort Cosworth	D1	+ 1.37,5 Min.
5.	U. Schiffmann/M. Knaack (D/D)	BMW M3	D2	+ 2.10,3 Min.
6.	N. Birr/N. Eichenauer (D/D)	Renault Clio R3	D3	+ 2.11,4 Min.
7.	„E. Karlsson"/T. Juchmes (D/D)	Audi TT quattro	D4	+ 3.05,9 Min.
8.	J. Fritz/M. Wölfer (D/D)	BMW 323 TI E36	D2	+ 3.38,3 Min.
9.	M. Bieg/B. Birkholz (D/D)	BMW 320iS	D3	+ 4.06,1 Min.
10.	U. Gropp/H. Loth (D/D)	Citroën C2 R2 Max	D5	+ 4.32,3 Min.

4. Lauf, ADAC Rallye Stemweder Berg (D), 17.–18. Juni 2011

1.	H. Knöbel/T. Mönkemöller (D/D)	Subaru Impreza WRX STI	D4	1:02.29,8 Std.
2.	G. Imhoff/S. Walker (D/D)	Volkswagen Golf Kit Car	D3	+ 8,4 Sek.
3.	J. Pedersen/J. Gäbler (DK/D)	BMW M3	D2	+ 1.02,5 Min.
4.	U. Schiffmann/M. Knaack (D/D)	BMW M3	D2	+ 1.20,3 Min.
5.	O. Müller/H. Grünhagen (D/D)	BMW 320i	D3	+ 1.39,5 Min.
6.	T. Grätsch/A. Gawlick (D/D)	BMW M3	D2	+ 2.19,7 Min.
7.	N. Birr/N. Eichenauer (D/D)	Renault Clio R3	D3	+ 2.45,4 Min.
8.	J. de Fries/U. Walz (D/D)	Mitsubishi Lancer Evolution	D4	+ 2.49,2 Min.
9.	A. Holz/T. Schöne (D/D)	Volkswagen Golf Kit Car	D3	+ 2.57,2 Min.
10.	K. Kölle/B. Hutzfeldt (D/D)	Porsche 911 Carrera	D2	+ 3.02,6 Min.

5. Lauf, ADAC Rallye Niedersachsen (D), 1.–2. Juli 2011

1.	H. Knöbel/T. Mönkemöller (D/D)	Subaru Impreza WRX STI	D4	+ 58.23,1 Min.
2.	K. Osterhaus/U. Mausbeck (D/D)	Mitsubishi Lancer Evolution	D4	+ 22,1 Sek.
3.	C. Alexy/M. Alexy (D/D)	Audi S2 quattro	D1	+ 1.10,4 Min.
4.	J. Pedersen/J. Gäbler (DK/D)	BMW M3	D2	+ 1.24,0 Min.
5.	H. Hanser/A. Rödiger (D/D)	BMW 318i	D5	+ 2.23,6 Min.
6.	U. Schiffmann/M. Knaack (D/D)	BMW M3	D2	+ 2.31,0 Min.
7.	O. Müller/H. Grünhagen (D/D)	BMW 320i	D3	+ 3.01,4 Min.
8.	K. Kölle/B. Hutzfeldt (D/D)	Porsche 911 Carrera	D2	+ 3.25,5 Min.
9.	T. Grätsch/A. Gawlick (D/D)	BMW M3	D2	+ 4.18,3 Min.
10.	B. Hübner/M. Trommler (D/D)	Citroën C2 R2 Max	D5	+ 4.22,4 Min.

6. Lauf, ADAC Ostsee-Rallye (D), 9.–10. September 2011

1.	H. Knöbel/T. Mönkemöller (D/D)	Subaru Impreza WRX STI	D4	1:22.12,3 Std.
2.	K. Boisen/J. Petersen (DK/DK)	BMW M3	D2	+ 5,1 Sek.
3.	K. Osterhaus/N. Brock (D/D)	Mitsubishi Lancer Evolution	D4	+ 1.43,2 Min.
4.	N. Birr/N. Eichenauer (D/D)	Renault Clio R3	D3	+ 3.37,8 Min.
5.	K. Kölle/B. Hutzfeldt (D/D)	Porsche 911 Carrera	D2	+ 5.13,7 Min.
6.	A. Schütt/K. Finke (D/D)	Ford Escort	D3	+ 5.56,3 Min.
7.	S. Wiegand/C. Harloff (D/D)	Suzuki Swift	D6	+ 6.06,7 Min.
8.	U. Schiffmann/M. Knaack (D/D)	BMW M3	D2	+ 6.08,3 Min.
9.	U. Wagner/B. Hosse (DD)	BMW M3	D2	+ 6.26,0 Min.
10.	T. Leipold/L. Kaufmann (D/D)	Suzuki Ignis S1600	D3	+ 6.35,2 Min.

7. Lauf, ADAC 3-Städte-Rallye (D), 21.–22. Oktober 2011

1.	R. Zeltner/H. Hinneberg (D/D)	Porsche 911 GT3	D1	1:04.44,4 Std.
2.	T. Bernhard/K. Wicha (D/D)	Porsche 911 GT3	D1	+ 2.32,1 Min.
3.	H. Knöbel/T. Mönkemöller (D/D)	Subaru Impreza WRX STI	D4	+ 3.19,6 Min.
4.	R. Noller/U. Walz (D/D)	Mitsubishi Lancer Evolution	D4	+ 3.28,3 Min.
5.	A. Werner/R. Edelmann (D/D)	Audi quattro	D8	+ 3.59,9 Min.
6.	R. Sulzinger/P. Winklhofer (D/D)	Ford Fiesta R2	D4	+ 4.26,8 Min.
7.	A. Zupanc/B. Kacin (SLO/SLO)	Mitsubishi Lancer Evolution	D4	+ 4.39,0 Min.
8.	L. Wolf/T. Fuchs (D/D)	Mitsubishi Lancer Evolution	D4	+ 5.43,3 Min.
9.	T. Wallenwein/T. Neidhöfer (D/D)	Subaru Impreza WRX STI	D4	+ 5.49,7 Min.
10.	N. Birr/N. Eichenauer (D/D)	Renault Clio R3	D3	+ 6.05,8 Min.

Endstand ADAC Junior Cup

		Punkte	Erzgebirge	Sulinger Land	Litermont	Stemwede	Niedersachsen	Finale I: Ostsee	Finale II: 3-Städte
1.	S. Wiegand	125	23	20	20	20	-	22	20
2.	V. Hummel	97	-	12	20	10	20	20	15
3.	T. Bareuther	90	15	15	15	15	15	15	15
4.	M. Moufang	43	-	20	-	-	-	15	8
5.	M. Wendt	42	-	12	6	12	-	12	-
6.	M. Schulz	27	2	3	12	-	-	10	-
7.	M. Becher	25	-	-	-	-	10	15	-
8.	R. Sulzinger	24	-	-	-	-	-	-	24
9.	N. Hildebrandt	20	-	8	-	-	12	-	-
10.	C. Bauer	18	10	-	-	-	8	-	-
11.	C. Riedemann	17	-	17	-	-	-	-	-
12.	N. Stötefalke	16	-	6	-	10	-	-	-
13.	B. Hübner	15	-	-	-	-	15	-	-
	M. Jerlitschka	15	-	-	-	-	15	-	-
15.	R. Schumann	12	12	-	-	-	-	-	-
	D. Urgatz	12	-	-	12	-	-	-	-
	T. Leipold	12	-	-	-	-	-	12	-
	S. Bretzner	12	-	-	-	-	-	-	12
	L. Wolf	12	-	-	-	-	-	-	12
20.	M. Rathkamp	10	-	10	-	-	-	-	-
	D. Fischer	10	-	-	-	-	-	10	-
	T. Thaller	10	-	-	-	-	-	-	10
23.	J. Stimpel,	8	8	-	-	-	-	-	-
	T. Wiegand	6	6	-	-	-	-	-	-
25.	M. Egginger	4	-	-	-	-	-	-	4
26.	T. Wallner	3	-	-	-	-	-	-	3
27.	F. von der Heyden	1	-	-	-	-	-	-	1

STATISTIK International & National

Endstand ADAC Rallye Masters

Plätze 1–62

		Punkte	Erzgebirge	Sulinger Land	Litermont	Stemwede	Niedersachsen	Ostsee	3-Städte
1.	H. Knöbel	137	-	21	-	30	30	30	26
2.	S. Wiegand	125	23	20	20	20	-	22	20
3.	N. Birr	124	26	16	23	14	-	25	20
4.	U. Schiffmann	110	15	12	24	20	18	13	20
5.	V. Hummel	97	-	12	20	10	20	20	15
6.	T. Bareuther	90	15	15	15	15	15	15	15
7.	H. Hanser	82	-	23	15	20	24	-	-
8.	O. Müller	80	15	24	-	19	22	-	-
9.	J. Pedersen	76	-	25	-	26	25	-	-
10.	R. Albert	59	8	8	8	15	12	8	8
11.	K. Kölle	57	-	15	-	10	13	19	-
12.	J. de Fries	54	-	10	8	16	-	12	8
13.	K. Osterhaus	44	-	-	-	-	23	21	-
14.	M. Moufang	43	-	20	-	-	-	15	8
15.	M. Wendt	42	-	12	6	12	-	12	-
16.	V. König	40	20	-	-	-	20	-	-
17.	H. Borowski	39	-	15	-	-	12	12	-
18.	T. Grätsch	37	12	-	-	15	10	-	-
19.	H. Stockmeier	32	-	12	-	-	-	20	-
20.	U. Wagner	30	-	8	12	-	-	10	-
	A. Schütt	30	-	12	-	-	-	18	-
	C. Mohe	30	30	-	-	-	-	-	-
	D. Reiland	30	-	-	30	-	-	-	-
	J. van den Heuvel	30	-	30	-	-	-	-	-
	R. Zeltner	30	-	-	-	-	-	-	30
26.	A. Behrens	28	-	10	-	8	10	-	-
	M. Abendroth	28	-	-	28	-	-	-	-
	K. Boisen	28	-	-	-	-	-	28	-
	I. Kragh	28	-	28	-	-	-	-	-
	J. Pertlicek	28	28	-	-	-	-	-	-
	G. Imhoff	28	-	-	-	28	-	-	-
32.	M. Schulz	27	2	3	12	-	-	10	-
33.	M. Becher	25	-	-	-	10	15	-	-
34.	R. Sulzinger	24	-	-	-	-	-	-	24
35.	T. Bernhard	23	-	-	-	-	-	-	23
36.	S. Pingel	21	-	6	-	-	15	-	-
	C. Streicher	21	-	-	21	-	-	-	-
38.	N. Hildebrandt	20	-	8	-	-	12	-	-
	I. Rybczynski	20	-	-	-	12	8	-	-
	Dr. M. Klein	20	-	-	12	-	-	-	8
	H. Brocker	20	-	-	20	-	-	-	-
	P. Corazza	20	20	-	-	-	-	-	-
	U. Gropp	20	-	-	20	-	-	-	-
	M. Böhm	20	-	-	-	-	-	20	-
	R. Noller	20	-	-	-	-	-	-	20
46.	C. Alexy	18	-	-	-	-	18	-	-
	C. Bauer	18	10	-	-	-	8	-	-
48.	C. Riedemann	17	-	17	-	-	-	-	-
49.	K. Milde	16	16	-	-	-	-	-	-
	N. Stötefalke	16	-	6	-	10	-	-	-
	T. Schnelle	16	-	4	-	-	-	12	-
	J. Fritz	16	-	-	16	-	-	-	-
53.	J. Nielsen	15	15	-	-	-	-	-	-
	M. Bieg	15	-	15	-	-	-	-	-
	B. Hübner	15	-	-	-	-	15	-	-
	M. Jerlitschka	15	-	-	-	-	15	-	-
	J. van der Marel	15	-	15	-	-	-	-	-
	K. Schaffhauser	15	-	-	-	-	-	-	15
	R. Schilcher	15	-	-	-	-	-	-	15
	A. Zupanc	15	-	-	-	-	-	-	15
61.	„E. Karlsson"	14	-	-	14	-	-	-	-
62.	B. Friebertshäuser	12	-	-	-	-	12	-	-
	H. Münster	12	-	-	-	-	12	-	-
	G. Brouwer	12	-	12	-	-	-	-	-
	R. Gaumnitz	12	12	-	-	-	-	-	-
	M. Keller	12	12	-	-	-	-	-	-
	M. Kunstmann	12	12	-	-	-	-	-	-

Plätze 62–148

		Punkte	Erzgebirge	Sulinger Land	Litermont	Stemwede	Niedersachsen	Ostsee	3-Städte
	T. Leipold	12	-	-	-	-	-	12	-
	M. Riga	12	-	-	12	-	-	-	-
	R. Schumann	12	12	-	-	-	-	-	-
	D. Urgatz	12	-	-	12	-	-	-	-
	F. van Lieshout	12	-	12	-	-	-	-	-
	S. Bretzner	12	-	-	-	-	-	-	12
	K. Huber	12	-	-	-	-	-	-	12
	W. Ohrpfandl	12	-	-	-	-	-	-	12
	A. Scheidhammer	12	-	-	-	-	-	-	12
	L. Wolf	12	-	-	-	-	-	-	12
	B. Zanon	12	-	-	-	-	-	-	12
79.	V. Clasen	11	3	2	-	-	6	-	-
	de Jong	11	-	3	-	8	-	-	-
81.	D. Bieber	10	-	10	-	-	-	-	-
	A. Holz	10	-	-	-	10	-	-	-
	M. Rathkamp	10	-	10	-	-	-	-	-
	L. Röper	10	-	-	-	10	-	-	-
	R. Grübl	10	-	-	-	-	-	-	10
	B. Altena	10	-	10	-	-	-	-	-
	M. Ecker	10	-	-	10	-	-	-	-
	G. Hansen	10	-	-	-	-	-	10	-
	O. Klesen	10	-	-	10	-	-	-	-
	A. Konrath	10	-	-	10	-	-	-	-
	U. Lembke	10	-	-	10	-	-	-	-
	C. Lexen	10	-	-	10	-	-	-	-
	M. Moufang	10	-	-	-	-	-	10	-
	K. Teichmann	10	10	-	-	-	-	-	-
	W. Wiegman	10	-	-	-	-	-	-	10
	D. Fischer	10	-	-	-	-	-	-	10
	P. Schauberger	10	-	-	-	-	-	-	10
	T. Thaller	10	-	-	-	-	-	-	10
	R. Veit	10	-	-	-	-	-	-	10
100.	H. Voigtman	9	9	-	-	-	-	-	-
	T. Wallenwein	9	-	-	-	-	-	-	9
102.	H. Fischer	8	-	-	-	-	-	8	-
	O. Johansson	8	-	-	-	-	-	8	-
	S. Kirst	8	-	-	8	-	-	-	-
	M. Pedersen	8	-	8	-	-	-	-	-
	R. Schackenberg	8	-	-	-	-	-	8	-
	J. Stimpel	8	8	-	-	-	-	-	-
	L. Bestak	8	-	-	-	-	-	-	8
	M. Stadler	8	-	-	-	-	-	-	8
110.	U. Broda	6	-	-	-	-	-	6	-
	F. Nolting	6	-	-	-	-	-	6	-
	R. Baehr	6	-	-	-	6	-	-	-
	A. Klemm	6	6	-	-	-	-	-	-
	M. Menzing	6	-	6	-	-	-	-	-
	D. Meyendorf	6	-	-	-	6	-	-	-
	U. Naab	6	-	-	6	-	-	-	-
	W. Ploeg	6	-	6	-	-	-	-	-
	I. Thelander	6	-	-	-	-	-	6	-
	D. Voigt	6	6	-	-	-	-	-	-
	T. Wiegand	6	6	-	-	-	-	-	-
	R. Cosimi	6	-	-	-	-	-	-	6
	M. Kainz	6	-	-	-	-	-	-	6
	A. Neuweier	6	-	-	-	-	-	-	6
	T. Werner	6	-	-	-	-	-	-	6
125.	H. Hansen	4	-	-	-	-	-	4	-
	R. Kleinlugtenbeld	4	-	4	-	-	-	-	-
	J. Linton	4	4	-	-	-	-	-	-
	S. Mayr	4	-	-	-	-	-	4	-
	J. Nijhof	4	-	4	-	-	-	-	-
	F. Schmeer	4	-	-	4	-	-	-	-
	L. Tietjen	4	-	-	-	-	-	4	-
	N. Droandi	4	-	-	-	-	-	-	4
	M. Egginger	4	-	-	-	-	-	-	4
	A. Haffner	4	-	-	-	-	-	-	4
	G. Königseder	4	-	-	-	-	-	-	4
136.	I. Buck	3	-	-	-	-	-	3	-
	S. Haberland	3	-	-	-	-	-	3	-
	H. oltfester	3	-	-	-	-	-	3	-
	V. Sticher	3	-	-	3	-	-	-	-
	T. Wallner	3	-	-	-	-	-	-	3
141.	A. Berstein Dr.	2	-	-	2	-	-	-	-
	H. Blankenburg	2	-	2	-	-	-	-	-
	B. Schmitt	2	-	-	2	-	-	-	-
	M. Wittorf	2	-	-	-	-	-	2	-
	D. Zipfel	2	-	-	-	-	-	2	-
	J. Gronkowski	2	-	-	-	-	-	-	2
	J. Mikulenka	2	-	-	-	-	-	-	2
148.	A. Frese	1	-	-	-	-	-	1	-
	R. Kirchner	1	1	-	-	-	-	-	-
	M. Langbehn	1	-	-	-	-	-	1	-
	E. Linde	1	-	1	-	-	-	-	-
	M. van der Heijden	1	-	1	-	-	-	-	-
	R. Wicke	1	-	-	1	-	-	-	-
	D. Venica	1	-	-	-	-	-	-	1
	F. von der Heyden	1	-	-	-	-	-	-	1

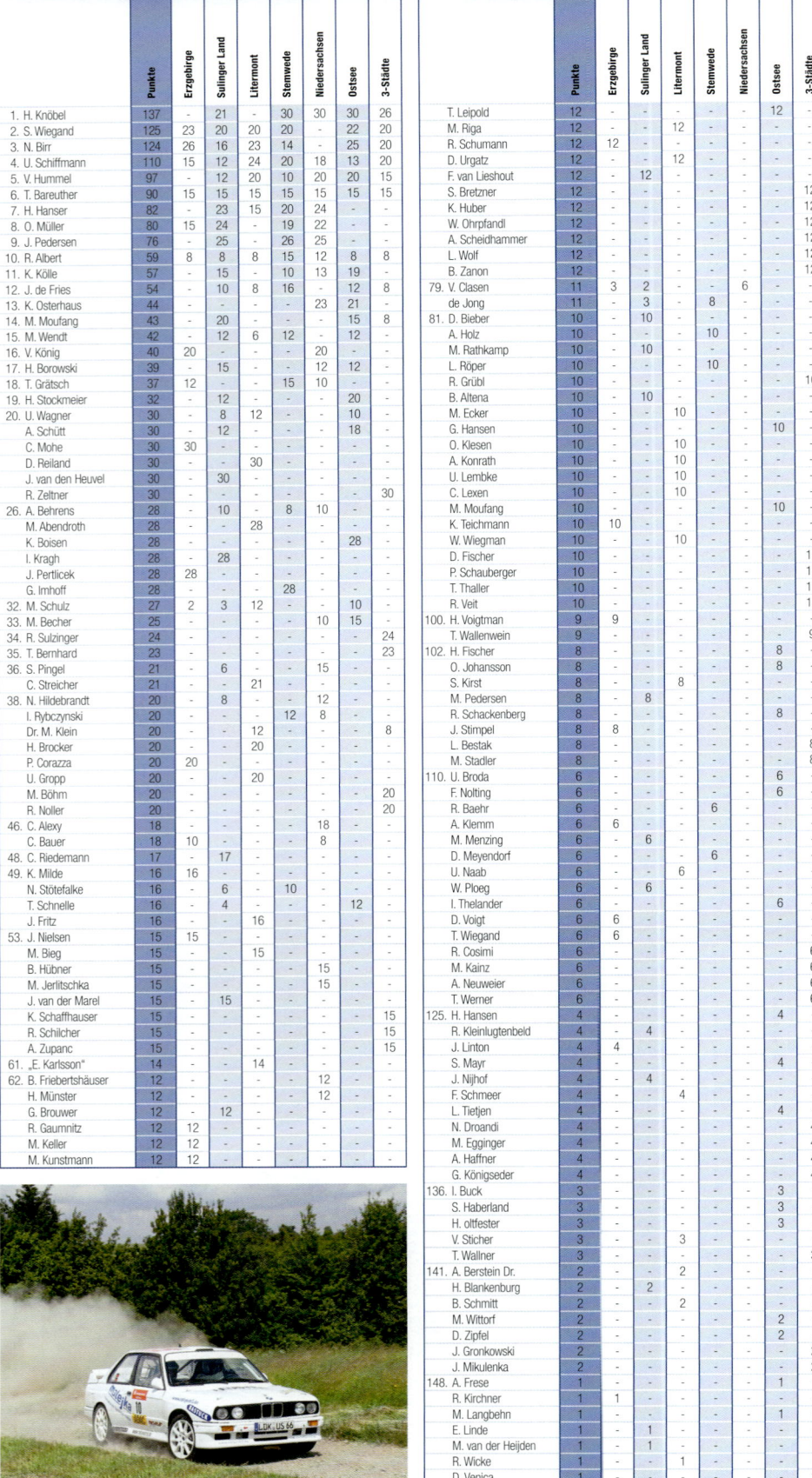

HJS Diesel Masters

1. Lauf, ADAC Wikinger-Rallye (D), 25.–26. März 2011
1. B. Mohr/O. Becker (D/D) — Opel Astra GTC — 1:31.44,8 Std.
2. A. Scheidhammer/W. Trautmannsberger (D/D) — Opel Astra GTC — + 45,2 Sek.
3. L. Wolf/T. Schöpf (D/D) — Subaru Impreza Diesel — + 1.18,4 Min.
4. K. Keil/B. Hosse (D/D) — Volkswagen Golf TDI — + 2.32,2 Min.
5. D. Schmidt/J. Breuer (D/D) — Škoda Fabia RS — + 1.44,2 Min.
6. H. Sagel/S. Fritzensmeier (D/D) — Seat Leon FR TDI — + 2.11,0 Min.
7. M. Jerlitschka/S. Jerlitschka (D/D) — Opel Astra GTC — + 3.10,9 Min.
8. T. Hölzlhammer/T. Annemüller (D/D) — Fiat Grande Punto — + 3.35,1 Min.
9. M. Hösel/I. Sciré-Banchitta (D/D) — Volkswagen Golf TDI — + 9.51,1 Min.
10. S. Mangelsen/V. Kirschbaum (D/D) — Opel Astra GTC — + 12.13,2 Min.

2. Lauf, ADAC Hessen-Rallye (D), 15.–16. April 2011
1. B. Mohr/O. Becker (D/D) — Opel Astra GTC — 1:36.04,2 Std.
2. A. Scheidhammer/W. Trautmannsberger (D/D) — Opel Astra GTC — + 1.20,5 Min.
3. L. Wolf/T. Schöpf (D/D) — Subaru Impreza Diesel — + 2.50,7 Min.
4. M. Jerlitschka/S. Jerlitschka (D/D) — Opel Astra GTC — + 3.11,4 Min.
5. D. Schmidt/J. Breuer (D/D) — Škoda Fabia RS — + 3.55,8 Min.
6. M. Hösel/I. Sciré-Banchitta (D/D) — Volkswagen Golf TDI — + 7.41,9 Min.
7. F. Wacha/J. Wacha (D/D) — Opel Astra GTC — + 10.39,5 Min.
8. S. Mangelsen/V. Kirschbaum (D/D) — Opel Astra GTC — + 12.27,0 Min.

3. Lauf, AvD Sachsen-Rallye (D), 12.–14. Mai 2011
1. B. Mohr/O. Becker (D/D) — Opel Astra GTC — 1:33.59,2 Std.
2. D. Schmidt/J. Breuer (D/D) — Škoda Fabia RS — + 1.10,2 Min.
3. T. Hölzlhammer/T. Annemüller (D/D) — Fiat Grande Punto — + 1.11,2 Min.
4. H. Sagel/S. Fritzensmeier (D/D) — Seat Leon FR TDI — + 1.17,7 Min.
5. M. Jerlitschka/S. Jerlitschka (D/D) — Opel Astra GTC — + 1.21,6 Min.
6. T. Rogoß/D. te Gude (D/D) — Opel Astra GTC — + 5.46,9 Min.
7. M. Hösel/I. Sciré-Banchitta (D/D) — Volkswagen Golf TDI — + 6.12,3 Min.
8. S. Mangelsen/V. Kirschbaum (D/D) — Opel Astra GTC — + 6.49,4 Min.

4. Lauf, ADAC Rallye Baden-Württemberg (D), 22.–23. Juli 2011
1. B. Mohr/O. Becker (D/D) — Opel Astra GTC — 59.13,2 Min.
2. L. Wolf/T. Schöpf (D/D) — Subaru Impreza Diesel — + 7,8 Sek.
3. A. Scheidhammer/W. Trautmannsberger (D/D) — Opel Astra GTC — + 1.08,1 Min.
4. H. Sagel/S. Fritzensmeier (D/D) — Seat Leon FR TDI — + 1.21,5 Min.
5. D. Schmidt/J. Breuer (D/D) — Škoda Fabia RS — + 1.40,4 Min.
6. M. Hösel/I. Sciré-Banchitta (D/D) — Volkswagen Golf TDI — + 2.33,7 Min.
7. S. Mangelsen/V. Kirschbaum (D/D) — Opel Astra GTC — + 2.33,7 Min.

5. Lauf, AvD Niederbayern-Rallye (D), 26.–27. August 2011
1. L. Wolf/T. Schöpf (D/D) — Subaru Impreza Diesel — 1.13.03,8 Std.
2. D. Schmidt/J. Breuer (D/D) — Volkswagen Scirocco — + 11,3 Sek.
3. B. Mohr/O. Becker (D/D) — Opel Astra GTC — + 18,6 Min.
4. H. Sagel/S. Fritzensmeier (D/D) — Seat Leon FR TDI — + 2.09,4 Min.
5. T. Nibach/N. Solbach-Schmidt (D/D) — Fiat Grande Punto — + 4.15,6 Min.
6. M. Jerlitschka/S. Jerlitschka (D/D) — Opel Astra GTC — + 4.23,9 Min.
7. M. Hösel/I. Sciré-Banchitta (D/D) — Volkswagen Golf TDI — + 8.19,7 Min.

6. Lauf, ADAC Saarland-Rallye (D) 24.–25. September 2011
1. B. Mohr/O. Becker (D/D) — Opel Astra GTC — 1:42.25,9 Std.
2. M. Jerlitschka/S. Jerlitschka (D/D) — Opel Astra GTC — + 15,0 Sek.
3. A. Scheidhammer/W. Trautmannsberger (D/D) — Opel Astra GTC — + 45,3 Sek.
4. H. Sagel/S. Fritzensmeier (D/D) — Seat Leon FR TDI — + 2.26,1 Min.
5. T. Rogoß/D. te Gude (D/D) — Opel Astra GTC — + 9.11,1 Min.
6. L. Wolf/T. Schöpf (D/D) — Subaru Impreza Diesel — + 42.19,9 Min.

7. Lauf, rallyesprint.eu (D), 28.–29. Oktober 2011
1. M. Jerlitschka/S. Jerlitschka (D/D) — Opel Astra GTC — 1:15.03,9 Std.
2. L. Wolf/T. Schöpf (D/D) — Subaru Impreza Diesel — + 5.17,4 Min.
3. T. Rogoß/D. te Gude (D/D) — Opel Astra GTC — + 5.55,4 Min.
4. B. Mohr/O. Becker (D/D) — Opel Astra GTC — + 9.15,8 Min.
5. H. Sagel/S. Fritzensmeier (D/D) — Seat Leon FR TDI — + 18.33,1 Min.
6. A. Scheidhammer/W. Trautmannsberger (D/D) — Opel Astra GTC — + 24.53,2 Min.

Endstand HJS Diesel Masters

	Punkte	Wikinger	Hessen	Sachsen	Baden-Württemberg	Niederbayern	Saarland	rallyesprint.eu
1. B. Mohr	126	20	20	20	20	14	20	12
2. L. Wolf	88	14	14	-	16	20	8	16
3. M. Jerlitschka	72	6	12	10	-	8	16	20
4. A. Scheidhammer	68	16	16	-	14	-	14	8
5. R. Sagel	66	8	-	12	12	12	12	10
6. D. Schmidt	62	10	10	16	10	16	-	-
7. T. Rogoss	32	-	-	8	-	-	10	14
8. M. Hösel	30	2	8	6	8	6	-	-
9. T. Hölzlhammer	28	4	-	14	-	10	-	-
10. S. Mangelsen	15	1	4	4	6	-	-	-
11. K. Keil	12	12	-	-	-	-	-	-
12. F. Wacha	6	-	6	-	-	-	-	-
13. H. Borowski	2	-	-	2	-	-	-	-

Marathon-Rallye-Sport

Rallye Dakar (RA/CL), 1.–16. Januar 2011
1. N. Al-Attiyah/T. Gottschalk (Q/D) — Volkswagen Race Touareg 3 — T1 — 45:16.16 Std.
2. G. de Villiers/D. von Zitzewitz (ZA/D) — Volkswagen Race Touareg 3 — T1 — + 49.41 Min.
3. C. Sainz/L. Cruz (E/E) — Volkswagen Race Touareg 3 — T1 — + 1:20.38 Std.
4. S. Peterhansel/J. Cottret (F/F) — BMW X3 CC — T1 — + 1:43.48 Std.
5. K. Holowczyc/J. Fortin (PL/B) — BMW X3 CC — T1 — + 4:11.21 Std.
6. M. Miller/R. Pitchford (USA/ZA) — Volkswagen Race Touareg 3 — T1 — + 4:54.42 Std.
7. R. Leal dos Santos/P. Fiuza (P/P) — BMW X3 CC — T1 — + 6:50.07 Std.
8. C. Lavieille/J. Polato (F/F) — Nissan Proto Nr. 5 — T1 — + 7:57.18 Std.
9. G. Spinelli/Y. Haddad (BR/BR) — Mitsubishi Racing Lancer — T1 — + 8:23.37 Std.
10. M. Kahle/T. Schünemann (D/D) — SMG Buggy BMW — T1 — + 15:11.56 Std.

FIA-Marathon-Weltcup

1. Lauf, Italian Baja (I), 18.–20. März 2011
1. B. Gadasin/D. Shchemel (RUS/RUS) — G-Force Proto — T1 — 2:24.03 Std.
2. L. Novitskiy/A. Schulz (RUS/D) — BMW X3 CC — T1 — + 52 Sek.
3. M. Kahle/T. Schünemann (D/D) — SAM Mercedes — T1 — + 3.36 Min.
4. M. Zapletal/T. Ourednicek (CZ/CZ) — BMW X3 — T1 — + 4.50 Min.
5. J. Schlesser/J. Forthomme (F/B) — Schlesser Original — T1 — + 7.34 Min.

2. Lauf, Abu Dhabi Desert Challenge (UAE), 1.–7. April 2011
1. S. Peterhansel/J. Cottret (F/F) — Mini All 4 Racing — T1 — 20:33.58 Std.
2. L. Novitskiy/A. Schulz (RUS/D) — BMW X3 CC — T1 — + 15.17 Min.
3. J. Schlesser/K. Zhiltsov (F/RUS) — Schlesser Original — T1 — + 1:03.08 Std.
4. Y. Alheli/K. Alkendi (UAE/UAE) — Isuzu Powertec — T1 — + 5:33.15 Std.
5. L. Rosso/C. Rosso (F/F) — Nissan Patrol — T2 — + 6:41.22 Std.

3. Lauf, Tunesien (TN), 1.–7. Mai 2011
1. L. Novitskiy/A. Schulz (RUS/D) — BMW X3 CC — T1 — 13:23.02 Std.
2. J. Schlesser/K. Zhiltsov (F/RUS) — Schlesser Original — T1 — + 14.21 Min.
3. N. Roma/M. Perin (E/F) — BMW X3 CC — T1 — + 35.36 Min.
4. M. Zapletal/T. Ourednicek (CZ/CZ) — BMW X3 — T1 — + 1:48.37 Std.
5. R. Tonetti/F. Lurquin (I/B) — Nissan Pathfinder — T1 — + 3:44.06 Std.

4. Lauf, Baja Spanien (E), 22.–24. Juli 2011
1. F. Campos/J. Baptista (P/P) — BMW X3 CC — T1 — 7:18.16 Std.
2. B. ten Brinke/M. Baumel (NL/F) — Mitsubishi Racing Lancer — T1 — + 2.24 Min.
3. E. van Loon/H. Scholtalbers (NL/NL) — Mitsubishi Racing Lancer — T1 — + 9.24 Min.
4. M. Zapletal/T. Ourednicek (CZ/CZ) — BMW X3 — T1 — + 15.32 Min.
5. E. Wevers/M. Poel (NL/NL) — Mitsubishi Racing Lancer — T1 — + 19.52 Min.

5. Lauf, Baja Ungarn (H), 25.–28. August 2011
1. L. Novitskiy/A. Schulz (RUS/D) — BMW X3 CC — T1 — 3:53.04 Std.
2. B. Gadasin/D. Shchemel (RUS/RUS) — G-Force Proto — T1 — + 3.11 Min.
3. M. Zapletal/T. Ourednicek (CZ/CZ) — BMW X3 — T1 — + 3.54 Min.
4. K. Fazekas/A. Horn (H/H) — BMW X5 — T1 — + 7.11 Min.
5. Z. Porizek/M. Sykora (CZ/SK) — H3 Evo II — T1 — + 20.48 Min.

6. Lauf, Pharaonen-Rallye (ET), 1.–8. Oktober 2011
1. J. Schlesser/K. Zhiltsov (F/RUS) — Schlesser Original — T1 — 23:27.34 Std.
2. V. Nesterchuk/L. Lichtleuchter (UA/F) — Mitsubishi L200 — T1 — + 3:23.43 Std.
3. B. Gadasin/D. Shchemel (RUS/RUS) — G-Force Proto — T1 — + 5:22.53 Std.
4. C. Casuneanu/I. Zani (RO/I) — Mitsubishi Pajero — T1 — + 9:15.35 Std.
5. I. Kuznetsov/R. Elegin (RUS/RUS) — Toyota Landcruiser — T2 — + 9:52.04 Std.

7. Lauf, Baja Portalegre (P), 27.–29. Oktober 2011
1. F. Campos/J. Baptista (P/P) — Mini All4racing — T1 — 5:26.42,7 Std.
2. H. Oliveira/F. Palmeiro (P/P) — Nissan Pathfinder — T1 — + 2.41,1 Min.
3. M. Barbosa/M. Ramalho (P/P) — Mitsubishi Racing Lancer — T1 — + 2.53,5 Min.
4. R. Leal dos Santos/P. Fiuza (P/P) — Mini All4racing — T1 — + 6.37,4 Min.
5. L. Novitskiy/A. Schulz (RUS/D) — Mini All4racing — T1 — + 8.29,9 Min.

Endstand FIA-Marathon-Weltcup

	Punkte	Italien	Abu Dhabi	Tunesien	Spanien	Ungarn	Ägypten	Portugal
1. L. Novitskiy	169	21	42	60	6	30	-	10
2. J. Schlesser	145	10	32	42	1	0	60	-
3. B. Gadasin	91	30	-	-	-	21	32	8
4. M. Zapletal	64	12	-	24	12	16	-	-
5. S. Peterhansel	60	-	60	-	-	-	-	-
F. Campos	60	-	-	-	30	-	-	30
6. I. Kuznetsov	51	3	-	18	-	-	30	-
7. V. Nesterchuk	42	-	-	-	-	-	42	-
8. C. Casuneanu	40	-	-	-	8	8	24	-
9. N. Roma	32	-	-	32	-	-	-	-
10. L. Rosso	30	-	30	-	-	-	-	-
11. Y. Alheli	24	-	24	-	-	-	-	-
12. H. Oliveira	21	-	-	-	-	-	-	21
B. Ten Brinke	21	-	-	-	21	-	-	-
14. R. Tonetti	20	-	-	20	-	-	-	-
15. Z. Porizek	18	8	-	-	-	10	-	-
D. De Lorenzo	18	-	-	-	-	-	18	-
J. Rosso	18	-	18	-	-	-	-	-
18. M. Barbosa	16	-	-	-	-	-	-	16
M. Kahle	16	16	-	-	-	-	-	-
E. Van Loon	16	-	-	-	16	-	-	-
B. Garafulic	16	-	-	16	-	-	-	-
A. Juknevicius	16	-	16	-	-	-	-	-
P. Merceij	16	-	-	-	-	-	16	-

Impressum

Produktion & Vertrieb
Speedpool Multimedia-Service GmbH
Bernhard-Nocht-Straße 99, 20359 Hamburg
Telefon +49 40 300682-0
E-Mail bestellung@speedpool.com
Shop www.speedpool.com/shop

Geschäftsführer Thomas Voigt

Autorin Andrea Neumeyer

Redaktion Helge Gerdes, Jürgen Hahn, Martin Holmes

Schlussredaktion David Feist, Iris Wedekind

Fotos Mike Biehl, Achim Diesler, ISPFD-Nbg.de, Kahle Motorsport, Photo4, Klaus Portsch, Volkswagen, X-raid

Koordination Carina Chowanek, Carolin Grethe

Grafik Hella Fassauer, Jana Herbst, Robin John Herzer, Clemens Kügler, Thomas Wildelau

Druckvorstufe Julien Gradtke, Anke von Lübken, Kathrin Voß

Anzeigen
G. F. MediaMarketing GmbH
Günther Frauenkron
Großer Burstah 44, 20457 Hamburg
Telefon +49 40 239375-0
E-Mail gf@gf-mediamarketing.de

Druck
Hansmann Verlag Sponholtz Druck GmbH
Heinrich-Hertz-Straße 21, 30966 Hemmingen

ISBN 978-3-940672-38-4

speedpool